THE SILO EFFECT

ORDERED CHAOS, THE PERIL OF EXPERTISE,
AND THE POWER OF BREAKING DOWN BARRIERS

边界

企业机会出现在
组织边界被打破的地方

[英] 吉莲·邰蒂（Gillian Tett）著　徐卓 译

中信出版集团 | 北京

图书在版编目（CIP）数据

边界 /（英）吉莲·邰蒂著；徐卓译．-- 北京：
中信出版社，2019.2（2019. 9重印）
书名原文：The Silo Effect
ISBN 978-7-5086-9754-3

I. ①边… II. ①吉… ②徐… III. ①企业管理－研
究 IV. ① F272

中国版本图书馆 CIP 数据核字（2018）第 261896 号

边 界

著　　者：[英] 吉莲·邰蒂
译　　者：徐　卓
出版发行：中信出版集团股份有限公司
（北京市朝阳区惠新东街甲 4 号富盛大厦 2 座　邮编　100029）
承 印 者：北京通州皇家印刷厂

开　　本：880mm × 1230mm　1/32　　印　　张：10.25　　字　　数：255 千字
版　　次：2019 年 2 月第 1 版　　印　　次：2019 年 9 月第 3 次印刷
京权图字：01–2017–0137　　广告经营许可证：京朝工商广字第 8087 号
书　　号：ISBN 978–7–5086–9754–3
定　　价：68.00 元

谨以此书纪念我亲爱的

母亲罗曼·乔伊·卡利·邰蒂（*Romaine Joy Carley Tett*）

目录

第二部分 企业机会出现在边界被打破的地方

运用改善谷仓边界的五大经验，跳到边界之外审视企业内部的谷仓，它能帮助我们看到并打破企业原本的问题或者僵化的边界，还能调动我们寻找来自体系和组织边缘的机会。

前言

这本书的写作始于2008年的金融危机。但它并不是一本关于金融的书，远远不是。其实，它讨论的是一个基本问题：为什么现代机构的工作者有时候会集体犯傻？为什么那些平时很聪明的人会看不到事后看来显而易见的风险和机遇？为什么——如心理学家丹尼尔·卡尼曼（Daniel Kahneman）所说——我们常常“意识不到自己的盲区所在”？[1]

2007年和2008年时我常常问自己这样的问题。那时候我在伦敦当记者，负责管理《金融时报》（*Financial Times*）的市场团队。金融危机爆发后，我们埋头研究灾难发生的原因。可能的原因有很多：2008年以前，银行业者在按揭贷款和其他金融资产方面进行了大量高风险的操作，创造了一个巨型的泡沫；监管者没能发现其中的危险，因为他们并不真正理解现代金融制度是如何运作的；中央银行和其他政策制定方给了金融业者错误的经济激励措施；消费者处于一种危险的自满状态，积攒了大量的信用卡债务和按揭贷款，而不管自己是不是真的还得起；评级机构也对风险做出了误判；以及其他种种原因。

在我以一个记者的身份挖掘“金融大危机”背后故事的过程中［关于这一经历我后来也写了一本书，叫作《疯狂的金钱》（*Fool's Gold*）[2]］，我越来越相信，灾难背后另有原因：在人们如何自我组织、相互影响和构想世界方面，现代金融制度处于令人惊讶的碎片化状态。理论上，权威人士们总是说，全球化和互联网正在创造一个无缝连接、相互贯通的世界，市场、经济和人都比以往更为紧密地联系在一起。从某种意义上说，一体化确实在发生。但是，在挖掘2008年危机背后的原因时，我又看到了另外一个世界。在这个世界里，大型银行的不同金融交易团队之间并不了解各自在做什么，即便他们处于同一个（理应一体化的）机构中。我也了解到，大型监管机构和中央银行的支离破碎不仅仅体现在官僚机构上，还在于它们世界观的差别，这让许多政府官员无所适从。政治家们的情况也好不到哪里去。信用评级机构和部分媒体也深陷泥潭。实际上，在我探究过的金融危机的每一个角落，狭隘的一孔之见（tunnel vision）和部落主义（tribalism）都是造成这一灾难的原因。人们被困在各自狭小的专业部门、社会团体、团队或知识口袋里，或者可以这样说，他们都被困在了各自的“谷仓”中。

这样的发现是令人震惊的。但随着2008年的危机从人们的视野中逐渐淡出，我意识到我称之为“谷仓效应”的现象并不只是银行业里面的问题。相反，它几乎存在于现代生活的每个角落。2010年，我从伦敦搬到了纽约，负责运营《金融时报》的美国分部。而当我在这里从另一个视角观察企业和政府时，我也看到了一种分裂化的模式。谷仓综合征在英国石油公司（BP）、微软（Microsoft）以及（后来的）通用汽车（GM）这样的大公司都不同程度地存在。它困扰着白宫和华盛顿的政府机构，大型院校则受到部落主义的困扰，许多媒体集团也是如此。我意识到，现代世界的悖论是，我们身处一个在某些方面紧密融合、在其他方面却分崩离析的世界。这种令人震惊的发现正不断地蔓延开来，然而我们却仍然在狭小的谷仓中思考和行动。

所以这本书想要回答两个问题：为什么谷仓会出现？我们能够做些什么来管理我们的谷仓，使自己不受制于它？我研究这些问题的视角一部分来自我 20 年的财经记者的从业经验，来自我对全球商业、经济和政治的观察和报道。这样的职业生涯让我懂得了如何通过故事来讲述我的想法。在这本书中，我将会向大家介绍 8 个关于谷仓效应的故事，故事涉及的范围很广，从迈克尔·布隆伯格（Michael Bloomberg）所在的纽约市政厅，到伦敦的英格兰银行（Bank of England）、俄亥俄州克利夫兰医学中心（Cleveland Clinic）、瑞士联合银行集团（UBS，以下简称瑞银集团）、加利福尼亚州的脸书（Facebook）公司、东京的索尼（Sony）公司、纽约的蓝山资本（BlueMountain），以及芝加哥警察局。其中有些讲述了受制于谷仓时人会做出怎样的蠢事，而另外一些则展示了机构和个人是如何有效地管理谷仓的；其中有失败的故事，也有成功的信息。

本书还有一条主线。在 1993 年成为记者之前，我在剑桥大学文化人类学①或者说人类文化研究领域取得了博士学位。学术研究期间，我进行了田野调查，首先去了西藏，然后去了苏联南部的塔吉克斯坦，我1989—1991年有一段时间就居住在那里的一个小村庄。我的研究关注的是婚姻实践，我将它作为一个切入点来研究在一个（理应是无神论的）共产主义国家，塔吉克人是怎样保留了他们的伊斯兰信仰。[3]

我刚开始做财经记者的时候，对把自己奇怪的过去曝光于大众面前往往比较谨慎。华尔街认可和尊重的通常是工商管理硕士（MBA）或者经济、金融、天体物理学或其他定量科学领域的高级学位，对于塔吉克人婚姻传统的了解似乎对撰写全球经济或银行制度方面的报道没什么作用。但是，金融危机真正教给我们的一点就是，金融和经济并不仅仅是数字问题，文化也在其中发挥着作用。人们组织机构、界定社交网络和划分世界的方式对政府、企业、经济如何运作（或者为什么运作不灵，像2008年那样）有着至关重要的影响。因此，研究这些文化要素也是很重要的。这也正是人类学能够发挥作用的地方。人类学家所懂得的不仅仅是遥远的非西方文化，东方文化也能够对西方文化有所启发。也就是说，我曾经用来研究塔吉克人婚姻的方法，也能够在研究华尔街银行家或者政府官员的过程中发挥作用。如果你想要弄明白谷仓效应，人类学家的视

① 在美国这一领域被称为文化人类学，在英国则被称为社会人类学。不管如何称呼，文化/社会人类学都是关于人如何生活、思考、互动而不是人如何在生物学意义上活动的研究。关于人类生理和进化的研究通常叫作人体人类学。这些人类学学科的界别通常比较模糊，但人类文化学家通常不会重点研究科学。

角同样有益。毕竟谷仓是一种文化现象，它产生于我们用来划分和组织世界的制度。因此，以一个人类学家兼记者的身份来讲述关于谷仓效应的故事能够更好地阐明这一问题。这些故事甚至可能提供一些答案，帮助银行业者以及政府官员、企业领导、慈善家、学者和记者学习如何应对谷仓效应。

至少，我怀有这样美好的愿望。

引言
布隆伯格的“臭鼬工程”

我们可能看不见显而易见的东西，也可能看不见自己的盲点所在。

——丹尼尔·卡尼曼（Daniel Kahneman）《思考，快与慢》[1]

2011 年 4 月 25 日凌晨，纽约市布朗区一个贫穷的街区爆发了大火，[2] 几分钟之内，大火吞没了展望大道 2321 号大楼。数十名消防队员赶到了现场，但对于 36 岁的墨西哥足球迷、建筑工人胡安·洛佩兹和他 43 岁的妻子克里斯蒂娜·加西亚以及他们 12 岁的儿子克里斯蒂安来说，仍为时已晚。[3] 随着火势的蔓延，他们被困在了自己小公寓里的非法隔断中。街边的消防员和围观人群甚至能听到他们绝望的喊叫，[4]却都无能为力。

他们去世之后，愤怒的媒体急于寻找替罪羊。有些人将矛头对准了市政厅里的纽约市政府。展望大道 2321 号大楼的非法隔断非常严重，[5]这样房东能够通过群租收取更多租金。尽管邻居已经将这种危险的情况报告给了政府官员，却没有得到处理。另外一些人指责当地的一帮毒贩，[6]他们把大楼的地下室当成了窝点。还有人则认为银行应该负责。[7]展望大道 2321 号登记在多米尼克·切丹诺名下，他在信贷繁荣时期通过次级贷款购买了这栋楼，但后来还不起贷了。[8]银行按照合同把这栋楼交给司法部门处理，当地电力机构也切断了大楼电源。加西亚的亲戚强烈建议他们搬走，但是胡安·洛佩兹那段时间没有找到工作，而展望大道 2321 号的一间房每周只要 100 美元，所以他们一家人坚持住了下来，每天用蜡烛照明。“我们不知道发生了什么。这实在太令人伤心了。”克里斯蒂娜的亲戚凯蒂娅·加西亚告诉报社记者。邻居罗斯玛丽·佩金说：“凯蒂娅一直跟克里斯蒂娜说让她搬走，但是他们实在没有钱搬到别的地方去。”[9]

事故发生后的一段时间里各方相互指责。后来指责的声音逐渐平息，媒体的关注点又转向了下一个事件。但是几英里之外，在曼哈顿中心区庄严的市政厅里，这一悲剧引发了激烈辩论。加西亚一家遭遇火灾的新闻刚曝光的时候，市长迈克尔·布隆伯格问他的属下，政府能够做什么来预防这样的火灾。最初看来，他们并没有答案。纽约市的隐秘之一就是住宅区的火灾已经悲剧性地成了一种常态：2011 年之前的 10 年中，每年都有大约 2700 起建筑火灾爆发，[10]平均死亡人数达 85 人。[11]这些火灾通常都发生在隔断群居的贫民区住宅楼。理论上，纽约市政府有负责监控火灾风险的观察员团队，但这些观察员面对的工作确实难以处理：每年建筑部门都会收到2万多起关于危险住宅的投诉，按道理住宅管理人员和火灾观察员都要追踪投诉的处理情况，[12]但是纽约市政府仅仅雇用了200多名观察员，他们要负责监控100万栋住房中400万套房产的火情。市政府没有足够的经费为建筑部门扩员。[13]观察员想要更好地监控消防风险，但他们面对的任务实在太过艰巨。而且，当观察员们根据投诉去检查相关住房的时候，发现存在安全隐患的比例只占投诉的13%。

尽管这一问题看起来颇为棘手，布隆伯格团队中的迈克·弗劳尔斯和约翰·费恩布拉特两人还是提出了可能的解决方案。这个方案与消防设备无关，而是另辟蹊径：思考问题中的“谷仓”所在。纽约市政府组织机构非常庞大，大约有15万名雇员。[14]跟大部分政府机构一样，纽约市政府作为一个官僚机构，下设三四十个部门，负责各方面的业务，从消防到文化事务，从城市规划到教育，范围非常广泛。在意识和功能上，这些部门大部分是独立的，相互间缺少联系。

最起码，不同部门之间沟通不畅。消防部门就是一个实例：在纽约，消防人员是一个备受尊重的群体，尤其是消防员在2001年世贸中心遭受袭击后的救援过程中的英勇表现，更是让他们赢得了纽约人的赞誉。但是消防局也是完全独立的，它和其他所有部门处于一种半分离的状态。在这样的情况下，“9 · 11”事件发生后，当应急救援人员冲进世贸中心大厦，却发现消防员、政府人员和卫生部门人员所使用的电台和对讲机竟然不在一个频道上。[15]之前没有人意识到这个问题的存在，因为大家都各自为政，没有沟通。

弗劳尔斯和费恩布拉特提出的问题是，如果有人把不同专业职能之间的谷仓壁垒打破会产生怎样的结果呢？我们有没有可能从一个全面的视角来观察和分析火灾风险？谷仓的打破会不会改变大家对火灾风险的应对方式，甚至可以拯救更多生命？这是一个全新的概念。事实上，这种想法对于纽约市政府来说是一个过于新奇的概念，因此弗劳尔斯和费恩布拉特最初一直没有公开他们的想法，他们借用了美国军工企业洛克希德·马丁（Lockheed Martin）当年设计军用飞机的机密军事计划之名，称之为“臭鼬工程”（skunkworks）。

加西亚一家逝去数月之后，这个“臭鼬工程”产生了令人惊讶的效果。弗劳尔斯和费恩布拉特发现，如果你开始关注谷仓效应，思考如何瓦解谷仓，这个努力本身就能产生积极的效果。这不仅适用于控制火灾风险，也适用于现代社会的方方面面。

迈克·弗劳尔斯从没想过自己会成为一个谷仓破坏者。他走上这条路的征程始于离纽约市万里之外的伊拉克。弗劳尔斯在费城长大，他身材魁梧，性格开朗，最初的职业是一名律师。20 世纪 90 年代，他在环境复杂的曼哈顿地方检察官办公室担任政府公诉人。[16]这份工作他做得得心应手。弗劳尔斯脑袋秃顶，语速如连珠炮一般，颇有美剧《黑道家族》中扮演黑手党大佬托尼·瑟普拉诺的詹姆斯·甘多菲尼（James Gandolfini）的神韵，不过他还是瘦一些，看起来也更友善。

在曼哈顿复杂的工作环境里坚持了几年之后，弗劳尔斯对每天的斗争感到疲惫了，他选择搬到华盛顿，在一家私营企业做着高收入的法务工作。之后他又觉得公司法务工作太无聊，所以再次做出改变，申请了一个去战后伊拉克的工作。在伊拉克，他在美军中担任政府检察官。美军一年前已经接管了这个国家，并且开始审理一些与萨达姆·侯赛因前政权有关联的官员的案件。他最初的任务包括把巴格达各个地方的证人带到美军军事区内，让他们出庭指证萨达姆的罪行。

巴格达的交通时常因为汽车炸弹和路障而混乱不堪，弗劳尔斯的工作开展起来着实不易。他回忆道：“那地方当时是战区，我要带着我的证人进进出出，到处走动，同时还要保证他们不中弹受伤，遇到了不少困难。”最开始的时候，弗劳尔斯只能被动地接受这种不可预测性。但是有一天，他在与一个年轻的海军士兵聊天过程中得知军方相关部门正在进行创新性的研究。这个部门有一个难记的名字——联合简易爆炸装置对抗组织，英文简称 JIEDDO。这个组织从交通流量中收集数据，把这些数据和关于路边炸弹爆炸位置的分析进行比对。之前没有人研究过这两种数据之间的联系，而当他们把这两方面的数据结合起来，就发现了一个规律：每当市里的某个地区即将有汽车炸弹爆炸的时候，那个地区的车流就会减少。所以弗劳尔斯开始关注 JIEDDO 的数据来获取一些线索，了解什么时候可能发生炸弹袭击，在交通状况格外畅通的时候他就要注意不带着自己的证人到处走动。弗劳尔斯说：“我认为这是因为当地人有自己的情报团队，他们知道什么时候会发生袭击，所以提前散开了。但是坦白说，我不关心这其中的缘由，我想知道的只是在某个周二或者周三我应不应该带我的证人出来。”不管怎样，他从中学到了一个简单的道理：有时候，把看似并无关联的信息联系起来，会有额外的收获。

2009年，弗劳尔斯回到华盛顿，加入了参议院的团队，参与关于2008年金融危机的调查。之后，纽约市政府办公室的官员邀请他来纽约调查金融诈骗案件。他当时很谨慎，不想陷入金融改革工作无休止的纠缠中。所以他提出了一个想法：如果他去纽约工作，他能不能使用在伊拉克见过的一些数据处理技巧来进行调查？“我上大学学的是怎么做律师，我也不是什么数学高手，但是在巴格达的经历让我看到了数据的巨大作用。我知道纽约市是数据的终极收集方，你们收集了所有的数据：交通票据、建筑法规、税收优惠等所有你能叫上名字来的东西。所以我认为，如果有人能够接触到所有这些信息，就有可能彻底改变金融诈骗的调查方式。而且由此出发，通过一个渐进的过程，我们还可以做到让这些信息不仅用于诈骗调查，还能够为市政府的各项工作服务。”

弗劳尔斯的时机简直抓得太好了。在这个10年的开端，布隆伯格当选纽约市长。他之前在金融领域工作，后来还作为企业家运营过一家成功的金融数据公司。他入职之后决心改变纽约市政府的工作方式，并且他有两个方面的执念：一是了解组织机构怎样管理信息流，或者说，为什么常常管理不好信息流。他最喜欢的格言之一就是“你如果无法度量它，就无法管理它”。[17] 二是要破除内部的谷仓。他认为运营一个办公室最好的办法是设置开放式的办公空间，逼着员工们互相交流和沟通。可政府机构的办公场所不是这样设置的：纽约市政厅建成于1812年，是美国历史最悠久的市政建筑，[18]它长期以来被分隔为数十个小的办公室，用厚墙体、大理石厅和柱子隔开。布隆伯格就职后，要求大家都从自己的大理石兔子窝中搬出来，搬到唯一一块能够使用的大空间里，这样大家就聚集在了具有历史意义的演讲者大厅。他在大厅的油画和雕塑下面摆放了数十张桌椅，营造了一个开放式办公区域。他称之为“牛栏”。副市长罗伯特·斯蒂尔（Robert Steel）解释说：“每个人的桌子大小都一样，电脑大小也都一样。市长自己坐在中间，和大家一起。”

布隆伯格想把破除谷仓的原则应用在更广的范围。他宣布，各个部门要比以前更为紧密地联系在一起，共同工作，打破长期存在的壁垒。他推动变革的决心如此之大，竟然任命了并不是纽约人的史蒂芬·戈德史密斯（Stephen Goldsmith）担任执行这一变革的副市长。在来纽约工作之前，戈德史密斯是印第安纳波利斯的市长。在印第安纳波利斯工作期间，他深刻改变了市政府官僚机构的运行方式，打破了谷仓，提高了系统效率，因此广受赞誉。布隆伯格急切地想在纽约复制这一切。

然而，戈德史密斯很快就发现，在纽约推动这样一个变革比在印第安纳波利斯要难得多。在牛栏式的大空间里摆放办公桌椅是一回事，说服官员们改变他们的工作习惯却是另外一回事。“纽约的工会非常强大，他们想要保护所有人。”戈德史密斯说，“这是一个庞大的机构，纽约市政府里面就有2500个不同种类的工作。没错，

2500 种！而且这些不同的谷仓都根深蒂固。”但是，就算布隆伯格的变革没能按计划展开，市政府里的每个人也都知道了他想要的改革方向。弗劳尔斯正是被这一点吸引，在 2010 年答应加入纽约市政府，想要在这里开展一些实验。

展望大道 2321 号的大火为弗劳尔斯带来了第一个实验的机会。他入职不久，就在线上广告和招聘网站克雷格列表（Craigslist）发布了一条广告，招聘年轻的数据专家。市政府通常不会以这样的方式招聘员工，但是弗劳尔斯就是通过这种方式很快组建起一支由刚刚毕业的大学生组成的团队，团队成员包括本·迪恩、凯瑟琳·关、克里斯·科科伦和劳伦·塔尔博特。[19]“我想要的是具备数理经济学技能的大学毕业新人，他们能为我带来全新的视角。”然后，他把他口中的“孩子们”安顿在了市中心的大库房里。

弗劳尔斯要求他的团队对纽约市政府收集的关于火灾风险的数据进行梳理。他想要知道有没有什么信息能够预示火灾的爆发。最初他们并没有发现明显的线索。消防部门有大量之前的火灾和违规改建建筑报告的信息（这些违建信息是通过“311”热线电话中市民的举报和投诉收集到的）。奇怪的是，尽管大部分关于违规改建投诉的电话都是来自下曼哈顿区，但那里却并不是火灾最多，也不是发现违建最多的地区。这些问题的重灾区都处于外部城区，比如布朗区和皇后区。这是因为很多像加西亚一家这样贫困的移民过于害怕政府机构而不敢报告问题的存在。通过“311”热线电话并不能很好地预测火灾的发生。

那么还有没有其他更好的办法来预测火灾会在什么地方爆发

呢？弗劳尔斯想要知道，如果我们探究消防部门之外其他渠道的数据，会发现什么呢？弗劳尔斯让他的“孩子们”离开电脑几天，和市警察局、消防、住房、建筑部门的检查员一起随行随访。他想从中了解的是，火灾陷阱的根本特点是什么，如何才能发现它们。

许多检查员最开始都对这种做法表示怀疑。比如说，纽约市消防部门历史悠久，业绩彪炳史册，他们为之自豪，其检查员们并不喜欢有外人来干预他们的工作。他们对市政厅很不感冒，而且根据规定，建筑检查员只能检查某些类别的问题，火灾检查员则负责其他的。但是，弗劳尔斯下定决心要打破这些界限，而且在巴格达的经历让他坚信，如果你想真正地理解一个问题，没有比到现场实地考察更好的办法。生活不可能放置在整洁的、预先确定的盒子里，也不能只从一间办公室、一个电脑程序里去窥视，你必须到现场去看、去听、去重新思考你的假设。

所以，弗劳尔斯非常坚定地告诉团队的成员，一定要保持谦虚和开放的心态，注意观察那些可能对预测火灾有帮助的线索。“我们用心去听每个人的话，包括消防员、警察、建筑部门的检查员，住房维护及发展部门的检查员，水务部门的检查员。我问他们，‘你们到垃圾场一样的地方时看到了什么，发现了什么线索？’我们永远不停地在聆听。”渐渐地，一种模式浮出水面。“孩子们”发现，危险的建筑物通常是1938年之前修建的，而1938年纽约市对建筑规范进行了修改，变得更加严格。这些危险的建筑通常位于贫困街区，很多房主拖欠房贷，之前还因为其他问题引发过邻居的投诉。[20]

弗劳尔斯的团队开始寻找关于这些问题的数据，但这项工作异常困难。理论上，纽约应该是一个数据极客们的金矿，市政厅直接控制着 40 多个机构，长期以来收集了广泛的活动记录。市政府官员们对自己的资料库引以为傲，布隆伯格在市政厅里建起他的“大牛栏”时，还专门把计算机屏幕挂在墙上，摆在了历史悠久的油画中间，来展示这些珍贵的数据。但这其中也有一个难题：这些数据储存在数十个不同的数据库中，因为不仅所属机构各自独立，机构内部还有自己的小分支。分支数量之大，就跟这里面工作的人一样，处于极端碎片化的状态。

但是，“孩子们”使用了一种名为“PLUTO（初级土地使用税批次输出）”[21] 的房产数据库，分解出了 64 万个子集，这 64 万间房屋是纽约地区在市政厅注册过、居住有 1~3 户家庭的住宅。根据纽约法律的一项奇怪规定，消防部门只能检查其中的一半数据，另外一半则由建筑部门控制。团队成员审查了消防和建筑部门所有不同的、分隔的记录，来寻找住房火灾和违建投诉的数据。他们还搜罗了财政部门和调查部门手中关于之前税收和房贷违约的信息——这两个部门也是独立和分离的，分别处理税收和欺诈问题。并且他们还与建筑部门对接，查出了 1938 年以前修建的房屋名录。最后，他们把这些数据池整合成了一个数据模型。慢慢地，一个火灾模式浮出水面。就算没有人投诉过问题，只要所有的 4 个风险要素都出现在同一个地址上，这一地址发生住房火灾和违建的可能性就大得多。或者说，如果你想要预测哪些房屋可能是火灾易发区，最好的线索不是“311”热线或者关于火灾的具体投诉，而是把看似不相关的房贷违约、违规建筑、建筑年代的数据以及居民区贫困状况的信息结合起来去分析。

所以，在戈德史密斯的支持下，弗劳尔斯前往建筑部门，要求他们查处那些根据以上综合数据分析存在危险的住房。“刚开始他们非常不乐意，他们觉得我们简直疯了。”弗劳尔斯回忆道。但最终建筑部门妥协了，同意使用他的数据。而这一行动取得了极好的效果。在以往，检查员只在巡查中发现 13% 的房屋存在实际问题，在使用了新的手段后，这一比率提高到了 70%。[22] 在没多花一分钱的情况下，一下子就把火灾检测的效率提高了近 4 倍。

这只是运气好的意外收获吗？弗劳尔斯的团队在大型建筑上进一步检测了这一方法。最初的结果并不乐观。所以弗劳尔斯又把部分年轻的数据分析师派出去，让他们跟着检查员好好地开展实地研究，来弄清楚是不是有什么因素导致大型建筑和小型建筑有所不同。时间一天天流逝，他们一直未取得明显的成果。直到有一天，团队的一名数据收集人员偶然听到一位经验丰富的检查员说：“这栋楼肯定没问题，看看这砖！”作为计算机专家，这名数据收集员并不理解安全跟砖头有什么关系，于是检查员解释道，多年的巡查经验表明，愿意花钱换新砖的房东是不会容忍火灾风险存在的。所以团队成员转变了行动方向，开始关注纽约市建筑用砖的运送数据，这又是在纽约市官僚体系的角落里未曾被关注到的一堆数据。当他们把这一点和其他数据结合起来之后，预测的准确性大大提升。单独来看，这些关于砖头的记录并无意义，和其他因素加在一起，它却具有了非同凡响的作用。

接着，团队成员将破除谷仓的同一方法应用到了其他地方。查处香烟走私就是一个很好的例子。在之前的几十年里，纽约市一直被严重的烟草走私问题所困扰。因为州税的原因，纽约的香烟价格是弗吉尼亚州的两倍，而市政府又只有 50 名警员来管理 14000 家销售香烟的报亭。[23] 但是，通过交叉审查营业执照和偷税漏税数据，弗劳尔斯的团队极大地提高了破案率。他们在查处止痛药奥施康定的非法销售上也采取了同样的策略。奥施康定是一种常被滥用的处方药。因为纽约市内有数以千计的药店，以前很难通过随机抽查发现非法销售奥施康定的情况。但是把零散的数据库结合起来之后，弗劳尔斯的团队发现，1% 的药店报销了约 24% 的强效奥施康定处方药医疗补助。[24] 破案率也随着这一发现而迅速升高。

弗劳尔斯的团队甚至还研究了餐馆油炸食品的“黄油脂”的处理这个麻烦的问题。纽约市大约有 24000 家餐馆，其中很多都出售油炸食品。“你想想看那些炸薯条、春卷以及其他的食品！”弗劳尔斯指着自己的肚子说道。根据纽约市法律，餐馆应该与垃圾处理公司签订合约，处理掉这些油脂。但是，许多餐馆都无视法律，直接把它们排进了下水道，扔给纽约市的污水系统来处理。

多年以来，这种非法倾倒垃圾的行为无法阻止，因为餐馆一般都是在深夜把油脂冲进下水道。但是这批“臭鼬工程”的“孩子们”从环保部门收集到了关于黄油脂污染的报告，然后把它们与营业执照、纳税申报和厨房火灾等其他的数据库进行比对。他们划分出了没有申请垃圾处理执照的餐馆，然后列出了一张可能偷倒油脂的商铺名单。接着他们去找了市政府中另外一个部门，这个部门想要推广生物柴油回收利用技术，于是他们问这个部门的人能不能和卫生、安全检查员以及消防部门一起合作，说服餐馆不要把黄油脂倒进下水道里，而是卖给回收机构。“现在那些检查员在餐馆里发现黄油脂倾倒问题的话，不会只是说一句‘别倒了，交25000美元罚款’了事，而会告诉餐馆的人，‘别犯傻，好好处理这些油脂还能挣钱。把它们卖给生物柴油公司吧，整个行业都等着买你们的黄油脂呢！’”

事实上，破除谷仓的益处如此明显和强大，这让弗劳尔斯不免思考，为什么没有人早点想到这么去做。毕竟数据高手们已经使用先进的数据采集技术多年，并且他们学的就是如何寻找相关性。为什么之前没有人想到把这些数据库结合起来看？弗劳尔斯其实知道自己提出的这个问题的答案：纽约市政府被多个谷仓所束缚，他们看不到就在自己眼前的问题和机遇。换句话说，“臭鼬工程”的故事并不仅仅关于数据，而且关于我们如何组织自己的生活、数据、部门以及思想。“一切都处于支离破碎的状态，把它们组合起来很难。但你一旦这么去做了，肯定能取得更好的成果。”弗劳尔斯总结说，“但是，实际工作中，这种组合起来的方法被用得并不多。我们不得不问，这是为什么呢？”

互联互通世界的悖论

像纽约市政府这样的案例并不少见。实际上，如果你认真观察当今的世界，就会发现21世纪的社会竟然存在着这样一个惊人的悖论。从某些意义上来说，我们处在一个跟以往相比联系更为紧密的一体化社会：全球化和技术变革的力量使新闻能够闪电般地传遍全球；数字化的供应链将公司、消费者和经济体连接起来；各种想法，无论好坏，都能轻易传播，人、流行病和恐慌的流动和传播也是如此；金融市场某个小角落的交易出现问题，全球的银行系统都可能会被搅乱。简言之，我们生活在一个深受经济学家伊恩·高登（Ian Goldin）所说的“蝴蝶缺陷”（Butterfly Defect）影响的世界——这个世界的系统过于紧密地融合，风险蔓延的威胁无时不在。[25] 国际货币基金组织（IMF）总干事克里斯蒂娜·拉加德（Christine Lagarde）说：“在当今世界，各种声音交织如蜂群嗡鸣，所有人都紧密相连，如同住在同一座蜂巢里。这种融合和相互联系的危险模式已经成为我们时代的特征。”[26]

但是，尽管世界越来越紧密地连接成一个体系，我们的生活却仍然是支离破碎的。许多大型组织被分割成一个个小的部分，然后再次分割成无数个不同的部门。这些部门之间无法实现沟通，更不用说良好的合作了。大家都待在各自的思想和社交的隔离区中，只跟与自己相似的人交流和共存。许多国家的政治陷入“极端化”。职业的专业性越来越强，部分原因是技术变得越来越复杂和精细，只有很小一部分专家才能够理解。

我们可以用多种概念来描述这种支离破碎的状态。大家用过的词包括“隔区”“水桶”“部落”“盒子”和“烟囱”等，但我觉得最合适的类比是“谷仓”（silo）。这个词的词根来源于古希腊语中的“siros”，意思是“玉米坑”。[27] 直到今天，这个词也保持了它原有的含义：根据《牛津英语词典》，谷仓是农场里用来储存粮食的高塔或坑，[28] 但是在 20 世纪中期，西方军队开始用这个单词来指代用来储存导弹的地下室，后来管理咨询师又引入了这个概念来描述一个“互相隔离运行的系统、流程、部门等”。因而“silo”这个单词现在不仅是一个名词，还能用作动词“tosilo”，意为“把……储存在谷仓内”，或者形容词“siloized”，意为“被放在谷仓里的”。值得注意的关键一点是，“谷仓”指的不仅仅是实体的结构或组织（比如部门），还可以是一种思想状态。谷仓存在于结构之中，也存在于我们的思想和社会团体中。谷仓培育出了部落主义，也可能与视野狭窄密切相关。

这本书并不“反谷仓”。我并不想证明谷仓永远是不好的，或者我们就应该发布禁令，废除所有的谷仓（不过这个想法有时候还是挺诱人的）。相反，这本书的基本观点之一就是当代世界需要谷仓，至少需要“专业的部门、团队和地方”这样的谷仓。原因非常明显：我们生活的世界如此复杂，我们需要建立起一些机构来应对这样的复杂性。并且，随着数据洪流的泛滥，组织的数量和技术的复杂性也在增加，对于组织的各类需求也在飞速增长。建立一种秩序感最简单的方式就是将想法、人员和数据放在有单独空间的社交或思想盒子里。专门化和专业技能通常能带来进步。正如亚当·斯密（Adam Smith）所说，劳动力分工的出现能够促进社会和经济的繁荣发展。[29] 如果没有劳动力的分工，生活的效率会低得多。如果纽约市政府的 15 万名员工没有按专业团队来划分和组织，将会出现混乱不堪的情况。受过训练的专业消防队通常能比业余选手随意组成的团队更好地应对火灾。谷仓能够帮助我们管理世界，将我们的生活、经济和机构分门别类地安排好。它还促进了问责制的实行。

但是谷仓有时候也会产生伤害。被组织安排在各个专业团队的成员最后可能互相较劲，导致资源的浪费；各自独立的部门和专家团队可能无法交流沟通，因而忽视了危险，付出沉重代价；分裂的状态会造成信息瓶颈，阻碍创新；最重要的是，谷仓会造成视野狭窄，或者精神上的盲点，这会让人们做出愚蠢的事情。

我们周围的世界就被这样的例子搅得乱七八糟。例如，2008 年金融危机爆发的原因之一就是金融体系过于分裂，导致没有人能够以一种相互关联的视角来观察风险是如何在市场和银行业发展和蔓延开来的。巨型金融公司都被分割成了无数个不同的部门或谷仓，负责运营某个团队的领导者都不了解自己手下的交易员在做什么。而且这个问题不仅仅影响到了银行界。2010 年，英国石油公司透露，公司旗下的一个钻探设备在墨西哥湾遭遇爆炸事故，石油喷洒在海面，造成了严重的污染，引发了多方的互相指责。然后，随着调查的深入，一个熟悉的模式展现在了人们面前：英国石油公司由多个官僚机构的谷仓所构成，谷仓中是每个专业领域的技术管理型专家们。尽管公司有一个负责安全监控的技术团队，但这个团队与负责马康多（Macondo）石油探井日常运营的队伍之间并没有联系，相关的信息得不到传达，或者等信息传达到时已经太迟了。[30]

2014 年春，通用汽车公司承认公司旗下包括雪佛兰科宝和庞蒂亚克 G5 在内的小型汽车点火开关存在故障，在开车时可能会从驾驶挡跳到 ACC 挡，切断引擎动力并且禁用安全气囊。该公司承认，有些工程师2001年起就意识到了这一故障的存在，并且知道这个故障只需每辆车花费90美分进行修理就可以解决。但是，即使发生了有人在撞车事故中身亡的案例，他们也没有替换这一故障开关，因为关于这一开关的信息只存在于很小的一个机构谷仓中。更糟糕的是，负责开关的工程师和担心声誉风险的法律团队之间的联系微乎其微。也就是说，通用汽车公司因为谷仓的存在而漏洞百出，并且公司的员工并没有动力去主动协作。就像银行业者或者英国石油公司的安全管理者一样，单独的团队保护其各自的利益，而不顾对公司整体利益可能的伤害。[31]“我们必须找到办法来打破这些谷仓。”新任通用汽车公司CEO（首席执行官）玛丽·巴拉（Mary Barra）在调查报告出来之后沉痛地对员工说道。[32]

同样，调查人员还深入研究了为什么美国国家情报局（CIA）和其他情报组织没能提前预测到基地组织在2001年的恐怖袭击，他们发现，机构中存在各部门隐藏信息不和整个团队分享的情况。[33]英国的记者调查为什么国家卫生局在2008—2011年间的信息技术系统采购上做出了多次灾难性的决定时，也发现了同样的问题——各个部门里面订购信息技术系统的人不和其他人协商。[34]奥巴马政府2013年底推出的医疗保险网站healthcare.gov发布过程中电脑故障频发，激起了公众抗议，其中也有类似的原因。尽管负责电脑程序的专家一直都知道网站面临严重问题，但是他们的信息并没有传递到总统团队那里。白宫里面没有人真正了解这些技术高手在做什么，因为他们的工作看起来技术性强并且十分复杂。

可能最令人震惊和忧伤的谷仓实例之一是2009年奥巴马政府提

出的一个在金融危机之后为房屋所有者提供房贷帮助的项目。这一计划背后的理论听起来很有道理：如果达到一定的标准（比如说，拥有一份工作），银行就能为经济状况不好的房屋所有者提供每月房贷的减免。但这其中有一个非常关键的也是悲剧性的问题：各家金融公司的组织架构过于分裂，当一些银行部门想要通过降低每月缴款来帮助那些房贷抵押人的时候，提供贷款减免的团队常常通知不到负责执行房屋赎回的团队。这造成了非常严重的后果。当银行负责执行赎回的团队看到抵押人减少了每月付款额时，他们有时会认定抵押人违约，于是收回了房屋。在这样的情况下，政府原本想要帮助房贷者的计划反倒伤害了他们。而这正是谷仓效应的负面作用。奥巴马的顾问奥斯坦·古尔斯比（Austan Goolsbee）说："这实在是太糟糕了，没有人想过银行里面会存在着这样的谷仓，而且这些谷仓的隔绝如此之彻底，竟然让事情朝完全相反的方向发展。这简直太不可思议了。"

文化秃鹰

那么，有没有办法来避免这种谷仓造成的"不可思议"或是"盲点"呢？本书认为，答案是肯定的。

在后文中，你将会看到一系列的故事，内容涉及政府、企业和非营利部门，它们将向你展现谷仓带来的危险和希望。本书的讲述分为两个部分。第一部分包括三个故事，故事中的机构和个人以各自略微不同的方式受到了谷仓的影响。第二章与索尼相关，这家公司曾经获得了巨大的成功，后来因为过于分裂而错失了创新的机会，导致了衰落的开始。第三章讲述了瑞银集团的故事，这家超大型银行曾经饱受谷仓影响，高管们完全不知道一些交易员一直在购买与美国次级房贷相关的债券，这让他们的账本里埋藏了一颗定时炸弹。第四章展示了英格兰银行和美联储的经济学家们受困于视野狭窄和部落主义思想，聪明如他们，也没能发现2008年之前的金融体系正在逐渐失去控制。在无数专业领域和机构，人们越来越被困在他们所承袭下来的谷仓中，这不仅仅是就组织的结构而言，更重要的，这还涉及人们的思维方式。2008年前经济行业所发生的事情说明了这一趋势。

本书的第二部分较为乐观，因为它展示的是一些个人和机构如何在思想、生活和组织中努力克服谷仓的束缚。在第五章，我讲述了一位芝加哥的计算机高手如何开启一次巨大的职业转型，他跨越职业之间的谷仓界限，并且在芝加哥警察局发起了一场惊人的实验。

第六章关注了脸书，讲述了这家社交媒体公司是怎样预防自己陷入谷仓诅咒的，为此他们在内部社交工程方面做了许多非常棒的实验。这个故事是索尼案例很好的反照，尤其是，脸书的员工正是因为不想重蹈索尼或者微软等其他商业巨人的覆辙，所以才进行了他们内部的破除谷仓实验。

第七章讲述了克利夫兰医学中心这家超大型医院的医生们是怎样努力用另外一种方式破除谷仓魔咒的：他们鼓励医疗专家慎重考量自己给世界分类的方法，并且想象和思考不同的分类标准。这些医生没有简单地接受医学领域通常的分类体系，他们彻底颠覆了这些分类方法。在这个意义上，这一章的故事与第四章关于经济行业的讲述形成了明显的对比，因为困扰经济学家（大部分专业领域都如此）的一个问题就是他们并不会去审视自己如何在思想上构建这个世界，而只是认为他们的分类方法是不证自明、一定正确的。

第八章讲述了另外一种方法。这一章是关于一家名为蓝山资本的对冲基金是如何利用它周围金融体系中的谷仓来挣钱的。这说明了一个关键点：一个人的谷仓可能是另外一个人的机遇，一个机构的损失可能会是另外一个组织的收获。这样，蓝山的故事又成为瑞银集团和其他大型银行的反例，它说明如果个人愿意采用一种全局整合的视角，或者审视谷仓的存在，是能够在与对手的竞争中获得巨大优势的。谷仓破除者可以带来创新，他们有时候能够发现新的商业机遇，聪明的破除谷仓的投资者能够从中挣大钱。

我并不指望通过这些故事说清楚所有的道理。我知道我还有其他许多故事可以用来描绘谷仓的消极和积极影响。但是，我专注于这几个故事，在叙述中尽力简化论述，使之尽可能通俗易懂。但我也必须强调，这些故事并不是结局既定的“成功”或“失败”的案例，它们仍然在发展中，我只不过截取了发展过程的一个截面。谷仓带来的危险永远不可能完全消除。掌控谷仓是一个长期的战役，因为我们周围的世界在持续地变化，把我们拉过来，又推过去。在这样一个复杂的世界里，我们需要专业人士、专家团队来发挥作用，维持运转。但是，我们对于生活同样还需要一个整体的、灵活的视角。掌控谷仓需要我们在这两个相反的目标之间的狭窄道路上行走。这确实不容易。

所以我们应当如何应对这一挑战呢？一个可能的出发点是认识到谷仓的存在，并且明确地思考它们的影响。我认为人类学能够帮助我们分析问题和论证观点，这不是大家思考谷仓问题时能够马上想到的领域。相反，人们论述谷仓时，通常会提到两大研究主体：一是管理顾问，他们为机构提供如何更好地组织管理的建议；二是心理学家，他们研究我们的大脑是如何思考的。然而，谷仓从本质上来说是一种文化现象。它们的出现是因为社会团体和组织有着关于如何划分世界的具体规范。有时候这些分类体系会被明确地定义。纽约市政厅就有官方的、正式的结构，以层级的方式规定了每个部门和团队是如何组织的，相互之间是什么关系。但是，我们用来划分世界的规范通常没有官方定义或说明。相反，它们从繁多的规则、传统和规范中产生，我们通常不自觉地从环境中吸收到了这些规则、传统和规范。也就是说，很多我们用来划分世界的重要模式来源于我们的文化。它们存在于有意识思维和直觉的边界。它们对我们来说非常自然，就像我们觉得自己的文化很“正常”一样，以至于我们常常注意不到它们的存在，也不会去思考我们其实拥有正式和非正式的分类体系，而这些分类体系塑造了我们面对世界的方式。

但是，文化人类学家已经对这些分类体系进行了大量的思考。这是因为人类学家知道分类的过程对于人类文化有着根本性的作用；实际上，我们的分类方法就是我们的文化。有时候，人类学家会在非西方背景下研究这些文化模式。确实，当今流行文化中知名的人类学家通常都是在那些现代西方人看来具有异域特色的地方进行研究。例如研究萨摩亚群岛的青年和性别的玛格丽特·米德（Margaret

Mead），研究因纽特人的弗朗茨·博厄斯（Franz Boas），研究亚马孙河神话的克洛德·列维－斯特劳斯（Claude Lévi-Strauss），研究爪哇岛斗鸡仪式的克利福德·格尔茨（Clifford Geertz），等等。但是并不是所有的人类学家都在非西方环境中工作，相反，许多当代人类学家现在也在复杂的工业环境中开展工作，研究塑造了21世纪社会的文化模式。“人类学家是文化秃鹰，我这里说的文化秃鹰不是它们通常的意思，”英国人类学家史蒂芬·休－琼斯（Stephen Hugh-Jones）解释道，“对于人类学家来说，文化不是品位的提炼或者文明的智力层面，它是任何种类的任一社会所共同持有的思想、信念或实践。”[35] 就这一意义而言，人类学能够帮助我们弄清楚我们是怎样划分这个世界的，以及为什么我们会创造出这些谷仓。

所以，在我们谈到一些机构是如何被谷仓所掌控以及如何掌控谷仓的故事之前，让我们先绕个道。第一章解释了为什么人类学能够在理解现代世界及其谷仓时发挥作用。它讲述了法国人类学家和社会学家皮埃尔·布尔迪厄（Pierre Bourdieu）的故事。布尔迪厄在阿尔及利亚开始了自己的研究生涯，不过他后来转变了方向，进行了一系列针对当代法国和西方世界其他方面颠覆性的研究。乍看之下，这似乎和我在这本书里面要讲的关于复杂机构的故事并不相关。（如果读者们只想阅读关于机构成功或者失败的故事，那么你们可以跳过这一章，直接从第二章开始。）但是布尔迪厄的研究阐明了文化人类学的一些界定特征，并且展示了为什么不管你是否将自己定义为人类学家，人类学的视角都能够起到作用。即使，或者说特别是在纽约市政厅、瑞银集团、英格兰银行和索尼这样的机构。

第一部分

边界是企业实现敏捷的主要障碍

第一章
不跳舞的人：人类学如何解释谷仓效应

每一个既定秩序都倾向于让它完全随意的制度看起来完全自然。

——皮埃尔·布尔迪厄[1]

1959年的一个冬日寒夜，在位于法国西南部偏远角落的一个叫作贝亚恩（Béarn）的小村庄里，一个大厅在黑夜里被灯光点亮，一场圣诞节舞会正在这里进行。几十名青年男女在20世纪50年代流行的摇摆乐伴奏下翩翩起舞。女士们身着长裙，随舞飞扬；男士们穿着合体的西装，精神帅气。[2] 在人群的边缘，30多岁的皮埃尔·布尔迪厄立足观察，他神色专注，棱角分明，一边拍摄照片，一边在脑海中细致地做着记录。从某种意义上来说，这个舞厅应该让他感到舒适自在——他出身乡村，多年前就在这个山谷中长大，还能说加斯科涅语这种巴黎人完全不能理解的本土方言。但在另一方面，他又是一个局外人——作为一个早熟的聪明孩子，他 20 年前就早早离开了家乡，拿着奖学金前往巴黎的顶尖大学学习；后来他去了阿尔及利亚，作为一名战士在残酷的内战中服役，这之后才成了学者。

这样的经历使得他处于一种微妙的“局内人 / 局外人”（insider-outsider）状态。他非常了解舞者们的世界，但他自己早已不是局限于这个小环境中的人物。他的想象力蔓延至贝亚恩以外的广阔宇宙，舞蹈在他的思想里以另一种方式编排。当他以一个局内人 / 局外人的视角环顾这间舞厅时，他所看到的是他的朋友们看不见的东西。舞厅的中央是四射的灯光和飞扬的舞步，人们在跳着摇摆舞。这是村民们唯一想要看到的场景，也是他们在这样一个夜晚将会留下的唯一记忆。归根结底，舞厅也确实就是用来跳舞的。但布尔迪厄后来在他的书中写道：“一群年长些的男人在舞池的边缘站立，黑压压一片，静静地看着人群。他们都大约三十来岁，戴着贝雷帽，穿着款式老旧的深色西装。他们似乎受加入舞池的诱惑所牵引，朝前移动，慢慢地挤占了舞者们的空间……然而并不跳舞。”[3] 舞厅的这部分人通常并不为人所见，他们一直被忽视，但仍然存在着，与舞者的存在并无二致。布尔迪厄观察道：“他们都在那儿！那些单身汉！”舞厅里的人们莫名地就进行了区分，把各自划归了两个阵营——跳舞的人和不跳舞的人。

但是，这样的分隔为什么会发生呢？布尔迪厄几天前和一位老同学见面时获得了一些线索。他们会面时，这个人拿出了一张战前的老照片，照片里他们的同学都还是孩子模样。“我的小学同学那时候只是附近镇上的一个低等职员，他对着照片冷漠地评论道，‘娶不到老婆的家伙们！’而他指的是照片上几乎一半的男人们。”[4]那个人的本意并不带有羞辱意味，他只是表述了事实。村庄里的许多男子确实娶不到老婆，因为他们不讨人喜欢——至少当地的女人是这样评价他们的。

这样一种“娶不到老婆”的现象反映了剧烈的经济变革。在20世纪之前，贝亚恩小镇的大多数家庭都以务农为生，家中的长子通常都会根据当地传统继承家族的农场，成为最有权力、最富有的人。因此长子成了本地女人中的抢手货，特别是与那些不得不离家谋生的小儿子相比。但是在战后的法国，这样的模式发生了改变。农业在衰落，离开农场谋生的人在城镇里找到了待遇更好的工作。许多年轻女性前往城市求职。年长的儿子们因为传统被拴在了农场，逐渐变得落后了。在每天的日常生活中，村民们并没有清晰地表达出这样的区别。但这种分类体系逐渐显现，并在那些似乎变得越来越自然的、细微的、看似平凡的文化符号中得到强化。对于贝亚恩的村民们来说，20世纪50年代的摇摆乐、长裙和紧身西服就是时尚和都市的象征。如果你会跳舞，那就说明你是现代人，也就是可以结婚的对象。

布尔迪厄真正感到好奇的，其实并不是这样的经济变革为什么会发生，而是为什么所有人就这样接受了这种分类体系和不言而喻的文化规范。娶得到老婆和娶不到老婆的男人之间的差别，或者是会跳摇摆舞和不会跳摇摆舞的人之间的差别，并未以任何正式的手段强加于人。没有人对这件事情进行过公开辩论。20 世纪 50 年代的法国并没有任何官方的条文规定禁止农民跳摇摆舞或者不让他们学习舞步、购买西装进而进入舞池，但是不知道为什么这些人就进行了自我禁止：他们自觉地把自己放在了一个标示着“不会跳舞”的类别里。而这样的类别可能带给这些人的境调是令人心碎的。“我想起了一个老同学，他圆滑和精致到有些女性化的程度，很讨我的喜欢。”布尔迪厄发现，他的这位老同学会“在马厩的门上用粉笔写上他养的母马们的出生日期和他给它们取的女孩儿的名字”，作为对他“娶不到老婆”的状态和孤独生活的悲情抗议。[5]

所以为什么这些人不反抗他们的悲惨境地呢？为什么他们不去学跳舞呢？为什么女孩子们都意识不到自己忽视了一半男人的存在呢？实际上，更根本的问题是，为什么人们只会接受我们从环境中承袭而来的分类体系？为什么当这些社会规范和类别很可能是破坏性的时候依然如此？

就地理位置和文化而言，战后贝亚恩的这家舞厅离纽约市长布隆伯格的市政厅非常遥远。大西洋两岸的婚姻状态并没有太多共同点。但是，在某种意义上，法国农民和纽约官僚却难分难解地纠缠在了一起。这两个世界，以及其他任何人类学家们研究过的社会，都拥有同一种趋向，即用正式和非正式的分类体系和文化规则把世界划分为不同的群组和谷仓。有时我们用正式的手段来进行，有图表和明确的规则；但更为经常的做法是：这种划分是在成千上万细微的，似乎不相关的文化传统、规则、符号和信号之中开展的。而我们常常都意识不到这种行为的发生，因为这些传统和符号之类的东西已经在我们的环境和心智中深深扎下了根。确实，这些文化规范如同丝线被编织到了我们日常生活的布料之中，它们让这个分类体系看起来是如此自然契合和不可抗拒，以至于我们很少会去思考它。

在大家都可以分辨的范围内，不难发现这个分类的过程就是人之所以为人的固有部分。这是使得我们和动物区别开的特点之一。这其中有一个很好的理由：每天我们都被如此多的复杂事物所环绕，如果我们不将世界分成可以管理的各个部分从而创造出某种秩序，我们的大脑将无法思考或沟通。电话号码这种小事情就能够帮助解释这个道理。追溯到 20 世纪 50 年代，哈佛大学一个名叫乔治·米勒（George Miller）的心理学教授研究了电报系统和电话操作员的短期记忆是如何运作的。这项研究表明，如果给人类大脑展示一列数字或字母，大脑能够记住的数据量是有先天极限的。[6] 米勒认为这个极限的范围在 5~9 个数据点之间，但是平均水平就是“神奇数字 7”。后来，其他心理学家提出这个平均值接近 4。不管怎样，他的结论中的一个关键点在于：如果大脑学会了把数据分成数据块，划分到不同的组合中，类似于建立起思想上的文件柜，大脑中就能够保存更多的信息。所以如果我们能把数据想象成不同的集合块，我们就能够记下它们，而如果它们只是单独的没有被打破的各个数字序列，我们却记不下来。“刚刚开始学习无线电报码的人听到的每个长短音都是一个单独的块。但是很快他就能把这些声音组织成字母，然后将字母作为块来处理，之后字母块变成了单词，也就是更大的数据块，然后他们就能听到整块的短语了。”[7]米勒解释道，“重新编码是一个极其强大的武器，能够提升我们所能处理的信息量。”

这个过程也适用于更长期的记忆。心理学家注意到，我们的大脑运作时有一种记忆术，或者说是精神上的标记，使我们能够将想法和记忆根据特定的话题分组，让它们更容易被记住。这可以说就是神经学意义上的在老式文件柜中建立想法文件夹，根据不同话题标注上彩色的、显眼好记的标签。有时候这样一个分类归并的过程是有意识的，而更多的时候，如心理学家丹尼尔·卡尼曼所说，它们是无意识的。[8]不管有无意识，把思想分类为不同的集合能够使我们建立秩序并且安排我们的想法。“如果不使用一些思维模式来简化事情，我们根本不能思考或者做决定，更别说创造新的想法了。”管理咨询师吕克·德·布拉班迪尔（Luc de Brabandere）和艾伦·因（Alan Iny）指出，“如果不首先把东西放进这样的盒子里面，没有人能够处理好实际生活中如此多的复杂面。”[9]

但是，给世界分类的需求并不仅仅适用于我们的内部精神流程，社交互动也要求我们有共同的分类体系。其实，这也是一门语言的核心所在，也就是人们之间就不同的发声和音调代表不同的含义所达成的共识。但是，社会或社交团体也有其文化规范，它们规定了人们使用空间、互动、行动和思考的方式。人们共同持有的关于如何对世界进行分类并且建立秩序感的想法是共同社会规范一个至关重要的部分，甚至是一个文化的核心要素。就像我们的大脑需要对世界进行分类才能思考一样，社会也需要有一个共同的分类方法以保持其运转。早在17世纪时，法国哲学家勒内·笛卡儿就提出了“我思故我在”的想法。[10]同样，我们也可以说：我分类，故而我思考，并且我是一个社会存在。

尽管我们分类的行为是普遍性的，分类的办法却不尽相同：不同的社会使用了不同的分类系统来组织世界。就算是在处理自然现象这样看似普遍性的问题时，分类方法也是存在差异的。在理论上，人类对于颜色的体验应当是一致的。我们生活在同一个宇宙，拥有同一个光谱，而且绝大多数人的眼球都差不多（除了那些色盲的人），但是世界上各个人类社会对颜色的分类并不一样。在几十年的时间里，人类学家布伦特·伯林（Brent Berlin）和语言学家保罗·凯（Paul Kay）合作，研究世界上不同的语言是怎样描述色谱的。[11]他们发现了至少7种不同的模式：非洲的一些群体似乎只将世界划分为3种颜色集合，即红色、蓝色、白色，但是一些西方文化的颜色类别比这多出了5倍。这一发现激发认知人类学家（认知人类学是人类学下分析文化和精神的一个分支）卡罗琳·伊斯特曼（Caroline Eastman）和罗宾·卡特（Robin Carter）得出结论，尽管色谱可能是全世界一致，人们对它进行分类的方式却大不一样。伊斯特曼和卡特写道：“颜色可以用一个网格来表示，网格中展示了不同的波长（色调）和亮度，每个颜色词代表着网格上的一个区域，区域的焦点可以用一个颜色词来描述。尽管不同文化和同一文化内部对于焦点基本能达成一致，对于边界却很少一致。”[12]

自然世界其他部分被分类的方式也各有不同。世界上几乎每个地区都有鸟，但是有些文化认为鸟类是一种动物，不在鸟类之间再进行区分，有些文化则进行了明确的区分。比如说，英语中的seagull（意为海鸥）这个代表某一类鸟的词就不容易翻译成其他的语言。同样，不同的动物类别在不同的地方也可能有不同的联想。例如，贾雷德·戴蒙德（Jared Diamond）研究了世界上不同的文化是怎样定义它们的动植物的。（戴蒙德有时候把自己称为环境人类学家，这是人类学的另外一个分支。）他指出，“马”这个概念在法国是可以联想到“肉类”的，正如“猫”在中国一样，但这两种动物在美国这样的地方都被认为是无法食用的。[13]

社会关系的分类方法差别甚至更大。有性生殖是普世性的，但是，人类学家和语言学家发现世界上各种社会中存在至少6种不同的定位亲属关系的体系（在大学的文化人类学课程中，它们被称为“苏丹式”“夏威夷式”“因纽特式”“易洛魁式”“奥马哈式”和“克罗式”）。更大的区别存在于各个社会组织它们的空间、定义工作、构想宇宙、组织经济活动或记录时间的方式。在某些文化中，“烹饪”被划分为专属于女性的工作，由女性在家庭空间里开展。在美国郊区，烹饪通常需要烧烤和肉，因而常被认为是男性的事。与此相似，在犹太文化中，星期六被认为是神圣的日子，伊斯兰教文化认为星期五是圣日，基督教文化则认为是星期日。在许多非西方社会，比如亚马孙河流域的部落里，根本就没有7天一周的概念，更不用说周末了。跳舞也是这样。许多社会都有关于舞蹈的礼仪，但是在一些社会里，跳舞被划分为宗教活动；在另一些社会里，它却被认为是亵渎性的、与神圣恰恰相反的。在一些地区，男性不和女性一起跳舞；而在另一些文化里，跳舞的意义就在于男女共舞。在这所有的多样化情境中唯一的绝对共同点便是，无论大家跳舞、饮食、烹饪、安排各自的空间或家庭生活的地点或方式如何，大家都认为自己独特的行动方式是“自然的”“正常的”或者“必然的”，并且他们通常还认为其他人跳舞（和划分世界）的方式不是自然或正常的。这样的多样性表明了一个简单但是至关重要的道理：我们用来组织各自生活的方式往往并不是自然的结果，而是教化的结果。这使得它们分析起来格外有趣。有一个人对这一点进行过非常有意思的观察，他就是那个站在贝亚恩的舞厅里面看大家跳舞自己却不跳的人，他也是现代人类学的重要奠基人——皮埃尔·布尔迪厄。

布尔迪厄从未追求成为一名人类学家。他早年时认为理解世界的最佳方式，很可能也是唯一的方式，就是研究哲学。这样的推断似乎很自然。鉴于他来自战后的法国，身处一个像让–保罗·萨特（Jean-Paul Saetre）这样的哲学家大受欢迎的年代。“一个人被神化所以成了哲学家，而一个人通过保持自己作为哲学家的身份而使自己神化。”布尔迪厄解释道。[14] 布尔迪厄迫切需要这样一个身份。他 1930 年出生在当吉恩（Denguin），这是贝亚恩附近的一个小村庄。他的父亲先是佃农，后来做了邮递员，没有接受过完整的教育。11 岁时，布尔迪厄获得奖学金，前往山谷中的波城（Pau）的一家寄宿学校就读。“我认为那个叫福楼拜的作家说的还是有点道理——‘一个人在 12 岁的时候就了解了寄宿学校，那么他就了解了生活的一切。’[15] 我在寄宿学校的状态始终处于一种顽固的愤怒中，陷入了两个世界的挣扎。”

他努力融入，课业成绩优秀，以巨大的热情参与了英式橄榄球运动，这项运动那时在法国西南部非常流行。但是法国是一个分层级的、阶级分化的社会，人们通过无数细微的信号被分为各种不同的团体，这些信号嵌在语言、举止、文化和姿势中。布尔迪厄感到自己是一个外来者，他持续地与这一残酷的原则相对抗。“17 世纪的老教学楼，又大又难看，无边的走廊，上白下绿的墙壁，巨大的石头阶梯。没有任何私密的角落能够让我们独处、避难或是喘息。”[16] 他回忆道，“订立规矩的成年人根本不知道如何去维护一个经历了绝望与愤怒、渴望复仇的小孩子的公平。”

17 岁时，布尔迪厄获得了巴黎顶尖学府巴黎高等师范学院（Ecole Normale Supérieure）的奖学金，得以逃离这里，前往巴黎学习哲学。以优异成绩毕业后，他又开始了关于莫里斯·梅洛－庞蒂①（Maurice Merleau-Ponty）认识论（或知识体系）的研究生项目，但是之后他的生活出现了意想不到的转折。1955 年，25 岁的布尔迪厄应征入伍。通常，优秀的学生只会在舒适的农村地区担任一些文官的职务，但当布尔迪厄被征召时，一场残酷的内战正在南部蔓延。尽管法国已经统治了阿尔及利亚一百多年，但阿尔及利亚反抗军一直在争取独立。布尔迪厄告诉他的军队长官，他在原则上强烈反对阿尔及利亚战争，因为他和其他年轻的法国知识分子一样憎恶殖民主义。军队惩罚了他，把他派往了战争前线。“我先是被派到

---

① 庞蒂是 20 世纪早期另一位备受尊重的法国思想巨人和现象学哲学家。——译者注

了凡尔赛的军队心理辅导部门，就像巴黎高等师范学院的学生通常受到的参军优待一样。但是我和军官进行了激烈的争论，他们想说服我支持法国统治阿尔及利亚。这种争吵最后给我带来了去前线的任命。”[17]

1955 年夏天，布尔迪厄搭乘船只从南面穿过地中海。他所在的部队里“基本都是不识字的马耶讷（Mayenne）和诺曼底（Normandy）人，还有些人不服从命令”。[18] 在船上，他没能成功地向他的战友们灌输他反对战争的思想，因为这些士兵已经对阿尔及利亚持有了一系列的偏见，并且有一些根深蒂固的给阿尔及利亚人分类的想法。“在踏上阿尔及利亚的土地之前，他们就掌握和吸收了一堆对阿尔及利亚人种族歧视的言论和词汇，伴随着一种对于军队上级的极度顺从。”他哀叹道。布尔迪厄在沙漠小镇奥尔良斯维尔（Orléansville）度过了几个月的孤独时光，他的任务是保护军火供应站不受游击队的攻击。之后他被派到了阿尔及利亚首都阿尔及尔。

战争持续升级，而布尔迪厄在阿尔及尔一个军营宿舍的狭小空间里顽强坚持着他的博士研究。学术上的思考使得布尔迪厄能够在思想上暂时逃离这场他认为不义的恐怖战争。但他对哲学的幻想也一步步破灭。过去在巴黎纯净、安全和知识化的环境中，布尔迪厄就像其他许多年轻的法国知识分子一样，相信萨特和庞蒂这样的思想家的抽象哲学是理解世界的完美钥匙。但在阿尔及利亚战争的恐惧之中，还认为抽象哲学本身就能够解释实际生活未免有些荒谬了。到 1955 年年底时，阿尔及利亚反抗军不仅对弹药库发起了多次攻击，还割开了法国军人和平民的喉咙。法国军队用残酷的手段予以回击。他们上演了逐户的袭击，逮捕了数千名反叛军嫌疑人。他们虐待俘虏，轰炸村庄，把成千上万居民从他们的村庄赶到了贫瘠的军营一样的地方。所以布尔迪厄改变了研究方向，决定写一本关于阿尔及利亚真实生活而不是哲学家梅洛－庞蒂的书。“我想告诉法国人民在这个他们几乎一无所知的国家到底发生了什么，以求起到一些作用，或者用来驱散作为这场可恶战争无助的见证者心中的那些内疚。”[19] 为此，他转向了一门当时因为法国学者列维－斯特劳斯的作品才刚刚开始流行的学科，那就是人类学。

在有些人看来，布尔迪厄对于人类学的兴趣似乎来得莫名其妙。人类学一直都被认为是一门奇怪的学科：难以定义，对外人来说又难以理解。它似乎在现代思想意识中无处不在，却又无处寻迹。“人类学”这个词来源于希腊语“anthropos”，这个希腊单词的本义是对人的研究。第一个尝试以系统方法研究人类文化的例子出现在公元前450年希腊历史学家希罗多德（Herodotus）的著作中。（希罗多德记录希腊人和波斯人之间的战争时，花了很大篇幅来分析他所看到的文化差异，将他们描述成为具有明显差异的社会制度和模式，并进行了对比。[20]）然后，17世纪至18世纪，人类学的概念随着大卫·休谟（David Hume）等提出要研究“人类的本性”而再次出现。[21] 而在19世纪时，这种努力发展成为一门成熟完备的学科。人类学家厄内斯特·盖尔纳（Ernest Gellner）指出：“当人类学诞生后，在19世纪中期刚过时，有两大因素决定了它的形式，即达尔文主义和殖民主义。”[22]19世纪的欧美精英们感受到了一种要去理解他们在非洲、亚洲和美洲遇到的“异域”民族的需求（这通常是因为他们想要控制这些人、向他们征税，或者使他们皈依基督教，或者以上三个理由都有）。同时，查尔斯·达尔文关于进化的思想引发了人们对于成为人类意味着什么的热烈讨论和兴趣。生物学家和动物学家努力理解动物王国是怎样发展进化的时候，历史学家和社会科学家对研究“原始”民族如何在几百年间发展到“先进”的社会产生了兴趣。这个问题的一方面围绕着人类的生理进化而展开，另一方面则关注社会和文化的演变。“欧洲和北美占领了广袤的土地，这些地区以前都居住着更简单的社会群体，这不可避免地激起了欧美人的想法，认为可以将这些人作为代理时间机器。”盖尔纳解释道，“人类学诞生于人们对于过去、对于人类起源的强烈兴趣”。[23]

这条学术道路上的开路先锋之一是19世纪的苏格兰学者詹姆斯·弗雷泽（James Frazer）。他收集了世界各地大量的神话和传说的数据，并且将它们整理成了一本影响力很大的书：《金枝》（*The Golden Bough*）。该书探索了人的意识和文化是如何从“原始”发展到“先进”的。其他许多人类学家也采取了类似的研究方法。19世纪末20世纪初，弗朗茨·博厄斯（Franz Boas）着手对美洲原住民开展研究。博厄斯的学术生涯之初主攻方向是植物学，但在一次北极地区的旅行中，他被因纽特人给雪分类的方式震撼了，转而一头扎进了文化人类学的研究中。后来他开始重点关注美洲原住民，收集与原住民的习俗和“原始”思想相关的工件和材料，他也把它们分了组。后来他开始思考一个惊人的观点：也许我们不应该认为人类在社会意义上是按照同一条单一道路进化的，也许我们应该根据每种文化的实际情况进行具体研究。

随着 20 世纪的到来，这一反进化论的观点逐渐散播开来：人类学家逐渐放弃了原先的假设，不再认为非西方文化总是低级的，或者相对于欧美文化是发展不充分的。它们并不总能被强行套入自视高人一等的历史模型中。

布罗尼斯拉夫·马林诺夫斯基（Bronislaw Malinowski）是这一转变的典范。作为一个出生在奥匈帝国的波兰人，曾就读于伦敦政治经济学院，在学术生涯之初做的是老式的人类学研究，研究对象是澳大利亚原住民。后来，第一次世界大战爆发，他意识到自己可能会被作为敌人囚禁在澳大利亚。为此，他跑到了巴布亚新几内亚附近的特罗布里恩群岛（Trobriand Islands）。因为战争，他在那里待了比预计长得多的时间。因此，他没能过上进进出出收集工件、以备以后在图书馆舒适的环境里进行分析的生活。他在特罗布里恩的村庄里架起了帐篷，在那里生活了好几个月。这使得他能够在相当长的一段时间里，就像趴在墙上的一只苍蝇一样，观察村民们的生活。而观察过后，他更确信，给特罗布里恩的岛民们贴上“原始”的标签是不对的，相反，特罗布里恩文化有自身的节奏和美好之处，必须结合他们的实际情况去理解。“库拉”（Kula）这种仪式便是他们文化的一个缩影。这个精细的仪式是各个岛屿之间交换贝壳的场合。对于一个外人来说，这种行为可能看起来稀奇古怪，毫无意义，尤其是这些贝壳并没有什么即刻的价值或用途。但是，马林诺夫斯基指出，库拉并不仅仅是一个复杂精细的制度，还有至关重要的社会功能，因为贝壳的交换不仅确定了社会团体里都有谁，还创造了把群岛联系起来的义务和信任关系。

1922 年，马林诺夫斯基出版了著作《西太平洋上的航海者》（*Argonauts of the Western Pacific*），书中描述了他的发现。[24] 这本书改变了人类学。世界各地年轻的人类学家都开始进行他们所谓的“参与式观察”和“民族志”，或者说是观察他们研究的人群然后长篇累牍地描述观察的过程。英国人类学家埃文斯·普里查德（EvansPritchard）去了苏丹，约翰·拉德克利夫–布朗（John Radcliffe-Brown）去了安达曼群岛，美国人类学家玛格丽特·米德（Margaret Mead）去了波利尼西亚，鲁思·本尼迪克特（Ruth Benedict）去了澳大利亚，后来又研究了日本，另外一位美国大师克利福德·格尔茨（Cliford Geertz）去了巴厘岛，英国人莫里斯·布洛克（Maurice Bloch）离开法国去了马达加斯加。随着这些新一代人类学家开展他们的研究，人类学这门学科也一分为二。一个流派在美国被称为“文化人类学”（在欧洲被称为“社会人类学”），关注的是文化和社会；另一个流派被称为“身体人类学”，研究的是人类进化和生物。最初，这两方面的努力是相互交错的。但当人类学家开始关注当前的社会制度，对人类进化的研究似乎和当代文化的联系没那么紧密了，一些人类学家开始寻找与其他学科的联姻，例如语言学。

法国人类学家克洛德·列维–斯特劳斯就是一个很好的例子。他最初是一名语言学家和哲学家，学术走的是经典的法式知识分子道路。和布尔迪厄一样，列维–斯特劳斯最终对抽象的想象感到厌倦。

“我还小的时候，就深受那些不理性的东西的困扰。我一直想要找到那些我们面前混乱的东西背后的秩序，恰好我成了人类学家，这不是因为我对人类学感兴趣，而是因为我想要逃离哲学。”[25] 20 世纪 40 年代后期，他开始对神话和传说着迷。他认为分析世界的神话能够帮助理解人类认知是如何运作的。他的理论被称为“结构主义”。结构主义断定人的大脑有把信息组织成一定模式的趋向，通过二元对立进行标记（跟计算机编码数据的方式没有什么不同），这些模式随后在神话和宗教仪式等文化实践中被表达和强化。这是一种理论构想，并没有直接利用太多马林诺夫斯基所开创的参与式观察的方法。但是，列维 – 斯特劳斯用大量的世界各地社区的数据支持了他的论点。他在 20 世纪 50 年代出版的《亲属关系的基本结构》（*The Elementary Structures of Kinship*）、《忧郁的热带》（*Tristes Tropiques*）和《野性的思维》（*The Savage Mind*）中论述了他的观点[26]，并得到了广泛赞誉。这些书籍还激发了大家对于当时在欧洲知识分子中鲜为人知的人类学的新一轮兴趣。这其中就包括雄心勃勃想要成为哲学家的布尔迪厄。

1957 年，全面战争在阿尔及利亚爆发，布尔迪厄结束了他在部队的服役生涯。但他仍然有想要解释周围的世界，并且了解阿尔及利亚人的强烈愿望。所以，在从部队退役后，他申请了阿尔及尔大学的教职，开启了他的知识东征之旅。“观察和见证的单纯愿望驱使我投入了疯狂的工作中。”他解释说。[27] 他使用的方法与人类学或者经济学那些足不出户做研究的学科完全相反。他乘公交到了阿尔及利亚最偏远的角落，搭上法国军队的顺风车，或者偷偷和阿尔及利亚朋友一起旅行。他坐在当地人中间，安静地坐着，观察，提问，和他们一起生活。[28] 这实在是极其危险的尝试。农民与反叛军和法国士兵都有合作。在偏远的村庄，年长的阿尔及利亚人有时把他拉到一边，"在没有人能听到他们说话的地方"告诉他"法国军队是怎么折磨他们的"。[29] 法国官员则会描述极端阿尔及利亚人是怎样割破法国妇女和儿童的喉咙，或者放置路边炸弹的。在高山上，布尔迪厄会看到男人们飘起的白袍下藏着的枪，"整个海岸线边的山上都燃起了火光""咖啡厅的门口都用铁丝网保护起来，以免受到手榴弹的袭击"。[30] 但是布尔迪厄坚持了下来。"我对危险的漠视不是因为什么英雄主义，而是来自我极度的悲伤和焦虑。"[31] 和马林诺夫斯基一样，布尔迪厄决定在最草根的地方亲自去品味和观察真实的生活。他想要理解阿尔及利亚人用来整理他们的世界秩序的精神地图。

在阿尔及利亚的高山上，布尔迪厄第一次把这种爱好变成了成熟的理论。他和被称作卡拜尔人（Kabyle）的柏柏尔（Berber）部落居民一起待了一段时间，发现他们在修建房子方面有非常鲜明的特点：他们的天花板永远是矩形的，前门朝西，把一台巨大的织布机摆在门的反方向。在房子内部，卡拜尔人会用一堵矮墙把房间分为两部分，摆放织布机的那一半房间通常会建得高大一些、明亮一些，用来招待客人和用餐，男人睡在这里；但是房间的另外一半会矮小一些、暗一些。那是动物居住的地方，也是妇女和孩子睡觉的地方，卡拜尔人把日常用品以及所有湿润、绿色或者发潮的东西都储存在这里。

布尔迪厄问卡拜尔村民为什么要把房子安排成这样的模式，村民们觉得他的问题很奇怪。对他们来说，把空间、物品和人按这样的方式分类是很正常的事情。他们从小到大都是这样做的，如果采用别的什么方式才会显得很奇怪。如果有人建议卡拜尔人把湿润、绿色或者发潮的东西放在男人睡觉的地方，他们会发笑或者皱眉的，就像你建议美国郊区居民把洗发水放在车里或者把冰箱放在床下时他们会退缩一样。对卡拜尔人来说，这种模式就是他们的世界运行的方式。

但是作为一个外人，布尔迪厄能够看到这种方式并不是不二的选择。他还发现，卡拜尔人安排自己房间的方式也呼应了他们其他的生活方式。在卡拜尔文化中，男人被认为是和女人分离的（男人比女人高级），而公共空间和私人领域是区分开来的。类似地，他们的宗教也会把“潮湿”和“肥沃”与“干燥”区分开。因此，卡拜尔人房子的空间图同样也反映出了一张社会和精神地图，这在空间、思想和身体之间创造了一种微妙的、相互强化的作用。卡拜尔人那样修建他们的房子是他们心中女性应当如何与男性互动的文化规范使然，这种规范在他们每一次走进自己房子的时候都会得到加强，一直加强到这样的模式对他们来说完全自然。

卡拜尔人的情况并非个例。这种相互作用在所有的人类社会中都存在。以纽约市政厅为例。布隆伯格就任市长时就发现，政府办公室的布置反映了人们应当怎么工作的想法。比如消防员坐在专门区域的事实反映了大家认为消防队是一个与其他部门不同的专业团队。反过来，正因为消防员和教师是隔开坐的，所以他们被视为不同的群体也就很自然了。建筑是由我们对于世界的视觉心理所驱动的。我们设计办公室的方式也渗透到了我们给世界分类的方式中。我们在生理上、社交上和精神上都趋向于自己熟悉的环境，尽管我们常常意识不到这一点。习惯真的很重要。

1961 年，皮埃尔 · 布尔迪厄离开了阿尔及利亚。那时，因为法国军队使用了非常残忍的手段来对抗反抗军而引发了强烈的抵制。（实际上，法国军队的激进政策产生了如此之大的反作用，以至于 50 年后美军进入伊拉克的时候，五角大楼还安排放映了《阿尔及尔之战》，来警示美军不要在中东犯类似的错误。）最终，由于抵抗势力过于强大，法国政府决定撤军。愤怒的当地法国定居者要报复那些支持反战的法国知识分子，布尔迪厄就赶紧逃走了。

他回到了巴黎，获得了一个舒适的学术职位，和杰出的社会学家雷蒙 · 阿隆（Raymond Aron）一起工作。布尔迪厄学术生涯的下一步很自然地就是要建立起他作为研究阿尔及利亚的人类学专家的声誉，毕竟人类学家就是要研究外族的非西方的文化，比如卡拜尔人。但布尔迪厄再一次拒绝屈服。1959 年他还住在阿尔及尔的时候，去拜访了他在法属比利牛斯山的家人，被那里正在发生的一切深深吸引。布尔迪厄审视着他的家乡，发现这些法国村民也有着和卡拜尔人一样多的规则、模式和社会地图。对法国人来说，他们的规则看起来很自然，甚至可以说平淡无奇。但是外人看来并不是这样。于是布尔迪厄设计了一个大胆的计划。他让一个年轻的阿尔及利亚社会学学生阿卜杜勒马利克 · 萨亚德（Abdelmalek Sayad）跟他一起去比利牛斯山。布尔迪厄在阿尔及尔时就和萨亚德一起做研究，他们俩合作得很愉快：萨亚德作为本地人，了解阿尔及利亚文化运作的方式，而布尔迪厄作为一个外人，能够发现萨亚德意识不到的阿尔及利亚文化中的模式。布尔迪厄想到这个原则还可以以相反的方式发挥同样的作用：萨亚德在法国是一个外人，所以他能够发现法国人忽略了的奇怪的地方。

这不是詹姆斯·弗雷泽这样维多利亚时代的人能够想到的人类学研究方法。一方面，布尔迪厄把殖民权力结构整个颠倒过来，因为他把法国村民放到与卡拜尔人同一个层面来研究。但是布尔迪厄相信，理解一个社会最好的方式，就是在这样一个局内人/局外人综合视角下进行观察，并且转换视角。所以萨亚德和布尔迪厄完全重复了他们在阿尔及利亚做过的事情，他们造访法国西南部山区，测量事物，观察日常生活，与人交流。有时候布尔迪厄还带上他的父亲，以帮助自己真正成为一个法国本土文化的知情人。在其他一些时候，布尔迪厄特意把自己放在局外人的视角上。“视角改变（从知情人变为观察者）最明显的标志就是我大量使用了照片、地图、平面图和数据。”他后来解释道。[32] 但是随着他不断地转换视角，他也获得了关于法国人类学的新启发。从个人意义上来说这也是意料之外的释放。20 年前，布尔迪厄觉得自己受到法国精英的势利文化的排挤，并为此感到愤怒，现在他意识到，童年时代的愤怒产生了一种意想不到的好处，让他学会注意不同的文化模式。他现在想要理解这样的层级结构，而不是摧毁它。

在之后几年，布尔迪厄把他的视角扩展到了家乡以外很远的西方世界。他分析了法国精英，研究他们看似平凡的食物、艺术、家居等方面的选择是怎样塑造了现代法国社会，并且将它划分成了不同的社会团体。在他最著名的作品之一《区隔》（*Distinction*）里，他分析了一个平常的行为，比如说在餐厅里点马赛鱼汤（或不点）是怎样创造了社会标签和记号，把人分成不同群体的。人们在生活中经常做出的细小的决定从来都不是不相关或者无意义的，微小的信号经常能够表现或者强化权力关系。我们关于美、丑、俗气、流行或酷的看法将人（和事）分类到了不同的精神和社会的桶里。

然后，布尔迪厄将他的镜头转向了美国艺术资助、摄影的本质、现代媒体的运作和政治团体的行为这些方面。他窥视了法国教育制度和统治了巴黎各个大学的不同学术部落。他还审视了法国社会最穷困的部分，尝试弄清楚这些无依无靠的人是怎样在臭名昭著的巴黎郊区生存的。不管他去哪里，他都着迷似的观察、听取，试着将他的分析视角在局内人与局外人之间转换，想要揭示那些处于单一社会里面的人通常看不到的模式，将马林诺夫斯基的参与式观察原则和列维一斯特劳斯的视角结合起来。"我花了很多时间聆听人们的对话，在咖啡馆、滚球场、足球草地、邮局这样的地方或者招待会、鸡尾酒会、演唱会这样的场合。"他叙述道，"我能够参与到各个世界的思想里，不管是过去还是现在的，或者离我自己非常遥远的，不管是贵族还是银行家，巴黎歌剧院的舞者或法国剧院的演员，拍卖商或者公证员，我都能让自己理解'他们的世界'。"[33]

这项研究最终形成了57本著作，并且诞生了诸多理论。他的理念可以列出长长的清单，这里我们有必要列举他的五大重要思想，正是这五点为本书提供了学术框架：

第一，人类社会创造了一定的思考和分类体系的模式，人们吸收并且运用这些模式来安排空间、人和想法。布尔迪厄将人们所处的物理和社会环境称为“惯习”（habitus）。他认为惯习的模式不仅反映了我们头脑中的精神地图或分类体系，还不断地强化它们。

第二，这些模式有利于巩固精英的地位。由于精英想要维持现状，他们有非常大的动力来强化文化地图、规则和分类方法。换种说法，精英阶层长期保持权力靠的不仅是控制资源，或者是布尔迪厄所说的“经济资本”（金钱），还靠积聚“文化资本”（权力相关的标志）。他们积聚文化资本，能够让自己的精英地位显得自然且必然。比如说，布尔迪厄所在的寄宿学校里面富有的法国学生通过把自己包装在许多细小、微妙的文化符号里，散发出一种看似自然的权威和权力感，这是非精英群体的布尔迪厄所缺少的。

第三，精英群体或者其他人并非有意创造了这些精神和文化地图。实际上，半自觉和自觉设计在这里面发挥的作用差不多，它们运行在“自觉和非自觉思想的边界上”。惯习不仅反映了社会模式，它也影响着社会模式，让它们看起来自然且必然。精英和非精英团体都是他们所处的文化环境的产物。

第四，一个社会的精神地图中真正关键的不是公开和重复声明，而是那些不被讨论的内容。社会沉默很重要。一个体系被支撑起来是因为忽视某些话题似乎是很自然的事，因为这些问题被标上了无聊、禁忌、显而易见或不礼貌的标签。布尔迪厄认为，任何一个社会，都有能够自由讨论的想法，而且允许关于这些话题的不同意见（或者正统和异端之间的冲突），但在可接受的讨论或者说“意见”

（doxa，希腊语）之外，有很多问题从来没有被讨论过，不是因为什么明确清晰的图谋，而是因为忽视这些问题看起来很正常。正如布尔迪厄所说："意识形态的影响中最强有力的形式不需要言语，而只是合谋的沉默。"[34] 村庄舞厅里不跳舞的那些人同样很重要。

第五，人们并不一定总会被束缚在他们既有的精神地图里。我们不是机器人，不需要按照设定程序盲目地执行。我们对于自己使用的模式有一定的选择权。人们对于重塑自己的文化规范有多大的选择权，这曾经是，现在仍然是一个热门的议题。布尔迪厄的学术生涯刚开启的时候，法国哲学家萨特宣称人类有自由意志，能够通过选择发展自己的思想。列维-斯特劳斯则持有另一种观点，他认为人注定会成为环境的产物，他们无法跳脱出既有的文化模式而思考。

但是，布尔迪厄把这两种观点都拒绝了，或者，更准确地说，他在这两个极端之间选择了一块中间地带。他认为人不是机器人，不需要按照程序自动遵守文化规则。实际上，他一点儿都不喜欢"规则"这个词，他更愿意讨论文化"习惯"。但是他也认为这些习惯和惯习塑造了人们行为和思考的方式。社会地图是有力的。但是它们也不是无所不能的。我们是自己的物理和社会环境的产物，但是，我们并不是看不见的生物。有时候，个体能够想象出一个不同的组织世界的方式，特别是如果他们像布尔迪厄一样，在边界上跳动而具有了局内人和局外人双重混合身份的时候。

布尔迪厄 2002 年去世的时候，他的研究已经让他闻名法国。法国重要报纸《世界报》在头版头条报道了他去世的消息，向世界宣布“皮埃尔·布尔迪厄去世了”。在法国之外，他并不太为公众所知。但他的一生是一个强有力的符号，展现了西方人类学研究是如何发展的。人类学不再只是对“别人”或者是外国的、异族的、非西方文化的研究，它同样对“自己”进行研究，这也是西方人类学家（仍然主导着）展开激烈学术讨论的领域。布尔迪厄提出的观点结合了许多其他人类学家的成果，创造出了一种新的方法。

英国人类学家凯特·福克斯（Kate Fox）就是这样一位后来者。她的父亲罗宾·福克斯（Robin Fox）原先是英国伦敦大学的人类学家，后来来到了美国的罗格斯大学。而且他的学术生涯走的是当时人类学的常规道路。他研究新墨西哥的科奇蒂印第安人（Cochiti Indians），带着全家一起住在那里，自己走遍了尘土飞扬的村庄。“大部分婴儿小时候都是躺在婴儿车或者童床里，我不一样，我被绑在了科奇蒂印第安人的摇篮板上。”凯特·福克斯回忆道。[35] 这种在文化边界线上跳动的生活给她留下了深刻的印象，最终使她自己选择成为人类学家。（这门学科的一个显著特征就是许多选择研究人类学的人都在童年或者年轻时期接触过文化位移，包括我自己在内。）当凯特自己做研究的时候，她不想研究“外族”的人，却想研究英国人自己。“人们沉迷于制定规则。每个社会都有食物的禁忌、赠送礼物的规则、发型的规则以及跳舞、打招呼、开玩笑、招待人、断奶的规则。”她在《观察英国人》（*Watching the English*）中写道。这本书分析了英国的各种仪式，范围从赛马仪式到谈论天气的对话。“我不知道为什么人类学家要去世界的偏远角落，弄得自己患上痢疾，觉得这样才能研究那些有着奇怪信仰和神秘习惯的陌生部落文化。这世上最奇怪、最令人迷惑的部落就在我们自家大门口啊。”[36]

其他许多人类学家也沿袭了类似的道路。他们研究的不仅仅是西方世界，而且是其中最现代和复杂的部分。20 世纪后期卡伦·霍（Karen Ho）（在明尼苏达大学）花了几年时间研究华尔街银行的惯习，她用布尔迪厄当年研究卡拜尔人时开发的知识框架来理解银行业者的思维模式。[37] 另一位美国人类学家卡特琳·扎鲁姆（Catlin Zaloom）研究了芝加哥和伦敦的金融交易员。[38] 英国人类学家亚历山德拉·奥鲁索夫（Alexandra Ouroussoff）研究了信用评级机构。[39] 道格拉斯·霍尔姆斯（Douglas Holmes）（在宾汉姆顿大学）分析了中央银行，并且探索了欧洲中央银行和英格兰银行这样的机构是怎样用语言和沉默来塑造市场的。[40] 康奈尔大学法学院的万安黎（Annelise Riles）研究了国际律师是怎样对待金融的。[41]（任职于英特尔的）人类学家杰拉尔丁·贝尔（Geraldine Bell）分析了计算机文化。个人风格明显的“数字化人类学家”丹娜·博伊德（Danah Boyd）任职于雅虎，她研究了社交媒体是怎样影响美国青少年的。[42] 以上例子只是数十名人类学家已经完成或者正在进行的工作中很小的一部分。他们在公司、政府部门、城市社区、村庄等地方开展这些研究。但是，不管人类学家在哪里工作，他们的研究都有共同的特征：关注真实生活，方法通常是参与式观察；想要将社会的各个部分联系起来，而不是专注于某个微小的角落；致力于分析华丽辞藻和现实之间的差距，或者是标记了我们生活的社交沉默；最重要的一点是，他们都对人类学，或者说对理解那些影响了人类生存的被说出来或未曾说出来的文化模式充满热情，这也是当初推动着布尔迪厄前进的文化动力。

但是，这位智慧的法国人去世的时候，他所留下的遗产却遭遇了深刻的讽刺。尽管他在学术生涯最后几十年里在人类学领域有极大影响力，但是布尔迪厄不再称自己为“人类学家”，而开始将自己描述为“社会学家”。他这样做部分原因是他在巴黎一所大学获得了一份丰厚的教职工作，出任这所大学的“社会学教授”；另一个因素则是随着20世纪往前推进，人类学和社会学的学科越来越融合在一起。人类学家开始研究复杂的西方社会，而社会学家开展了更多的实地调研，人们越来越难在这两个学术领域划分出明显的界限。不管怎样，布尔迪厄认为为了学术界限或者标签而过多担忧是莫名其妙的，他不想把某个学科放进一个专业的盒子里，而且他讨厌大学将学术领域划分为不同的、互相竞争的部落。对于布尔迪厄来说，“人类学”不是一个学术标签或者独立的学科，而是一种生活的态度，它是一种知识棱镜或探究模式，每个人都可以通过它，并且与经济学、社会学等其他学科一起，获得对世界更为丰富的理解。要成为人类学家，你不需要待在大学里面，或者有博士学位，实际上，你只需要保持谦虚的好奇，乐于提问、批判、探索和挑战，用新的眼光观察这个世界，思考那些我们以为理所当然的分类体系和文化模式。“人类学需要开放的心态，在这种心态下，我们在惊奇中观察、听取和记录，并且思考哪一点我们之前没有想到。”美国人类学界的老前辈玛格丽特·米德这样说。[43]

这其中包含着很多的道理，相当重要的一点是它意味着人类学可以应用于许多领域。以我自己为例，我以一种传统的方式开启了自己的人类学博士研究生涯。我去了塔吉克斯坦，在一个偏远山村待了好几个月，以马林诺夫斯基开创的参与式观察方法进行调研。我穿着塔吉克民族服饰，与塔吉克家庭一起生活，帮助他们做日常家务，花了大量的时间来观察村民，研究这一社区是如何运用婚姻仪式来表达民族身份的。（最终我做出了结论：村民们是通过在婚姻礼仪和符号上玩花样，划分他们的空间，使用婚姻关系来确认社会群体，从而在一个无神论的共产主义制度下维持了穆斯林的身份。）但是后来，跟布尔迪厄一样，在人类学学术界看到的东西让我感到泄气。尽管这门学科推广的观念是用一个相互联系的视角观察世界，大学的人类学系却惊人地内向，并与外部世界分离。（这一部分是因为这门学科倾向于吸引更善于聆听和观察而不是在聚光灯下展示的人。它的追随者还往往是反正统派，对于与权力机构打交道持谨慎态度，这也许是因为他们对这些机构进行了大量深入的研究。）而另一方面，我却热切地想要以更有活力的方式与这个世界互动。所以当有一个可以进入新闻界的机会时，我抓住了它。在这个领域我在观察和分析方面受到的良好训练应该能起到作用。写新闻报道在人类学意义上就如快速约会一样。

但是只要你像我一样进行过人类学研究，你就永远不会抛弃这个视角。研究人类学常常会改变你观察世界的方式。它在你的大脑中留下了一个明显不同的芯片，在你的双眼上安上了棱镜。你的思维方式变成了一种直觉：不管你去哪儿或者在哪儿工作，你都会思考一个社会的不同要素是怎样互动的问题，你会观察华丽辞藻和现实之间的差距，注意到仪式和符号的隐藏功能，并且找出社交沉默之所在。任何曾经埋头研究过人类学的人都会处于一种局内人 / 局外人状态。他们永远不能让事情只停留在表面，他们必须不停地问为什么。换句话说，人类学让你永远保有一颗好奇心，愤世嫉俗，而又相对主义。在其他的调查领域采取这一视角同样能够增强你的分析能力，就像盐能够加重食物的味道一样。

我当然不会认为研究人类学是获得局内人 / 局外人视角或对我们周围的文化模式产生疑问的唯一方法。我们都认识这样一些人，他们天生就能够质疑文化规则、撕破社交沉默、看到故事背后的故事并且分析社会模式，可是他们从未学习过人类学。但我们同样也认识许多不会质疑这个世界的人。实际上，大部分人从来没有分析或者怀疑过指引他们的那些文化模式或习惯。我们大部分人都不会反思自己周围的环境，也很少挑战自己既有的思想。但是关键点在于：不管有没有人类学的正规训练，我们都需要思考我们使用的文化模式和分类体系。如果能做到，我们就能掌控谷仓；如果不能，我们就会被谷仓掌控。

并且，当人们被僵化的谷仓掌控的时候，会产生被削弱的问题。我会在接下来的章节里面解释这一点，首先要讲的是索尼的故事，以及它独特的“章鱼罐”。

第二章
章鱼罐：谷仓如何损害创新

我在 IBM 工作的时候意识到，文化并不只是竞争的某一方面，它就是竞争本身。

——IBM 前 CEO 郭士纳（Lou Gerstner）[1]

拉斯维加斯金沙会展中心雄伟的威尼斯宴会厅里气氛高涨，与会人员肃静而又兴奋。数百名记者和电子专家坐在巨大的屏幕前。屏幕被挂在舞台上，舞台周围是华丽的圆柱和红丝绒幕布。灯光暗下来，一个巨大的老鼠动画形象出现在屏幕上，胡须抽动着。这是 1999 年热门儿童电影《精灵鼠小弟》中的一个角色。

这只老鼠用吱吱作响的尖细声音介绍了日本电子和媒体集团索尼最近的创新成就，“但是你们肯定不想就这么听我说！下面我要把位置让给出井伸之（Nobuyuki Idei），出井——”这只老鼠在卡通厨房里又跑又叫，“让我们欢迎索尼CEO——”[2]然后，一个高大、庄严、风度翩翩的日本人站了起来。全场的笑声停止了。每年的11月，计算机和电子界的巨头们会聚拉斯维加斯，参加行业盛会——计算机分销商展览会（COMDEX）。就在一天前，1999年11月13日，微软的传奇创始人比尔·盖茨在演讲中宣称，世界已经走到了创新变革的节点。[3]

现在出井要做第二个大型主旨演讲了。观众们热切地想要知道索尼将如何应对这一变革。20年前，这家日本集团通过发布后来成为流行产品的索尼随身听取得了巨大的成功。这一设备改变了数百万消费者听音乐的方式，使得索尼以“创新的温床”之名享誉世界。20世纪六七十年代，索尼生产了录音机和电视，80年代生产了摄像机、数码相机和录像机，90年代索尼跳到了计算机行业，并且在美国以外的地方建立起一个巨大的音乐和电影帝国，产出了《星球大战》和《精灵鼠小弟》这样的热门电影。

但是这家成功的集团能够适应互联网时代吗？它能再次创造出像随身听这样的热门产品吗？出井知道大家对他的演讲抱有极高的期望，他决心不让大家失望。“互联网和高速连接网络对我们所有人来说既是威胁也是机遇。”他严肃地告诉观众，并且就其对传统公司的影响而言，他把数字化变革比作数千年前“毁灭恐龙的巨大流星”。“我们已经或者将要成为一个宽带娱乐公司。”[4]他小心、准确地用英语补充道。出井从索尼在日本和美国庞大的全球系统中一步步晋升上来，最终达到了现在的位置。

威尼斯宴会厅舞台上坐在出井旁边的是电影导演乔治·卢卡斯。“我是旷工没写《星球大战 2》的剧本而偷跑出来的！”他向观众们宣布，引发了一片笑声。然后他解释道，索尼的新产品改变了《星球大战》和其他电影的制作方式。“我能把所有我能够想象出来的东西展现在屏幕上。就是这样。这就是革命。我就身处于这样的革命之中。处于这样伟大的时代简直太棒了。”[5]

宴会厅里的气氛不断高涨。索尼的高管们公布了更多的新产品，包括新的 PlayStation 游戏机。“卢卡斯在舞台上的表现让人印象深刻。”总部在悉尼的 Total Peripherals 公司（一家互联网服务提供商）销售经理蒂莫西·斯特拉坎（Timothy Strachan）说，“在这个行业工作了 13 年，能够看到索尼把 PlayStation 2 这样的游戏机带到计算机世界简直太棒了。”[6]然后，形象叛逆的吉他大师史蒂夫·瓦伊（Steve Vai）登上了舞台。他和西装笔挺、穿着洁白衬衫的日本高管们形成了鲜明对比。出井跟瓦伊说了几句，请他为大家演奏。他的吉他弹出的旋律响彻了整个大厅。接着他随意拿出了一个小设备，这个设备就跟一包口香糖那么大，他向大家揭示了这款索尼的新发明：名叫“记忆棒随身听”的电子音乐播放器。

负责索尼美国业务运营的霍华德·斯特林格（Howard Stringer）是一个长着娃娃脸的英国人。他站起来，拿过了设备。“你听！”他用他发音清晰的英国上流阶层口音，也就是所谓的 BBC（英国广播公司）口音说道。这个设备很小，但是放出来的音乐旋律十分清楚。观众鼓起了掌。现场的记者和技术专家们突然就明白过来了：在1979年通过发布随身听而改变了全世界听音乐方式的索尼想要故技重施。但是这次它生产的是随身听的数字化版本，以适应互联网时代。

它会成功吗？在1999年11月的那个气氛热烈的日子，大部分观众都会给出肯定的答案。毕竟，索尼似乎具备一切创造21世纪随身听继承品的要素：创造性的消费电子产品工程师，老练的设计师，电脑运算部门，电子游戏专长，并且，它持有与迈克尔·杰克逊和瓦伊等音乐家合作的BMG公司50%的股份。没有别的公司能集这些优势于一身，不管是三星、微软、松下或是史蒂夫·乔布斯的苹果。

但当观众们敬畏地凝视着舞台时，奇怪的事情发生了。出井走上前来，挥动了他们的第二个设备。这是一款Vaio音乐夹，一支钢笔大小的数字音频播放器。他解释说这个设备也录下了刚刚的吉他音乐，瓦伊的吉他旋律再次响彻了大厅。

以通常的公司战略标准来看，一下子推出这两款设备很是怪异。当公司推出新产品时，它们一般会把展示做得很简单，避免让消费者（或者它们自己的销售人员）感到迷惑。通常，在每个特定的小市场，它们只会提供一种新技术产品。之前索尼推出原版的、标志性的随身听时就是这么做的。但是现在索尼一下子推出了两款不同的数字随身听产品，每款都使用了不同的专利技术。实际上，很快索尼又生产出了第三款产品，被称为“网络随身听”。这几款设备相互竞争。索尼似乎是在和自己对抗。

对于观众来说，这一战略的风险并非即刻显现。多个类似设备的推出被认为是索尼公司创意多多，选择丰富的体现。但多年之后，索尼自己的一些领导回顾那天的拉斯维加斯展示时，他们意识到当时所有的那些设备都是灾难的不祥信号。索尼之所以在 1999 年推出的不是一款而是两款不同的数字随身听设备，是因为公司的极端分裂化：索尼巨型帝国的不同部门都使用专利技术 ATRAAC3 开发了他们各自的、不同的数字音乐设备，这一技术并不是广泛兼容的。这些部门或者说谷仓没有就推出单一的产品达成一致，他们甚至都没有能够相互沟通，交流想法，或者达成一个共同战略。

这带来了破坏性的影响。几年后，索尼就退出了数字音乐竞赛的舞台，为苹果公司的崛起铺平了道路，后者以 iPod（苹果音乐播放器）席卷了市场。但当时比这些谷仓的存在更令人震惊的是，索尼公司内部很少有人看到情况已经变得多么糟糕，更少人想到去改变这种四分五裂的情况。索尼是一家逐渐陷入了部落化的公司，但是公司员工都太熟悉这样的模式，以至于他们意识不到问题的存在。

在某种意义上，索尼公司和其他的社会团体没有什么差别。我在上一章解释过，人类往往认为自己组织安排周围世界的方式是完全自然和必然的。布尔迪厄研究过的卡拜尔人认为把男人和女人安排在房子的两个不同部分是正常的。纽约市政厅的人理所当然地认为消防部门的工作区域要和其他人员隔开，政府的数据要储存在不同的数据库里。同样，索尼的大部分员工认为把一个计算机开发部门和处理音乐业务的部门区隔开来是自然的安排。

一些经理和员工看到了这种安排存在的缺陷。负责索尼美国公司运营的英国人斯特林格就表示了担忧。实际上，在索尼推出了互相竞争的数字音乐设备之后的几年里，斯特林格一直都致力于与谷仓效应做斗争，但有时斗争结果却滑稽可笑。“索尼到底哪里出了问题？谷仓是大部分问题的所在。”斯特林格说。

然而，在 1999 年那个热烈的日子，索尼的员工们都对他们的新设备兴奋至极，没有人会想到去质疑公司的文化模式。成功冲昏了他们的头脑，使得他们对眼前的灾难，或是拉斯维加斯舞台上互相竞争的产品所象征着的对公司的威胁视而不见。

索尼最开始并不是这样一个庞大的官僚化巨兽。这家日本公司“二战”后刚刚崛起的时候，[7] 有着难得的灵活性和创造力。传统上，日本社会的特点，或者说日本社会深受其扰的就是严格的等级制度和公司纪律。员工通常不会在公司间跳槽，下级通常不会挑战上级，或者冒风险去颠覆现存的模式。这种等级观念和一致感在军国主义统治的 20 世纪 30 年代格外强烈。但是，1945 年日本战败后，这个国家在很短的时间内就变得越来越能接受变化。许多长者在战争中丧生或名声破败，这为年轻人提供了挑战现状的可能。

索尼就是在这样的条件下诞生的。集团由两名年轻人井深大（Masaru Ibuka）和盛田昭夫（Akio Morita）共同创立。他们于 1944 年首次相遇在一个军事基地。当时他们各自在一个帝国军工项目工作，任务是开发追热导弹。他们似乎没有什么共同点：盛田昭夫是一个年轻的、受过良好教育的科学家，继承了家族古老的清酒生意；井深大则是性格粗暴、有反社会倾向的工程师，出身寒微。但是两人对工程有着同样的热情，并且都有着离经叛道的观点。当井深大决定用他的工程技术在东京市中心一家被炸弹炸毁的商场创立工作室时，他说服盛田昭夫离开了他祖传的清酒生意，加入了这家创业企业。[8]

新公司开始时有12名员工和相当于500美元的资产，并且尝试了多种投资业务：从生产电饭煲到销售甜的味噌汤，再到在烧坏的建筑工地上修建迷你高尔夫球场；后来公司开始承接无线电修理业务，并且尝试复制美国大兵带到日本的一种磁带录音设备。[9]这项业务非常具有挑战性：日本当时工具极其短缺，制作盒式录音磁带的唯一方法就是把磁铁碾碎，把磁粉用火炉加热过的化学混合料粘到塑料上。“我们手工制作了最初的磁带。”盛田昭夫回忆道，“我们剪出足够做一盒带子的小卷，把这一长长的磁条在实验室的地板上摆开。我们想获得磁性材料的尝试都失败了……我们碾成粉末的磁铁磁性太强了……最终我们是用手把涂层刷了上去，用的是浣熊腹部软毛做的刷子。”[10]1950年，两人找到了大批量复制这种美国磁带录音机的方法，并且以东京通信工业株式会社的公司名称在日本国内销售。后来井深去了美国，说服贝尔实验室的母公司西屋电气公司以25000美元的价格把制造晶体管收音机的牌照卖给了他，于是他们的公司开始制造新的小型便携式收音机在日本市场销售，他们称之为“口袋式收音机”。这些收音机很快以一个新的品牌名称“索尼”大批量地售出（选择这个名字是因为它发音容易）。“微型化和紧凑性一直都对日本消费者具有吸引力。”盛田昭夫解释道。[11]

到20世纪50年代末，井深大和盛田昭夫的企业已经发生了巨大的改变，可谓今非昔比。它的营收超过了250万美元，员工达到了1200人。随着公司产品数量的增长，其规模也不断扩大。最初，索尼专注于收音机和录音机，20世纪60年代，索尼公司开发出了开创性的"特丽珑"单枪三束彩色显像管技术，应用于彩色电视。由此公司进入了录像机和照相机领域。但是，索尼让人印象最深刻的热门产品还是随身听。

"在随身听的创意变为产品的那天，井深大拿着一款立体声磁带录音机和一对标准型号耳机进了我的办公室，"盛田昭夫回忆道，[12]"井深看起来很不开心，他抱怨说我们的设备太沉了，我让工程师拿了一款我们的小型盒式磁带录音机'新闻人'，去掉了录音电路和扬声器，替换成立体声放大器。我大概说了我想要的其他细节，包括非常轻的耳机，而这一点恰恰是随身听项目最难的点之一。"最初，索尼的员工觉得他肯定是疯了，没人相信没有录音功能的磁带播放器能够卖得出去。有些员工还讨厌"随身听"（Walkman）这个名字，因为它是不合文法的。盛田昭夫承认："我认为我们生产了一款非常棒的产品，我对它充满热情，但是我们的营销团队却缺乏兴致。"

工程师团队对这一创意进行了充分的讨论，公司各方面的声音也都涌入。自从公司在东京商场被炸毁的地下室诞生以来，井深大和盛田昭夫一直都为公司充满创意、毫无边界的集体自由讨论而自豪。但是，这次井深大和盛田昭夫不想让讨论拖延下去，他们凭借直觉做出了决定。1979年随身听上市，[13]它迅速席卷了市场，在几年时间里售出了2000多万份。“我认为没有市场调研会告诉我们索尼随身听能够取得成功，更别说预料到它会成为一个现象级流行产品并且产生了多个模仿者。”盛田昭夫说，“而这款小产品可以说真的改变了全世界数百万人听音乐的习惯。”[14]

20世纪90年代后期，距盛田昭夫和井深大开始他们的创业实验40年后，也是在索尼用创新性的随身听产品席卷市场20年后，索尼任命了公司新的总裁兼CEO——出井伸之。他的任命标志着一个更大的转折。在20世纪90年代早期时，公司一直在井深大和盛田昭夫的管理下有效运营，但是1992年和1993年两人在几个月的时间里先后中风，都进了同一家疗养院。他们长时间并排坐在轮椅里，手拉着手，却说不出话了。

在那之前，索尼在公司总部宣布盛田昭夫的门生大贺典雄（Norio Ohga）将接管公司。大贺1989年被任命为CEO，但是在日本，正式的职位常常和真正的权力并不匹配。尽管盛田昭夫退休了，但他仍旧对索尼有着巨大的影响力，直到他不能说话为止。盛田昭夫不能说话之后，权力也随即交了出去。在外人看来，大贺是一个令人印象深刻的有魅力的人，他不仅在工程方面有技术专长，还是一名钢琴演奏家，[15]但是他并不受欢迎，而且他掌权的时候正是索尼开始面对逆风之时。20世纪80年代早期，西方受到经济衰退的打击，消费者对电子产品的购买欲下降。索尼的应对方法是降价和更多地投入研发。但这一策略导致了其利润空间的下降和债务的上升。

大贺知道他必须让公司变得更有活力，但是他面临着一个几乎困扰了所有成功公司的问题：规模。在20世纪五六十年代，索尼是一家管理紧凑、规模相对较小、运营灵活的公司。到20世纪90年代后期时，索尼的雇员达到了16万人，业务范围从收音机、电视机、电脑到房屋保险、电影，以及著名的随身听，品类繁多，一家结构紧凑的精品店发展成了一个结构复杂的庞然大物。大贺的解决方案是用他自己的人马把公司编织在一起并负责执行政策。他常常行事专断，敢于做出大胆的决定。例如，20世纪90年代早期，索尼的一些工程师开始讨论一款游戏机的创意，他们建议命名为PlayStation。最初，公司内部对这一概念有很大的怀疑，就如当年对随身听的怀疑一样。但是大贺推翻了这些怀疑。“大贺置所有反对于不顾，推动索尼追求游戏业务上的发展。”韩国行业分析员Sea-Jin Chang在他对索尼的开创性研究中写道，“大贺常说的是，井深大对索尼的贡献是特丽珑彩色电视，盛田昭夫是随身听，我则是PlayStation。”[16]

这种独裁的方式推动了索尼前进，但也在公司内部形成了相当多的怨气。而几年之后接替大贺担任公司总裁的出井伸之则是另一种人。和公司的创始人不同，出井并不是工程学出身，他是从索尼的企业管理岗位上一路晋升上来的。和大贺不同，出井并不是独裁者，他更愿意以一种“凝聚共识”的风格来领导公司。他对索尼面临的挑战进行了审视，认为处理公司臃肿的规模和复杂性的最佳方法是把公司划分成专业的、独立经营的单元，也就是管理顾问们常说的“谷仓”。[17]

奇怪的是，出井做出这一决定的启发一部分来自瑞士商业巨头雀巢。出井是这家糖果和食品巨头的董事，他注意到雀巢有其特别的公司运营方式。“二战”后的几十年里，大部分大型跨国公司以巨型官僚机构的模式运作，都在一个单一的网格上运营。但是到20世纪90年代的时候，一种新的思维或者说是时尚在西方商学院里面流行起来。管理顾问和专家相信，不把大型公司作为单一网格，而是作为有区别的、各自独立的责任单位集合来运营会更有效。这个观点就是说，以独立的单位（也就是谷仓）来运营会提高透明度和效率。雀巢以一种令人吃惊的方式接纳了这个观点。20世纪90年代，这家瑞士食品巨头实施了重组计划，要求口香糖和巧克力等不同品类的部门要像独立公司一样运营，有独立的损益账户，管理层要为自己的投资以及特定的利润率和销售额负责，而且因为每个部门都有自己的资产负债表，它们的成功或失败能够被轻易地追踪到。这是金融业界经常使用的一种方法，伦敦市或者华尔街的大银行常常用这种“论功行赏”的方式管理交易员和经纪人，但是雀巢是首先将它完全应用于消费领域的企业之一。在出井（和雀巢董事会的其他董事）看来，这种方式似乎起到了不错的作用。

所以出井说服了索尼的高管们以类似的方式重组公司。20世纪80年代，索尼作为一个单一的运营单位，细分为19个产品部门。1994年，索尼重组成一个所谓的公司体系，将这些部门分为8个独立的实体（消费视听产品、成品部件、录音媒体和能源、广播、商业和工业系统、信息通信、移动电子和半导体）。同时，游戏、音乐、电影和保险业务甚至被赋予了更多的独立性，让它们像独立卫星一样运作。这种新体系并不是单纯的华尔街银行界的“论功行赏”模式，因为日本员工的薪水标准大部分还是按照全公司的基础来确定，而不是根据员工所在单位创造的利润来决定的。但是，这些“公司”中的每一家都有自己的最高管理层，对他们的评价标准是其经营业绩。

一开始，这项改革起到了立竿见影的效果。当索尼旗下新的“内部公司”的最高管理层意识到他们要为自己的盈利负责的时候，他们开始控制成本，减少了借债，并且提升了利润率。这使得1993—1997年索尼的债务下降了25%，利润从153亿日元增长到2020亿日元，增长了16倍。公司股价从1994年的2500日元增长到了5000多日元，翻了一番。改革看上去如此成功，出井被从总裁提升到了联合CEO的位置（和大贺一起），最后又独立担任了CEO，于是他也将改革进一步推进。1998年，索尼旗下的8家公司被重组成了10个集团。1999年，这10家公司又被重新整合成了3家大公司，这3家公司下面有25家不同的子公司。2001年和2003年，这些独立的实体又被再次重组，数量翻倍。

通过反复试验，出井决心找到最佳的谷仓。“我们想要简化组织结构，以明确责任和权威，这样我们才能对外部变化有迅速的反应。”出井解释道，“我们必须减少等级的数量，并且鼓励创业精神，以此来为21世纪培育一个有活力的管理基础。”[18]

但是，尽管这些专业的谷仓让公司（至少在短期内）看起来更加高效了，它们同样也带来了弊端。一旦这些新谷仓的管理者们意识到他们要为自己的资产负债表负责时，他们开始尝试“保护”自己的单位不受损害，这种保护针对的不仅是竞争对手，还包括自己公司内部的其他部门。他们变得越来越不愿意和其他部门分享实验性的想法，甚至也不愿意让优秀的员工去其他部门轮岗。协作停止了，集思广益的实验性想法和不能带来即刻效益的长期投资也停止了。没有人愿意冒风险。

出井意识到了这些问题的存在。他对员工讲话的时候告诫他们，要有一种“网络连接”的心态，把生产线的不同部门连接到一起来。事实上，当记者询问他为什么索尼不断地重组公司的谷仓时，他解释说他想要找到最佳的体系来鼓励不同谷仓的互动。为了强化这一点，最高领导层宣布，公司的口号将是“团结的索尼”（Sony United）。[19] 但说是一回事，做就是另外一回事了。随着时间的流逝，不同部门之间越来越不愿意互动了。这反过来使得谷仓之间的界限变得更加僵化。在这家电子业巨头的城墙之外，娱乐、媒体和电子业界发生了巨变：技术革命使得软件、硬件、内容和设备的不同类别变得模糊，这让过去的很多分类体系显得不合时宜，甚至有些多余。但是在索尼内部，不同部门之间的墙却在被加固。因此，索尼公司员工说与行之间越来越不一致。在公众面前，索尼想要维护自身尖端创新、跨越边界和不断变革的形象。出井和其他人不断地使用“团结的索尼”这个概念，并宣传公司创始人的自由无约束精神。他们认为，公司仍然是建立在 20 世纪 40 年代井深大在首次招股书中所描述的价值观之上：“公司成立的目标是创造一个理想的工作场所，自由、充满活力而又让人愉快。”

但是，皮埃尔·布尔迪厄或其他任何一名人类学家都会很快地指出，华丽辞藻和现实之间存在着很大的差距。在公司内部，员工们受困于他们所知的界限。随着时间的流逝，在公司布局和员工组织的方式上，这些界限已经根深蒂固，公司员工会认为以这种方式运营索尼是自然且必然的结果。就像纽约市政厅的火灾调查员们不会想到用房贷违约数据来预测火灾风险，索尼不同部门的管理者们也不会想到在不同部门之间主动积极地交换数据，即使他们都在参与同一个项目或解决同一个问题时也难以做到。

20 世纪 90 年代初期，索尼公司的所有人都明白随身听的光辉岁月已经一去不复返了。在一段时间里，公司想要通过提供带有光碟或者迷你光碟，而不是原始卡带的更新版本随身听来延续这款产品的生命。但是索尼更新其标志产品的速度赶不上消费者的前进步伐，消费者已经快步迈向了互联网。然后索尼的工程师们开始试验各种方法来用互联网提供音乐。但是，他们并没有作为一个团队来合作，每个部门都自己埋头研究自己的想法。消费电子产品部门研发了记忆棒随身听。Vaio 运算部门创造出了自己的产品。两个团队都没有进行协作。他们甚至也没有和索尼音乐娱乐集团（SME）的销售人员进行协作，这家集团是十年前索尼收购了美国哥伦比亚唱片公司（CBS Records）后成立的。SME 是世界上最大的音乐公司之一，拥有非常丰富的内容库。但是他们的人员害怕数字音乐的崛起会影响唱片和光碟的销售营收，所以也拒绝和其他部门合作。他们讨厌帮消费者从互联网上下载音乐用在数字随身听或者其他什么东西上。“所有人都说索尼有自己的音乐品牌是件好事，这对下一代音乐设备的推出有帮助，”斯特林格回忆道，“但是事情的发展根本不是这么回事。”

在苹果公司，企业文化却完全不同。在索尼的团队探索数字随身听创意的时候，苹果公司 CEO 史蒂夫 · 乔布斯正和工程师们坐在一起，讨论如何创造出他们自己的数字音乐实验产品。但是，乔布斯没有让苹果的工程师们在不同的部门里去开展这件事情。乔布斯以一种独裁的风格运营苹果，反对在公司内建立谷仓的想法，因为他担心谷仓会激励管理者去保护现有的产品创意和过往的成功，而不是尝试面向未来。他认为苹果应该将产品的数量限制在小范围内，也就是说过时的产品要被淘汰，为新创意让位。沃尔特 · 艾萨克森（Walter Isaacson）在《史蒂夫 · 乔布斯传》中写道：“乔布斯没有把苹果组织成半自治的多个部门，他紧密控制自己的团队，让他们作为一个团结而灵活的机构来工作，有一个共同的损益底线。”乔布斯的继任者蒂姆 · 库克（Tim Cook）后来也说，“我们没有把公司划分成多个独立的部门，让他们有自己的损益表，我们整个公司只有一张统一的损益表。”[20] 所以苹果的工程师们研究数字音乐的未来时，能够做到跨不同的产品类别而集思广益，获得了很多新想法。

苹果公司的这一做法取得了丰硕的成果。最初，苹果的工程师们想要创造一个很大程度上与随身听相似，但是可以连接互联网的产品，也就是“一步式”数字音乐播放器，让用户可以从互联网上下载音乐，然后无论在哪里都可以播放这些音乐。但他们很快意识到这样一个一步到位的方法有很大的缺陷：这样做需要巨量的运算资源来储存和编辑音乐，在当时的技术条件下，便携式一步设备只能存储数量相当有限的歌曲。更糟糕的是，如果他们使用专利技术以压缩格式存储音乐，其产品跟大部分音乐库是没法比的。

所以苹果工程师就这个问题进行了讨论，并且最终决定使用两步走解决方案。第一步要求消费者在如苹果 Mac 电脑这样的计算机上从网上下载音乐，他们可以把自己选择的歌曲编辑成一个播放列表。第二步，消费者可以把音乐导入一个小的便携式听歌设备，这样消费者就能够享受自己编辑好的歌曲了。这种两步过程的亮点在于，和编辑或者下载音乐的设备相比，不需要大量的运算资源。所以苹果能够把这款产品做得很小。这种两步解决方案还有一个附带好处，就是鼓励消费者使用另外一款苹果产品——苹果 Mac 电脑。"乔布斯使用的词是'深度协作'和'并行工程'，"艾萨克森写道，"在以往的开发流程里，一个产品会先后经历工程、设计、生产再到销售，而在这里，这些部门同时协作。"[21]

后来，苹果的工程师们又进一步模糊了产品的界限，以实现更多的创新。苹果公司知道音乐公司没有动力帮助消费者从网上下载音乐，因为他们担心大家会免费听音乐。所以乔布斯和他的同事们想要找到一种办法打击这种非法下载，让音乐公司愿意和他们站到同一阵线。最终他们有了创立"iTunes 商店"的创意。在这个网上商店里，音乐公司可以把歌曲以 99 美分的象征性费用卖给顾客。这样创造的营收比光盘或者唱片要低得多，但是至少为唱片公司提供了一些版税，也让它们更有动力来合作。而且为了拉动销量，苹果的工程师对这个平台进行了专门设计，使得任何人通过任何设备都能够访问它，而不局限于苹果产品。相反，索尼的数字音乐体系则依赖于专利技术。

2001 年，苹果发布了自己的便携式数字音乐设备 iPod。这个玩意小而精致，可以放进衬衣口袋里，而且能够储存大量的歌曲，所以它的宣传标语是“把 1000 首歌装进你的口袋”。它成了一个爆款。几个月的时间里，iPod 不仅仅自身成了一个强大的品牌，还定义了一整个产品类别，就像当初索尼的随身听做到的那样。最终索尼承认失败，从市场上撤下了它那些不太有竞争力的产品。苹果公司则戴上了皇冠。

2005 年夏天，一股潮湿空气笼罩了日本，几百名索尼员工挤进公司总部的一间礼堂里，来见证一个以前不敢想象的场面。之前几年负责索尼美国公司的英国人霍华德·斯特林格刚被任命为公司 CEO，现在正在向全公司致辞。

这次任命是一个信号，标志着索尼之前的成功正在变为令人痛苦的衰落。2005 年，在创造数字随身听的战役中耻辱的失败标志着一个更大的衰败趋势。公司的利润率迅速下滑，创新的声誉也同时受损。索尼的台面上仍然有许多耀眼的产品，比如 PlayStation，但因为没能预料到平板电视的崛起，它失去了之前对电视游戏市场的统治力。索尼仍然生产标志性的相机和电脑（后者有一款高雅的紫黑设计），但它们远没有获得大家对苹果品牌这样的狂热追随。

不出所料，索尼的投资者感到了恐慌。20 世纪 90 年代，索尼的股价从大约每股 2000 日元飞涨到了 2000 年每股 16300 日元的顶峰。但是 2001 年互联网泡沫破裂之后，索尼的股价猛跌至 5000 日元，并且在这一价格持续数年。其他的技术公司同样遭受了损失，但苹果公司的轨道却显著不同。2000—2005 年，苹果公司的股价涨了 5 倍。三星也是，2000—2005 年股价涨了 50%。有证据显示，这家韩国新贵在索尼所珍视的领域发起了挑战，在电视市场分走了一大杯羹。[22] 对于索尼来说，这是深深的耻辱。2004 年出井表示他要离开索尼时没有人感到惊讶。[23]

索尼的领导者和董事会成员就出井的替代人选争论了几个月。在日本文化里面，谁有权力选定下一任 CEO 常常是不明确的。理论上董事会有这个权力，但是决策是集体性的而且许多人都有一票否决权。索尼高管里最耀眼和知名的是久多良木健（Ken Kutaragi），他是建立了 PlayStation 部门的创新天才。但是，久多良木健是一个非常强有力而且没有耐心的人，他强硬地保护着自己的 PlayStation 不受内部竞争对手的伤害，从而树敌无数。最高管理层里还有一些不那么耀眼的人物，比如中钵良治（Ryoji Chubachi）。他是一位消瘦、秃顶的工程师，一直在索尼工作，现在负责索尼的消费电子产品部门。但是，索尼的董事们在他身上看不到投资者想要看到的那种“变革气质”。

东京的索尼高管们翻来覆去地讨论着这几个名字。在绝望感和其他因素的作用下，斯特林格这个名字出现在了讨论中。这是一个罕见的转折。

斯特林格出生在威尔士加的夫，他的父亲是皇家空军的飞行员。他在一家传统的英国私立寄宿学校奥多中学度过了自己的性格形成期。在那里，他养成了英国上流阶层常有的自嘲、谦逊的习惯。在牛津取得了现代历史学学位后，喜欢冒险的他搬到了美国，并成为 CBS（哥伦比亚广播公司）电台的一名作家。这一生涯随着他被应征入伍派往越南而意外打断。战争结束后他立马回到了 CBS，在那里以电视制作人和记者的身份工作了 20 年。他在一个卑微的职位上开始了自己的生涯——他最初只是《艾德·沙利文秀》的幕后接线员，但他不断晋升，最终成为 CBS 集团的负责人，并在 1997 年加入了索尼，负责运营它的美国媒体业务。这样的背景使得他有一种横跨大西洋两岸的气质。尽管他在纽约第五大道上有一间高档公寓，他的主要住所还是英格兰科茨沃尔德丘陵翠绿环境中的一座庄园，并且他还保留着自己的英国口音。他从未在日本居住过，也不会说日语，并且（以日本的标准）他在日本公司干的时间也不长。

"索尼在东京的人深夜打电话把我叫醒，我记不清是谁打的电话了，但这种情况发生了好几次，他们在日本就是这么行事的，然后电话那边问我想不想当 CEO。"斯特林格后来回忆道，"我觉得他们肯定是疯了，我一再地告诉他们，'我不是你们想要的人，我不会说日语，我也不会搬到日本去。'如果有人在 2000 年告诉我这最终会变成事实，我肯定会跟他说那不如我们去月球上开店吧。"

但是索尼的元老们很坚持。对于他们中的一些人来说，索尼面临的危机是如此严峻，以至于斯特林格的一些劣势突然变成了优势：他是一张新鲜的面孔，他似乎能够吸引外来投资者。[特别是另外一名外国人卡洛斯·戈恩（Carlos Ghosn）在另外一家深陷麻烦的日本公司（日产汽车）通过实施彻底的改革方案而取得了巨大认可。］日本人喜欢他的英式风格和幽默，觉得他看起来没有美国人那么粗糙。而且正因为他不是来自公司总部，不属于索尼内部的任何一个谷仓或者公司帮派，这使得他有更多行动的自由，至少大家希望是这样的。“如果你想要进行重大的改变，或者说一场突变，那么远离主流、来自遥远地域的人会是很好的选择。”被任命为公司总裁，即将和斯特林格一起工作的中钵良治说。[24]

斯特林格想在索尼做什么呢，他能找到阻止索尼衰败下去的办法吗？2005 年，聚集在礼堂里听斯特林格的演讲时，索尼的员工们非常紧张。日产汽车的新任外国 CEO 戈恩就进行了大裁员，还获得了“成本杀手”的称号。索尼的员工很害怕这种情况会在他们的公司重演。但是，斯特林格并没有像预期那样行动。斯特林格说着英语，旁边是饱受折磨的翻译。他以对伟大前任和杰出工程师们的致敬开始了演讲，然后他改变了话题。“索尼公司里的谷仓实在是太多了！”他宣称。

谷仓？日本员工们一脸困惑。英语单词“silo”（谷仓）或者按照日本人的发音“sairo”，在日本并不为人所知，因为日本种稻，而不是谷。实际上，因为对这个词实在太不熟悉了，翻译把它翻成了“takotsubo”（章鱼罐）。这个翻译准确地抓住了斯特林格的意思，因为日语里面的章鱼罐就是一只章鱼很容易能滑进去，但是很难再出来的窄口罐子。如果你把你的手伸进了罐子里，它就被卡住了。但是索尼的员工从来没听人用“章鱼罐”这个词形容过他们亲爱的公司。这是某种机智的英国玩笑吗？斯特林格继续他的演讲。他告诉员工们，公司要采取行动，移除这些章鱼罐，建立一个更加紧密联系的公司，以迎接21世纪高科技世界的挑战。这一点至关重要。

之后的几个月里，斯特林格着手把他关于谷仓的宣言变成行动。他自己内心很清楚这个话题。而索尼的大部分员工之前根本没想过谷仓这个问题的存在。他们基本上是在索尼内部成长起来的，这是他们唯一了解的企业世界。对他们来说，公司的分裂状态是不值得注意的：这个模式已经如此根深蒂固，他们视之为理所当然。这就像布尔迪厄研究过的卡拜尔人认为把房间分为两部分是完全正常的。索尼在这方面也并非个例，大部分公司的员工都认为他们的工作方式是正常的。但是在索尼，这个问题的严重程度是翻倍的，因为日本员工大部分一生都会待在一家公司。

斯特林格持有不同的视角。2005年时，他已经在索尼工作快10年了。但他不是日本人，也不是工程师，他大部分的职业生涯都是在电视新闻行业和娱乐业度过的，这意味着他知道另外一种做事情的方式。他在新闻界的从业经历让他明白了保持文化和结构尽可能灵活的重要性。在CBS时，他因为善于说服难以相处的美国人在一个团队里工作而享有盛名。他在CBS和一个高度紧张的团队合作，制作出了《丹·拉瑟的晚间新闻报道》(*Evening News with Dan Rather*)，这个节目大获成功。他还说服大卫·莱特曼（David Letterman）离开NBC（美国全国广播公司）来到了CBS。1997年在他加入索尼后，为索尼的美国娱乐和媒体公司带来了更多掌控和秩序，这也使他获得了广泛的认可。

他想要在更广的范围内重复应用这一技巧。他知道这并不容易。他负责运营索尼美国公司的时候，经常被触目所及的谷仓所震惊。尽管他对娱乐业务有严密的控制，还是很难弄清消费电子产品部门或者神秘的 PlayStation 部门在做什么。他知道它们之间极少协作。斯特林格的很多欧洲和美国同事将此归咎于日本文化，或是出井等其他日本领导者的风格。“日本文化就是完全等级化的，大家都待在自己的盒子里，等着上级的命令。”索尼纽约公司的一位高管评论道，“在这样一种文化里，你被任命担任某种角色，你就会逐渐成为那种角色的人，完全单维化了。”但是，斯特林格认为谷仓并不只是一个日本式的问题。尽管索尼是一个极端的例子，失效的谷仓也在其他很多大型美国和欧洲公司造成了麻烦。微软的谷仓问题就广为人知，施乐公司也是如此。他努力去寻找大型公司成功地正面解决这一问题的例子。在这个寻找的过程中，他关注到了美国计算机巨头 IBM（国际商业机器公司）。

IBM 的故事在很多方面都让斯特林格深受启发。和日本巨头索尼一样，IBM 在 20 世纪七八十年代取得了显著成功，统治了电脑主机制造和销售行业。但 20 世纪 90 年代早期，IBM 公司的主机业务出现下滑，公司失去了在创新方面的良好声誉，变得越来越僵化和臃肿，受到了僵硬的谷仓和内部争吵的拖累。1993 年，IBM 董事会解雇原 CEO，任命郭士纳接任。郭士纳上任后，对 IBM 进行了彻底的重组。之前，IBM 公司分裂为独立的软件、硬件和服务部门。跟索尼一样，它也饱受谷仓困扰。但是郭士纳强制要求各部门进行协作，共同创造更加统一的技术服务，这也帮助公司把关注焦点从衰落的主机电脑业务转向了其他的领域，比如说软件。这引发了激烈的内部斗争。但郭士纳打破谷仓的努力最终获得了成功，打了一场美国公司史上最卓越的翻身仗（之一）。[25] 斯特林格联系了郭士纳，希望他能给索尼提一些如何复兴的建议。“郭士纳像某种专业的导师一样，”斯特林格回忆说，“他一直在讲，你要处理好谷仓，你要大胆！我也就准备这么去做了。”

斯特林格着手开始改革。他让手下的员工准备了一份 PPT（演示文稿），里面放了一些美国中西部粮食谷仓的图片，他要向迷惑的日本人展示到底什么是谷仓。他在内部通讯中向索尼的员工解释道：“商业意义上谷仓的比喻，描述的是一个组织内部的次文化形成了各自的岛屿，这些岛屿不会横向交流，甚至它们自己组织内部也不会纵向交流沟通。”[26] 当然，他也解释了，谷仓的存在并不总是坏事情，公司规模扩大之后，专业化往往是有益的，甚至是必要的。“在商业领域，最初设计谷仓是为了创造一个独立完备的团队，希望谷仓能够发挥积极的作用，培育出好的素质，比如团队协作、友好、经验分享和忠诚。PlayStation 就是一个非常成功的谷仓案例，一个团队的人能够一起启动项目，创立一个垂直整合的商业模式，在大型公司巨大的官僚框架之外取得蓬勃发展。”但是谷仓的问题在于，它们可能会具有危险的自我封闭性。“如果一个团队不和其他团队交流沟通，或者只在自己团队内部纵向沟通，它就会变得不透明，就不能很好地利用公司其他部分或者世界其他地方发生的改变。西方商业领域的人谈论谷仓的时候，通常是因为公司规模已经发展得过于庞大……谷仓的自我封闭和自我保护意识都非常强，公司的管理层根本不了解到底发生了什么。”

斯特林格宣布，他要对公司进行重大改组。2005 年秋，他和中钵良治公布了一个大型重组计划，决定精简公司人员，索尼原有的18万名员工将被裁员10%，[27]计划把不同的业务模式减少20%，[28]把生产点从65个削减到54个。[29]改组的目标是把这样一个杂乱生长的大公司——《纽约时报》笔下那个“一只把触角伸到了多个领域的大章鱼”[30]——转变成一个精简的、重点突出的实体。“如果苹果这样的公司能够围绕着两三个产品建立起它的业务优势，我们也能够重新设计索尼给人们的观感，让我们恢复之前的实力。”[31]斯特林格解释道。改组计划还包括另外一个重要的转变：索尼将不再把公司的各个独立单位视为准公司，而会把各个部分整合成一个单一的结构。出井留下的谷仓被拆卸了。重组声明中写道：“这次重大的结构改革旨在消除公司内部的谷仓，这些谷仓使得我们不能够将公司广大的资源集中在最具竞争力的产品上。”声明保证，此次改组将“产生协作、高效和快速的决策”。斯特林格也补充道：“数字化时代的特征是人和设备之间的沟通，这为我们的设计和营销方式提供了全新的重点。”[32]

为了加强文化上的变革，斯特林格规定，年轻的软件工程师团队要在不同的部门之间轮岗，来传播新的想法和实践。负责开发软件的内容团队成员被要求和生产硬件的工程师一起工作。斯特林格把不同部门的会议厅聚集在一起，把软件工程师团队放在房间的中间，以此强调软件和硬件必须连接在一起的概念。他甚至推翻日本传统的等级制度，要求年轻的员工在会议上发表自己的看法。

最初，斯特林格觉得自己的谷仓推翻任务进展良好。2006年年中，团队公布成果时，看到了一些好消息：几年的亏损之后，索尼终于开始盈利，索尼公司的时尚小玩意儿销量出现了增长。公司内部信心增强，一些分析人士和记者也开始赞扬斯特林格帮助索尼成功翻身。《华尔街日报》宣称："索尼的前景一片光明！"[33]《财富》杂志也评论道："索尼在数字媒体时代破晓之时沉睡，现在霍华德·斯特林格爵士和他的多国团队正在让索尼醒来。"[34]《财富》杂志以赞赏的语气描述了斯特林格获得的"胜利"：索尼停止了爱宝机器狗的生产，关闭了9家工厂，生产高级电子产品的Qualia生产线也停产。它还推出了一款液晶电视，成为市场上的领先者。

但良好的表现非常短暂。2007年，索尼再次出现亏损，公司声誉和股价又一次大幅下降。一方面，这反映了当时大的经济趋势。2007年夏，美国的次级房贷市场和银行业先后遭遇问题。随着金融混乱的局面不断升级，日元升值，索尼的出口竞争力下降。2008年，全面危机爆发，全球经济出现衰退，索尼产品的需求锐减。另外，索尼还频频遭受天灾的打击：2010年，日本福岛地区遭遇了严重的海啸，索尼的供应链受到严重破坏；2011年，泰国的大洪水再次打断了索尼的生产流程。斯特林格后来冷笑道："我一直在想，到底还有什么要发生？蛙灾？蝗灾？旋风？瘟疫？"

尽管如此，索尼的问题也并不完全是反常天气和糟糕运气的原因。随着时间的推移，斯特林格意识到他所面临的是根深蒂固的阻力。在公开场合，没有日本员工质疑和反抗过斯特林格的命令，他说话的时候他们总是默默点头。但是斯特林格发现，他根本无法监控他发出命令之后实际发生了什么。因为他被任命为CEO的时候，大部分高级管理层职位都由索尼的日本老员工担任，他没有在索尼位于有乐町的索尼大厦安排忠于自己的团队。斯特林格也没法自己开展日常调研，因为他不会说日语。“我不能像之前那样，在走廊上转悠，碰到谁就跟他聊天，因为我不会说他们的语言。”斯特林格后来回忆道，“大家都会答应说‘好的’，但是说完之后什么都不会去做。这就像克林顿说过的一个关于走过墓地的笑话一样，你可以像一个领导一样到处走动，手下有 1000 个人，但是大家都安静极了，没有人给你回应。”在 IBM 公司，郭士纳能够强制性推动改革是因为他一直执着于监督工作开展的具体情况。郭士纳曾经跟他的同事们说过，“员工不是你期待什么他们就做什么，而是你检查什么他们才会做什么。”[35] 实际上，这个说法后来被到处流传，频繁提及，已经成了 IBM 内部的指导性祷文，甚至是一种陈词滥调了。但是对于斯特林格来说，进行检查是非常艰难，甚至是不可能的。斯特林格的一位资深同事后来评论道：“要做一名伟大的领导者，你必须知道自己各个层级的员工在做什么，在想什么，你要有读心术。斯特林格在 CBS 做得到，在索尼却做不到。我个人认为他不应该接下这个任务。”

斯特林格还在坚持。他不断地发出命令，然后发现这些命令没有起到任何实效。在 IBM，郭士纳能够按他的意愿来强制改变文化模式，他描绘了一个新政策之后，有办法让他的员工去执行。他严格监控所有进程，一直观察他的员工，和他们交谈。但是斯特林格却缺乏这些工具或者说这种性格，来实现郭士纳所获得的成果。

斯特林格最初的斗争之一围绕着 PlayStation 展开。2005 年之前，生产 PlayStation 游戏机的部门一直在索尼本部之外工作，它是一个独立完善的谷仓，在权力很大的高管久多良木健领导下。这种独立感早期促进了部门的发展，培育了一种创业精神。但是后来，这个分遣队和索尼总部之间的冲突越来越多。斯特林格成为CEO之后宣布要把强大的PlayStation部门搬进索尼当时在东京品川区的总部，把它的运营和公司其他部分整合起来。斯特林格希望PlayStation团队能够对其他部门起到激励作用，向它们展示，随着技术颠覆了传统的界限，软件和硬件如何以灵活的方式结合。斯特林格后来表示，"PlayStation是我们王冠上的一颗宝石，它以一种极具创造性的方式把不同的技术和功能结合了起来。它体现了互联网的作用。"但是强大的PlayStation部门独立性很强，一开始，他们直接无视让他们搬进总部大楼的要求。然后董事会做出了决定，命令他们必须搬。但当PlayStation团队最终搬进了总部大楼之后，他们立马在自己的工作区域竖起了玻璃墙。PlayStation团队声称他们需要玻璃墙来保护专利秘密，但是，这其中的象征意味是很明显的。

斯特林格想要简化运营机构的时候也遇到了类似的抵抗。这些年来，索尼杂乱地蔓延到了多个产品和业务领域，生产超过1000种产品，其中很多都是基于独立的专利技术。斯特林格在公司里的重要同盟者之一罗伯·维森塔尔（Rob Wiesenthal）告诉记者："我家有35台索尼的设备，35个充电器，这已经足够说明问题了。"[36]斯特林格决心改变这种情况。"我到处跟人说，我们在公共设施领域、在卫生保健领域到底想做什么呢？"斯特林格回忆道，"但公司还是什么都没有削减，至少动作不快。我曾在总部宣布我们要裁掉10000个岗位，回过头来看，我们的员工还是那么多。"最后，为了逼员工采取行动，斯特林格决定孤注一掷，在索尼总部组织一场所有产品的展示会。他希望这场展示能够让大家看到，索尼的帝国已经发展到了多么庞大笨重的地步。但当展示会终于在品川区总部布置好的时候，却产生了相反的效果：对于索尼员工来说，品类如此繁多的展览给他们带来的自豪和羞愧一样多。这是一种经典的鸡和蛋的场景，谷仓创造出了这些员工不惜一切代价想要维护的产品，而这些成功的产品又深化了谷仓。

然后，斯特林格就不再谈“精简”而转而强调“协作”了。他分析后认定，如果他不能打破这些谷仓，至少也要让它们合作起来。毕竟，公司的标语是“团结的索尼”。但是推动合作也很艰难。他担任 CEO 后不久就敦促索尼的工程师使用数字化技术创造一款让消费者阅读书籍的产品。索尼看起来非常适合开发这种产品，它本身在媒体、计算机技术和消费电子产品领域就非常擅长，这些业务分布在索尼集团的不同部门中。实际上，工程师已经做出了这一产品的雏形。但是，斯特林格推动这个数字阅读器概念时，却发现不同部门的管理者不愿意和其他人合作，也不愿意跟书籍出版商打交道，部分原因是他们不愿意和他人共享收益。这个项目就此流产了。斯特林格愤怒地表示：“在亚马逊推出他们的电子阅读器两年前，我就有了同样的想法，我让我们的员工去开发，但是开发过程被不断地拖延，最后什么也没做出来，然后亚马逊就抢占了这块市场。”

2013 年 2 月 20 日，1000 多名记者聚集在曼哈顿汉默斯坦大厅听取索尼高管的讲话。现场气氛高涨。2 月早些时候，索尼宣布了发布 PlayStation 4 的计划，这是 7 年里他们第一次更新这款著名的产品。汉默斯坦的活动就是要向大家展示这次进展。舞台之上，巨大的全景屏幕把炫目的游戏画面呈现在观众面前，探照灯打破了黑暗，震耳欲聋的音乐在厅内响起。会场内出现了各种口号："想象力是与现实对抗的武器！""我们不需要抗争，我们通过游戏来获胜！""平凡的自我变得卓越！太棒了！""我们生而不同，叛逆成长，探索游戏的边界！"

记者们坐在座位上，全神贯注地看着。PlayStation 在游戏爱好者中享有极高的地位。事实上，它可以说是索尼最成功的产品，跟随身听一样具有标志性。而且新款的 PS4 以其软件、硬件和内容的混合而格外具有吸引力。

但是索尼的高管们在台上介绍新产品的时候，他们往下望去，却发现了令人震惊的景象。游戏画面在他们周围闪现，记者们坐在座位上敲打着键盘，或者用他们的手机拍照。但是记者手中拿的设备没有一件是索尼牌的。相反，大厅内无数像星星一样闪烁着的白色光电都来自苹果公司的 Logo（标志）。就算是在索尼理应荣耀的时刻，它的光彩也被苹果所遮蔽。

斯特林格对这样的情况早有预料。早在他担任索尼 CEO 的第一年，他认为自己能够改造这家公司。到了 2013 年，他已经放弃了。一些个别的部门仍然表现良好，比如 PlayStation，但是在大部分领域，索尼的声誉不断下滑，公司股价也持续走低。2005 年斯特林格接手索尼的时候，公司在纽约证券交易所的股价是每股 38.71

美元，到 2012 年，这一数字已经变成了每股 18 美元。而同时，苹果的股价翻了两倍还多，三星也是如此。更羞辱性的是以市值为衡量标准的公司相对规模：2002 年之前，索尼在《福布斯》世界最大 2000 强企业排行榜上一直远超三星；2005 年斯特林格接手时，索尼落到了后面，排名第 123 位，而三星已经成为世界排名第 62 的大公司；2012 年时，三星已经在这一榜单上排名第 12，索尼则滑落到第 477。就《福布斯》榜单整体而言，这可能也是名次下滑幅度最大的了。[37] 斯特林格宣布他要辞去 CEO 职务时，并没有人感到意外。

斯特林格暂时留任了索尼的董事会主席。一直在索尼效力的平井一夫（Kazuo Hirai）取代了他的 CEO 职务。但是索尼的衰落仍在持续。公司股价朝着每股 1000 日元的低值下滑，要知道，上次这一股价的出现还是在 1980 年。美国活跃的投资人丹尼尔·勒布（Daniel Loeb）发起了分解这一日本集团的计划，想要把娱乐业务从集团中剥离。[38] 这一行动吓到了索尼的员工，也惊到了从小戴着索尼随身听、看着索尼电影成长起来，认为这一品牌是“酷炫”终极象征的一代美国人。消息出来之后，演员乔治·克鲁尼（George Clooney）愤怒地表示，“勒布想要操纵市场。我不是为这些电影公司辩论，但它们确实是这一方面的专家。”[39] 但像其他许多分析人士一样，勒布不认为还有什么理由硬把这些分离的谷仓粘在一起。在这家不仅被苹果盖过光芒，也被三星超越的公司，这已经没有任何意义了。

斯特林格离开公司之前，收到了公司给他的一份意外的礼物：盖子上印着“007”的金属盒子，看起来就像是从詹姆斯·邦德电影里拿来的道具。斯特林格非常兴奋，他一直都很喜欢詹姆斯·邦德系列丛书，作为狂热粉丝，他在自己的纽约公寓里面收藏着丛书第一版，还一直为索尼制片厂拥有 007 特许经销权而自豪。但是这份离别礼物真正精彩、让斯特林格开怀大笑的部分藏在这个金属盒子里面。索尼的工程师们在里面放了一堆邦德电影里面的 Q 博士会造出来的那种迷你设备：有许多塑料小人坐在会议桌旁，这些小人长得和现实生活中的索尼高管们一模一样，小人身上还有很小的闪烁拨号钮，按下去小人就会说话。这些话有一些是斯特林格的同事们的告别赠言，另一些则重复播放了斯特林格在他的任期里说过的话。“日元强势！”盒子里发出了尖厉的声音。“经济危机！”“雷曼兄弟！”“地震！”“海啸！”“蛙灾！”“蝗灾！”……

还有一个按钮，按下去播出来的话是：“攻破谷仓墙！”

“好吧，我猜这个按钮肯定坏了。”斯特林格开玩笑地说道。他把这份礼物摆在了他引以为傲的詹姆斯·邦德丛书旁边，作为对这段苦乐参半回忆的纪念。

有时回想起在索尼的故事，斯特林格总会思考有些事是不是当时不那么做就好了。他知道自己聪明地诊断出了索尼的问题。他也知道，并非索尼一家公司遭遇了这些灾难。其实，无数其他的公司也和谷仓做着斗争。跟索尼一样，微软公司各个独立的部门之间协作起来也非常迟缓，这是因为之前公司以这种模式取得了非常大的成功，员工们都觉得没有必要进行改变。[40] 长期在微软担任高管，并于 2014 年担任 CEO 的萨提亚·纳德拉（Satya Nadella）表示：“这一直是我们的一个问题。当你擅长于将过去的成绩最大化的时候，就可能会有一个协作变少的趋势……但是竞争中内部的界限可不是什么优势。”许多公共或者类公共的机构也深受谷仓困扰。离开索尼几个月之后，斯特林格开始担任 BBC 的顾问，他发现那里也存在着部门暗斗的类似模式。“感觉太熟悉了，”斯特林格跟朋友们开着玩笑，“BBC 里面也都是谷仓！”

但是分析问题是一方面，真正找到破除谷仓诅咒的方法又是另外一方面。斯特林格想要知道，有没有哪家公司，真正建立起了某种文化，能够减少谷仓的危险？这些谷仓出现的时候能不能被破解？或者，随着公司的变大，就不可避免地会受到谷仓作用的削弱？随着时间的流逝，谷仓是不是总会变得越来越僵化？斯特林格不知道这些问题的答案。

但是，他不知道的是，在加利福尼亚，脸书的管理人员们确实有一些新点子，而且这些点子相当有趣。索尼遭遇苦恼之时，脸书的工程师们也密切关注着索尼的命运，以及其他诸多技术巨头如施乐公司和微软公司遇到的问题。而且，他们想要探索方法，避免屈服于这些谷仓，为斯特林格的问题找到答案。在本书的后半部分，我会讲述这个故事，向大家介绍脸书是怎样努力（并且一直在努力）成为一个“反索尼”和“反微软”式的公司的。但在这之前，我还是要关注下谷仓问题显现并带来危险的其他方式，让我们首先从另外一个完全不同领域的巨头——瑞银集团谈起。

第三章

当地精失明时：谷仓如何隐瞒了风险

如果一个人不了解某件事却赚到了收入，那你很难能让他去了解这件事。[1]

——厄普顿·辛克莱（Upton Sinclair）

2007 年 3 月 9 日，瑞士的一组监管人员从伯尔尼飞到伦敦，准备前往瑞士最大银行瑞银集团的办公室参加会议。[2] 这是一次灾难性的会面。在一个外行人看来，瑞银集团是一家光芒四射的公司。它在苏黎世、伦敦和纽约的分部前些年都取得了辉煌的业绩。它还因运营业务的谨慎而闻名，或者说也因此得到了一些骂名。这毫不让人意外：瑞士就是一个将安静作为美德的地方，如果说它的安静不算完全无趣的话。在这里，银行业者常常被称为“地精”（gnomes），因为他们总是神志清醒，工作勤劳，走路很安静。瑞银集团就是这种地精文化的缩影。在这家银行里有不少于3000名风险经理，[3]职责是发现银行业务的威胁点。这些半隐半现的银行业地精工作是如此勤勉，为瑞银集团赢得了风险控制方面“行业典范”的名声。[4]

所以，2007年3月瑞士监管人员飞到伦敦参加会议时，他们并不担心瑞银集团会有什么大的问题存在，只不过就更大范围的经济局势而言，还是存在一些阴云，他们也准备讨论这个问题。在另外一边的美国，房地产市场蓬勃发展，银行业者和贷款经纪人发行了大量的房贷。和大部分银行一样，瑞银集团也因为购买这些贷款相关的债券和衍生产品而牵扯进了这件事中。[5]尽管这项业务已经产生了巨大的利润，瑞士的监管人员想要知道瑞银集团的银行家们是否明白其中存在的风险。如果房价下滑银行会受到伤害吗？如果业主违约银行会遭受损失吗？

在当天，这些问题的答案都是肯定的“不会”。瑞士的监管人员在瑞银集团的伦敦办公室坐了好几个小时。办公室位于利物浦大道附近，是一栋深色玻璃、雄伟的摩天大厦。银行的风险官们向监管人员解释说，瑞银集团能够抵御未来任何的房价下滑危险，因为它不仅针对衍生品交易的损失投保，还在房地产市场衰败后可能会获益的市场进行了额外投资。用金融术语来说，瑞银集团已经做空了市场，或者说已经对房价可能下滑的情况进行了投注。所以瑞银集团实际上从抵押债券“市场恶化中受益”，而完全没有处于危险中。[6]

没有任何迹象显示瑞银集团伦敦分部的银行家们在撒谎。而且，在监管人员看来，这些解释是可靠的、自信的。这样监管人员就回到了瑞士，并且报告说，瑞银集团“考虑到了美国房地产市场的变化，且这一区域目前没有重大风险”，[7] 瑞银集团是安全的。

但是 6 个月之后，这一结论被证明是错误的，并且造成了灾难性后果。10 月 30 日，这家瑞士银行公布了年度业绩。业绩显示，公司的营业额取得了历史新高，但同时也出现了其他问题：瑞银集团的收入减少了 7.26 亿瑞士法郎（当时价值约 7 亿美元），这主要是因为糟糕的美国房贷投资。[8] 瑞银集团不仅没有从下降的房价中获益，还遭受了巨额损失。

这样的逆转令人尴尬，而且情况还在变得更糟。12 月初，瑞银集团投资银行部门主席、位高权重的 CEO 马塞尔·罗内尔（Marcel Rohner）突然宣布，瑞银集团已经因不良抵押贷款投资损失了 100 亿美元。[9] 他还承认，瑞银已经悄然在自己的资产负债表上累积了价值 500 亿美元的美国次级抵押贷款债券，而瑞银集团的最高层领导之前显然都没有注意到这件事。[10] 实际上，瑞银遭受的损失如此巨大，以至于他们不得不请求新加坡和中东投资人注入基金，以维持生存。[11] 伦敦的股票分析师大卫·威廉姆斯（David Williams）评论说，这对于一家“一年之前还被认为是世界上最安全的金融机构之一”的银行来说，实在是一次令人震惊的转折。[12] 或者就像马塞尔·罗内尔以一种典型的瑞士式轻描淡写告诉投资人的那样：“我理解一些投资人对前景改变感到惊讶和沮丧……一直都存在着严重错位的问题。”[13]

这样的错位和震惊不断加剧。2 月份，瑞银公布了另外一批抵押贷款损失，使得损失总额达到了约 190 亿美元。[14] 瑞银集团请求股东注资 150 亿瑞士法郎，[15] 但就算这样也不足以堵住缺口。至 2009 年 10 月，伤害已经极为严重，最终瑞士政府被迫使用 60 亿瑞士法郎纳税人的钱帮助瑞银集团来清理坏账。[16] 瑞士的纳税人和政治家感到震惊且愤怒。所以主要的监管方瑞士联邦银行委员会要求瑞银集团提交书面报告，“明确责任人”，解释清楚谁应该为此负责。毕竟，190 亿美元的损失可不是小事。大部分观察员认为，瑞银集团内部的某些人犯下了罪行，撒谎欺骗，并将为此入狱。

瑞银集团按时交出了一份简洁的报告。在瑞士这个国家，银行家、选民和政治家都具有同样强烈的责任感。但是这份报告却没有如监管方所期待的那样，报告中没有点名哪个人或者哪些人，比如说哪位流氓交易员造成了损失，而是声称整个体制出了问题。不知道为什么，一堆本来无聊且保守的银行家发了疯，对房地产市场进行了疯狂的投资，而银行里大约 3000 名风险官竟然都没有发现。[17]

这是刻意掩饰吗？银行家们撒谎了吗？大部分政治家和记者都认为如此，尤其是几个月之后，瑞银集团又被牵扯进了另一桩丑闻之中——美国官方指责瑞银集团帮助美国富人逃税。[18] 瑞士政府要求瑞银集团管理层做出更大努力，提交第二份报告，进一步解释到底是哪里出了问题。瑞银集团再次交出了一份精确的报告，但这份报告依然令人困惑。为了编写第二份报告，瑞银集团请独立的外部专家对接连出现的丑闻进行了评论，他们希望这样能够让结论更令人信服。但这仍然不是政治家们想要的结果。

“自从瑞银集团以10亿计的损失规模和帮助美国富人逃税的违法行为曝光以来，公众对瑞银集团危机的真实原因产生了质疑，”苏黎世大学经济历史学教授托拜厄斯·施特劳曼（Tobias Straumann）写道，“一家以保守著名的大型国际银行突然招致这样巨大的损失，这简直不可想象。”[19]施特劳曼指出，大部分观察员都认为“瑞银集团的最高层领导就像是赌场里的赌徒，随着利润和奖金上涨而不断冒更大的风险投注，最终失去了一切，甚至差点儿进了监狱”。[20]但是，教授不认为这是一场阴谋。他不认为银行的领导者们是故意这样去赌博，或者刻意捏造了这样一个计划来愚弄其他所有人，他们是真的以为瑞银集团处在健康安全的状态，并且瑞银集团的账本上都是“头等次级抵押贷款债券”。审计师和监管方也是如此。“瑞银集团保守银行的形象并不是刻意捏造出来欺骗大众的，”施特劳曼认为，“它和瑞银集团对自身的认识是完全一致的。”[21]换言之，瑞银集团的问题里最可怕的部分在于，并不是卑鄙的银行家骗了大家，而是瑞银集团自身的银行地精骗了他们自己所有人。“这并不是一个与某家大型银行相关的单一事件，它其实是过去不断发生过的模式的再现。在现实中，金融危机中最大的失败者并不是那些睁大眼睛把自己暴露在重大风险下的人，而是那些以为一切都在自己掌控中的人。”[22]

这是为什么呢？施特劳曼将大部分责任归咎于银行的最高领导层。这些高管都过于自满，没有发现公司的问题所在。但还有另外一个重要的问题：谷仓的存在。施特劳曼和瑞银集团的报告都展示出，跟索尼一样，瑞银集团内部也充斥着结构性谷仓。独立的部门各自为战，不能互相配合，关键的信息不能在银行内部很好地流通传递。瑞银集团最高领导层并不知道基层在发生什么，因为公司氛围中的防御性非常强，每个部门都自己囤积数据，不对外分享。更糟糕的是，领导们都待在一个泡沫，或者说一个知识谷仓中运营，他们无法对自己的员工进行正确的监督和管理。

在某一方面，瑞银集团的问题比索尼更具有警示性。索尼的问题是，谷仓损害了创新，使得无法发现新的机遇；而在瑞银集团，谷仓使得银行家们无法发现风险。就这一点而言，这是一则警世故事，因为它揭示了一个在金融世界以及非金融世界均非常流行的一种模式。

瑞银集团的故事对于瑞士政府来说是惨痛的经历。这家银行是瑞士的象征。跟布谷鸟自鸣钟、奢侈名表和巧克力一样，瑞银集团就是瑞士金融界的标志。瑞银集团的总部在苏黎世市中心历史悠久的班霍夫大道上，位于群山的怀抱中，离美丽的苏黎世湖很近。和华尔街的大部分银行不同，瑞银集团不在豪华的摩天大楼里办公。相反，它的办公楼由沉闷的灰色花岗岩构成，低调地融入停着有轨电车的街道，并不像周围的奢侈表店和名牌服装商店那般熠熠生辉。连楼中大厅的大理石都是素雅风格的。清淡的外观中唯一抓人眼球的细节便是瑞银集团标志上的一抹红色，这是跟瑞士国旗一样的颜色。

1998 年，瑞士第二大银行瑞士银行公司（SBC）和第三大银行瑞士联合银行（UBS）合并，组成了一家银行业巨头，也就是今天的瑞银集团。[23]（1998 年时，瑞银集团的投资和在企业银行的资产达 5900 亿美元，资产管理部门有约 9100 亿美元，主要是在私人银行。这使它成为世界上最大的银行之一。[24]）它根植于瑞士历史之中。瑞士银行公司和瑞士联合银行本身就是由多家瑞士公司整合而来，还包括了一些美国和英国知名公司的投资，例如美国大通曼哈顿银行的资产管理业务公司飞利浦 – 德鲁（Philips & Drew）[25]，另外一家美国金融集团德威公司（Dillon Read）[26] 以及英国商业银行瑞银华宝（SG Warburg）。

当这家现代银行最初出现时，它看起来只是一家古板的国内实体。在 20 世纪 90 年代，这两家银行尝试过建立海外业务。但联合银行因为对美国对冲基金"长期资本管理"的投资而遭受严重损失，并且在损失的后续影响下，一些联合银行的管理者对于再次进行激进的海外风险投资持小心谨慎的态度。但把瑞士银行公司和瑞士联合银行合并起来的两个人马塞尔 · 奥斯佩尔（Marcel Ospel）和马西斯 · 卡比亚拉维塔（Mathis Cabiallavetta）的想法却不太一样，他们看到，全球市场越来越紧密地联系在一起，其他的美国和欧洲银行正在抢夺新的市场，他们决定瑞银集团也要跟上潮流。[27] 所以，在世纪之交时，他们制订了一个扩张计划，目的是不仅在苏黎世，在伦敦和纽约也要建立起业务。他们按照惯例雇用了一批新员工。[28] 2001—2004 年，瑞银集团花了大约 7 亿美元招募了华尔街的一些知名人士，包括美国帝杰证券公司（DLT）的投资银行家肯尼斯 · 莫里斯（Kenneth Moelis）、奥利维尔 · 萨科齐（Olivier Sarkozy）[29]、本 · 洛雷洛（Ben Lorello）[30]、布莱尔 · 埃夫隆（Blair Effron）[31] 和杰夫·麦克德莫特（Jeff McDermott）[32]。但最引人注目的当属高调的前债券交易员约翰·科斯塔斯（John Costas），他在2001年被任命为瑞银集团的投资银行部门主管。[33]

招募到约翰·科斯塔斯后，瑞银集团管理层开始寻求扩张其银行业务的方法。跟其他大部分银行相比，瑞银集团的现金异乎寻常地充足，因为它拥有世界上最大的私营银行业务之一，每年从超级富豪那里吸收了大量的存款。这样的金融实力如同为瑞银集团装备了一座强大的武器库。奥斯佩尔和科斯塔斯相信，如果他们能找到方法，把这些钱配置到高收入的业务中，瑞银集团将能够与华尔街最强大的金融公司抗衡甚至打败它们，这其中包括高盛集团（Goldman Sachs）、摩根士丹利（Morgan Stanley）和瑞士信贷（Credit Suisse）。"这是一次千载难逢的机会。"科斯塔斯在2002年宣称，他预计瑞银集团能够成为美国市场的五大银行之一。奥斯佩尔甚至更加野心勃勃，他宣称瑞银集团能够成为世界三大投资银行之一。[34]

奥斯佩尔和其他高管开始搜寻他们能够进入的新业务领域，并且和安永会计师事务所（Ernst & Young）、奥纬咨询（Oliver Mercer Wyman）等管理咨询公司进行了交流。咨询公司方面的意见非常明确：如果瑞银集团想要快速发展，并且挑战华尔街最强大的金融巨头，它必须进入证券化的金融世界，特别是其中与抵押债券相关的分部。这一部门是专业性的，甚至是技术性的。[35]它本质上做的事情就是将抵押贷款这样的贷款变成债券，然后在银行和其他投资者之间进行交易。这些所谓的证券化债券往往会被打包成新的证券包，再加上衍生产品，增加了另一层的复杂性。

那时，瑞银集团的银行家们并不认为自己的公司是证券化方面的专家。相反，他们更关注的是大众熟知的金融市场，比如发放贷款、接受消费者存款，或者交易股票、股份和现金。尽管瑞银集团的银行家们不是证券化领域的市场领导者，但是他们看到这条业务线为华尔街的大银行们产生了丰厚的利润，所以奥斯佩尔和科斯塔斯为瑞银集团制订了计划，准备让它加入证券化业务，也相信它能够从中获得巨大的回报。

2005 年秋，瑞士的监管人员从伯尔尼飞到了纽约，对瑞银集团的美国业务进行年检。这本来应该是一次常规的检查。在之前几年，瑞银集团在瑞士的主要竞争对手瑞士信贷已经在美国打下了坚实的根基，它之前已经收购了美国银行“第一波士顿”（First Boston）。但和第一波士顿不同，瑞银集团的美国业务看起来并不那么令人兴奋：它的业务很有节制，甚至有些单调。但当监管人员开始检查瑞银集团的账本时，他们发现了令人震惊的情况。几个月前，瑞银集团在纽约办公室创立了一个部门，专门负责交易一种叫作 CDO（担保债务凭证）的东西。这是证券化业务中比较专业的一个门类。本质上，它是把不同的信贷和债券包装成复杂的新的金融产品。这就类似于屠夫做香肠的过程：屠夫有时候不会把牲畜宰了直接卖排骨和肉，而是把不同的关节切碎，根据某个人的口味把它们混合在一起，然后把它们装在新的肠衣里面出售。创造 CDO 的过程就好比金融意义上的做香肠。银行首先积累它们发放给客户

（公司或消费者）的贷款，把它们分解成不同的借贷风险块，然后进行混合，装在 CDO 的新壳子里卖给新的客户。和香肠一样，它们可以根据不同客户的不同口味进行混合，来包含或多或少的风险、或高或低的回报。

如果一个外行的观察者 2005 年走进瑞银集团的办公室，看到了创造这些 CDO 的业务部，他们可能会认为这不是什么重要的业务。那时候瑞银集团全球的员工达到了 82000 人，在美国有庞大的部门在交易股票和货币。实际上，因为瑞银集团在美国的交易员数量非常之大，公司正在康涅狄格州的斯坦福德建造一个洞穴般的交易场，建成后这一建筑将成为世界上最大的银行交易场所之一。但另一方面，CDO 业务部却只有几十名员工。资深交易员吉姆·斯特里负责运营 CDO 业务，他在无线电城音乐厅附近的曼哈顿市中心办公室工作。[36] 瑞银集团全球网络中的大部分员工甚至不知道 CDO 业务的存在。[37]

但瑞士的监管人员审查瑞银集团的美国账本时，发现小小的 CDO 业务部却创造出了极大的活动量。根据正式决算，瑞银集团已经积聚了价值约 166 亿美元的抵押债券，这大部分都是通过 CDO 业务部，而且仅在 9 个月的时间里完成。“瑞银集团向我们展示了一项内部研究结果，这项研究总结了瑞银集团投资银行对美国房地产市场的整体敞口，”瑞士监管人员后来解释道，“他们的研究非常全面，包括了直接（166 亿美元）的和间接（71 亿美元）的敞口（例如对建筑公司的）。”[38]

瑞士的监管人员想要弄清楚为什么看起来这么小型的 CDO 业

务会产生如此大的活动量。这项业务是否安全？CDO业务部处于良好控制下吗？纽约的风险管理人坚称CDO是安全且处于控制下的，他们提出了两点理由。第一，CDO业务部只用来处理非常安全的资产，以及被信用评级机构评为3A等级的证券。第二，瑞银集团只是暂时持有这些CDO，所以并没有很大的风险敞口。

这里的原因在于银行家们是怎样设想CDO业务，以及怎样将它解释给外人和他们自己的。在20世纪70年代之前，当瑞银集团这样的银行开展业务的时候，它倾向于放出贷款或者购买资产，然后就紧紧抓住这些业务。在财务意义上，这些资产就待在银行的账户上了。但是，从20世纪70年代开始，随着证券化业务的确立，银行都趋向于把贷款的很大一部分卖给其他投资人以分散风险。CDO业务把这种行为带到了一个新的高度。根据理论，瑞银集团这样的银行所做的是取得贷款（或者用金融术语来说，发放贷款），然后把它们重新打包成新的资产组合，销售给其他的外部投资者。这样的话，如果瑞银通过纽约的那个CDO业务部在账本上持有贷款或者CDO，它们通常也只会存在1~4个月。实际上，在瑞银集团（就像大部分银行一样），CDO业务部被称作“仓库”，以此和银行里其他因为投资原因而购买资产的部门区分开来。“我们做的是移动业务，不是仓储业务。”瑞银集团投资银行总裁罗伯特·伍尔夫（Robert Wolf）总是这么说。[39] 或者像瑞士的监管人员在2005年底的监管报告中所写的那样，“瑞银集团一直展现的是一贯遵循‘贷款并证券化’模式的机构。在这种方式下，因证券化而产生的敞口只会在银行账本上保留较短的时间然后立即转移给其他人。”

这些情况加起来，就意味着监管人员确实没有理由担心 CDO 业务会出问题。瑞银集团的银行家们也是这么说明的。银行账本上 166 亿美元的抵押资产似乎怎么着都不会违约，因为它们中的大部分都获得了 3A 评级。它们获得这样的评级一方面是因为 CDO 内的资产被认为是银行业术语所说的“不相关的”资产，也就是说就算两户中有一户的抵押贷款违约了，也不太可能引发广泛的违约，至少理论上是这样。但是，这些工具中的许多项都被认为甚至比通常的 3A 证券更安全，因为它们属于 CDO 的一个分支，被称作“超高级”（super senior）。它们之所以会有这样的标签，是因为 CDO 的结构表明，如果不太可能发生的情况发生了，也就是大部分抵押贷款都违约了且降低了这些超高级 CDO 的价值，将会是其他投资人而不是持有超高级 CDO 的人来承担损失。

实际上，如果人类学家看到了这些账本，他们可能会发现这些假设中存在的问题。一方面，藏在 CDO 深处的贷款并不是完全安全的，许多贷款的范围都被扩展到了“次级债权人”，也就是有风险的抵押贷款借款人那里。银行把这些贷款打包成 CDO 时使用了复杂的金融技巧，看起来是把违约的风险转移给了其他投资人，因此，信用评级机构都给了这些 CDO 证券 3A 的评级。其中的许多还被视为是超高级的，也就是比通常的 3A 资产更为安全。但是，在评级机构和专业 CDO 业务部门以外，很少有人知道银行到底是怎么操作的，没有人知道这些 3A 级的 CDO 是否真的安全。

还有第二个古怪的地方。伍尔夫这样的人谈到 CDO 业务时，总会把它称为“移动的”业务，他们最后都要把 CDO 卖给其他的投资人。但是，在现实情况中，银行业者却没有太大动力把所有的CDO都卖掉。银行家创造出这些产品时，通常会创造好几个部分，叫作“分级CDO”。外部投资人想购买的是那些看起来回报高同时风险也高的CDO，而对最安全的部分，或者说“超高级”CDO没什么胃口，因为这些CDO的回报极低。所以超高级CDO常常在银行的账本上卖不出去，就像屠夫屠宰的牲畜骨头。最开始银行职员们还为此担心，但是后来CDO部门的交易员发现了一个很重要的现象。当CDO被存在银行账本上的时候，它们只产生很小的回报，交易员可以把它们记账为“盈利”。这样的回报非常低，按照百分比计算，一年也就大约0.1%。但是，数十亿美元的0.1%已经足够为CDO部门提供一个极具吸引力的收入来源了。因为和其他银行一样，瑞银集团也采用“论功行赏”的支付结构，所以银行职员的奖金要根据他们团队产生的利润来决定，这给了CDO业务部很大的动力来持有尽可能多的CDO。在其他银行，针对这种活动可能有一个天花板限额，因为借钱购买债券的成本很高。但是瑞银集团的职员们没有获取低息现金的困扰，因为私人银行业务为他们提供了充足的资金，而且所需费用几乎为零。实际上，持有更多CDO的动力是如此之强烈，到2006年初的时候斯特里的团队不仅持有他们创造的超高级CDO，同时还从其他银行买入超高级CDO。[40] CDO的理论和现实之间存在着巨大的差距。

瑞银集团的一些职员有时候会拿这样的矛盾开玩笑。CDO业务部的交易员知道，他们是在利用这个制度的特殊性。因为这项业务本来应该是客户活动，瑞银集团不认为需要进行大量储备以防御仓库里的资产出问题。这些资产正在产生可观的回报。但是，交易员们没有动力向他们的老板或者监管人员点明这些矛盾。而大部分的银行家和监管人员受视角的局限，并不能马上看出这种模式的古怪点所在。就像皮埃尔·布尔迪厄在阿尔及利亚研究过的卡拜尔村庄一样，21 世纪的投资银行也是在一种根深蒂固的分类制度下运行。在银行看来，3A 资产与 3B 资产完全不同。服务于客户的银行活动与"自营业务"，也就是银行拿着自己的资金进行审慎的冒险也被区别对待——后者被认为非常危险；前者，也就是客户业务，则被认为很安全。在现实中，这些类别的界限常常是模糊的。客户业务也可能很危险，3A 资产可能并非完全安全。但是，一旦活动和项目被划分在了专门的心理区域，金融从业者们往往不会再重新给它们分类。而会计师和风险管理人员使用这个系统来衡量和管理银行的资产，也让这个系统更加僵化和强大。监管人员也是如此，当瑞士金融监管方要决定银行需要多少储备资金来抵御损失风险时，他们首先做的就是把银行的资产分成不同的类别。

在某种程度上，银行家们也知道这样很奇怪，毕竟分类体系中有无数的矛盾。但是，就像在卡拜尔村庄一样，按照布尔迪厄的说法，西方银行的分类体系往往都存在于"有意识和无意识思考的边界"。20 世纪 90 年代末期研究了华尔街银行的人类学家卡伦·霍说，银行都是根据习得行为模式来采取行动的，这些行为模式在他们的"惯习"中看起来是自然而然的。[41] 在华尔街的"惯习"中，把客户和自营业务分开是自然而然的。交易员各自的团队尽其所能实现自己利益的最大化也是自然而然的。他们就是这样挣工资的。没有人有动力去挑战现状或者打破分类体系中的矛盾，一种谷仓的心态统治了他们。毕竟，如布尔迪厄所说，“意识形态的影响中最强有力的形式不需要言语，而只是合谋的沉默”。

所以，查了瑞银集团的账本之后，监管方给出了裁决：“因为业务具有明显的单一客户导向性，证券化不被认为是关键的风险。[42] 银行本身和监督机构都不认为这样的金额（166 亿美元）是主要的关切。”

到 2007 年春，也就是瑞银集团创立了 CDO 业务部约两年后，苏黎世花岗岩总部大楼里的瑞银高管们对他们的公司越发担忧。这不是因为有人关注到了纽约 CDO 的情况，相反，大部分在优雅的班霍夫大道办公室上班的高管们几乎都不知道 CDO 部门在做什么。但是，瑞银集团的领导者们明白，一旦金融体系经历了一段时间的过度扩张，银行和银行家们可能就会做出一些蠢事。2007 年春天，全球市场似乎陷入了狂欢之中。金融体系中大量的资金如旋涡般流转，借钱的成本底线已经崩塌，金融家们互相竞争，向各种风险业务争相投资，发放给次级抵押贷款借款人或者有不良信用记录的美国业主的贷款迅速扩张，为杠杆收购、风险投资或其他风险较高的企业提供经费的贷款也是如此。

这种模式让瑞银集团的银行家们非常紧张，尤其是他们还一直坚持认为自己是一家注重规避风险、审慎的银行集团。他们清楚地知道，1998 年，联合银行就因为对长期资本管理对冲基金的判断失当而遭受了尴尬的损失。瑞银集团的经理们决心不再犯类似的错误，所以最高管理层举行了一系列会议，讨论银行面临的风险，想要在它们造成伤害之前控制住它们。

他们确定了两个主要的问题。一个是瑞银集团的企业贷款账本以及给存在风险的公司贷款的状况。10 年前，瑞士信贷等瑞银集团的竞争对手因为互联网泡沫的破裂而遭受巨大损失，因为当时互联网泡沫破裂导致了大量的技术公司发生贷款违约。[43] 在那次事件中，瑞银集团本身遭受的损失并不大。瑞士信贷的总部也在班霍夫大道上，在一栋离瑞银集团不远、同样低调的灰色建筑里。瑞银集团的银行家们决心不让自己遭受同样的厄运。所以 2007 年初，瑞银集团请安永会计师事务所对银行所有有风险的企业贷款进行了审计。[44] 这次审计的结果是相当让人放心的：安永审计了瑞银集团银行账本上的企业贷款之后，宣布这家银行很审慎地管理了风险。2006 年，瑞银集团没有介入大部分有风险的杠杆收购和私人股本贷款，而且在它参与的高风险投资方面也收取了高额的费用，能够弥补风险可能带来的损失。[45] “我们对杠杆金融持有保守的立场，”负责运营信贷风险部门的瑞银集团银行家菲尔·洛夫茨（Phil Lofts）后来回忆道，“我们只有 LyondellBasell（一笔为化学公司合并提供资金的交易）这样一两个遇到了麻烦的交易。”

第二个担忧的来源是瑞银集团运营的一家对冲基金，叫作 Dillon Read Capital Management（简称 DRCM）。这家对冲基金成立于 2005 年。那时，科斯塔斯和奥斯佩尔在扩张行动开始时聘用的一些华尔街交易员厌倦了瑞银集团保守的风格，且威胁说要离开瑞银。为了阻止这种情况的发生，科斯塔斯说服了瑞银集团管理层创立了一个专门的对冲基金，他自己也放弃了瑞银集团投资银行主管的职位，转而负责这个新部门。[46] DRCM 有进行风险交易的自由，但是它和银行的其他部门隔离开了。这最初是为了保证 DRCM 能够在不违反规定的情况下吸引到外部投资。把这家对冲基金隔离开来还有其他的好处：许多更保守的瑞士银行家不愿意用瑞银集团的钱来进行大额自营投资，想要和这家对冲基金保持一定距离。他们想要保留瑞银集团清醒的、规避风险的银行形象。

2006 年，DRCM 进行了扩张，它的自营投资业务表现也不错。[47] 但 2007 年初，DRCM 发生了亏损，部分原因是 DRCM 的交易员错误判断了美国住房市场的方向。[48] 到春天时，亏损预计要达到 3 亿美元。瑞银集团的管理者们吓坏了。这样的亏损使得他们对于自营交易的最大担忧都变成了现实。

瑞银集团的银行家们对 DRCM 的产品进行了审计，并且要求这家基金卖掉一些资产。但是这其中流动资金很少，DRCM 想要卖掉专门的住房债券时，1 天就损失了 5000 万美元。[49] 科斯塔斯和瑞银集团苏黎世总部管理层之间爆发了尖锐的冲突。最高管理层知道这么快就关闭这家基金会很尴尬，科斯塔斯可不好对付。但瑞银集团董事会再也忍受不了这么巨大的损失了。2007 年 5 月，在数月的争吵之后，瑞银集团宣布将关闭 DRCM。[50] 这是一次极为屈辱性的后撤，6 月份董事会主席彼得 · 伍菲（Peter Wufi）被迫辞职。基金的关闭也强调了一个关键的信息，瑞银集团想要向外部世界（和它自己）展现出它坚持规避风险的气质。

但是，即使在瑞银集团董事会为科斯塔斯的对冲基金而烦恼，并且对企业贷款进行了无数调查的情况下，他们也没有讨论过待在CDO仓库里与抵押贷款相关的CDO。到2007年春时，众所周知，美国房地产市场长期的繁荣即将结束。房价不再像以前那样迅速增长，甚至在一些州出现了下滑。银行发布的次贷违约报告逐渐增加。一些银行的最高领导层因此取缔了跟美国次贷债券相关的业务。就在瑞士班霍夫大道上，瑞士信贷正在减少它的市场敞口。瑞士信贷投资银行CEO杜德恒（Brady Dougan）是个经验丰富的债券交易员，[51]他以前在华尔街经历过信贷周期的各种剧烈震荡，而且他能够感受到金融气候正在发生改变。

然而，瑞银集团的最高领导层却没有感受到行动的必要。这一方面是因为负责运营投资银行的人对于债券市场没什么经验。取代科斯塔斯担任投资银行主管的是何宏丰（Huw Jenkins），他是从股权投资部门一步步升上来的。[52]瑞银集团的领导者比瑞士信贷更为放松的另外一个原因是，他们不认为瑞银对美国抵押贷款产品的敞口有任何风险。

早在2005年，当瑞银集团刚刚创立CDO业务部门的时候，银行的内部风险管理人员就进行了一次小型辩论，争论这些新的工具应该归在银行账目的哪一类里。它们应当被放在风险比较大的抵押贷款类别中吗？还是说它们相当安全，应该被当作3A资产？这不是一个容易解决的问题，因为之前没有人针对风险较大的次级抵押贷款创造过3A债券。因此，瑞银集团的风险管理人员就像是丛林中的植物学家，面对着一种新的植物，无法把它按已有的归类方法分类。但最终，他们选择只关注3A的评级标签，把这些工具放在了项目相应的篮子里。这就意味着瑞银集团如果在账本上持有这些资产，也不需要为了可能的损失而进行大量的储备。但这同时也意味着，瑞银集团自己的风险管理者可能会忽视掉这些CDO。当风险管理人员和审计师把瑞银集团持有的所有资产加起来，在内部报告中交给董事会的时候，就没有在账目中把CDO划分到一个单独的类别里，而是把它们和其他的3A资产，比如国债混合到了一起。因为这种分类体系的原因，纽约CDO库房里的资产就从他们的视线中消失了。

这并不是说银行家们完全忽略了抵押贷款风险。监管人员有时候会去纽约和伦敦探访不同的团队，向他们询问瑞银集团对美国房产市场的敞口问题。瑞银集团总部的高管们也采取了同样的行动。但是伦敦的工作团队并不太了解纽约的事情，反之亦然。每个团队都只知道自己的账本情况。

例如，在伦敦，瑞银集团的一队交易员在交易抵押贷款债券，在2006年和2007年初的时间段，他们进行了大量的交易投资，一旦美国房价下降，他们将从中盈利。所以瑞士的监管人员来访伦敦办公室的时候，瑞银集团的风险管理官告诉他们，瑞银集团正在“做空”房产风险。但是，纽约的CDO部门却在“做多”市场，因为他们的仓库在创造CDO。瑞银集团有抵押贷款债券的敞口还因为它和“单一险种”保险公司进行了交易。[53]纽约的多头敞口比伦敦团队持有的空头要大得多。但是通常没有人会去计算这种投资，也没有人会把它们以这样的方式汇报给瑞银集团董事会。瑞银集团后来在一份给股东的报告中承认，[54]“瑞银集团内部有许多正式的报告，展示了它们所面对的整体风险，其中包括那些力图抓住房地产证券和贷款敞口的报告。但是，因为没有完整的数据，报告中并没有提供全面的观点。”在微观上正确的事情，宏观上却并非如此。

瑞银集团内部有很多人可以发现这个矛盾——如果他们愿意这样做的话。例如，在伦敦处理抵押贷款债券的交易员可以提出质疑，询问CDO业务部门到底在做什么。纽约负责运营CDO业务的金融家可以要求伦敦的投资银行家检查一下他们肿胀的账目。但是这两个团队都没什么动力去和对方分享信息。纽约的CDO交易员不想要伦敦的人来乱动他们的利润流。伦敦的交易员也没有什么动力来公开推断纽约究竟在做什么，因为这不会帮他们涨工资。就像小说家厄普顿·辛克莱尔曾经说过的那样，“如果一个人不了解某件事却赚到了收入，那你很难能让他去了解这件事。”[55]瑞银集团总是说，所有的部门都是在同一个母体中聚合在一起；而实际上，这些部门更像是一堆互相竞争的部落。

风险官们同样处于分裂状态。理论上，瑞银集团有3000名风险官，他们负责全面监督银行家们在做什么。但是这些风险官在三个不同的部门工作，负责跟踪不同类型的风险（信贷风险、市场风险和运营风险[56]）。这些团队互相之间没有太多交流。这实际上是对风险管理这个概念的一种讽刺。因为风险部门按道理是要检查整个银行所面临的危险，但是银行家们几乎没有注意到这点。就像这个分类体系中的其他部分一样，这被认为是理所当然的。总的来说，瑞银集团的银行家们没有动力来质疑现状。

2007年春，瑞士监管人员去伦敦进行常规检查时，要求瑞银集团的风险管理人员描述瑞银对美国房地产市场的敞口情况。风险官们讲述了伦敦团队的做空行动。他们还谈论了科斯塔斯的对冲基金持有的一些头寸。但是，他们根本就没有提到纽约的头寸。“超高级 CDO 头寸……没有被包括在风险报告中，”[57] 监管人员后来注意到这一点，并且补充道，“投资银行的首席风险官甚至不知道超高级 CDO 仓库的存在。”

监管人员没有理由去质疑首席风险官所做的报告，他看起来非常确信瑞银集团是在做空美国房产市场的风险。所以监管人员又把这个信息传回了瑞银集团管理层，管理层拿到了健康证明，也就放心了。[58]“如果把这些 CDO 也包括进来，内部的计算当时不会显示出做空的敞口……但是因为数据不全而导致的不正确的评估也被传到了瑞银集团苏黎世总部。”监管人员指出，“从此以后，瑞银集团的管理层对他们所以为的做空头寸充满了信心，而把注意力转向了其他看起来更大的风险上。”

随着春天逐渐过去，班霍夫大道花岗岩大楼里的管理者们持续担忧着企业贷款的风险，但他们几乎没有讨论过抵押贷款的问题。“集团的高管们对于美国房地产市场退化的整体问题很警觉，但是他们没有要求下属对瑞银集团与美国房地产资产相关的证券敞口做出全面报告。”瑞银集团股东报告后来承认，“这与集团高管对杠杆金融交易等问题的关注正相反，他们还对后者进行了广泛的讨论。”[59] 这个情况就像一家核工厂的运营者没完没了地担忧如何控制超复杂裂变过程产生的危险，而忽视了就在他们眼皮底下藏着的建筑墙体中的裂缝。

2007 年 8 月 6 日，瑞银集团大厦开始崩塌。[60] 那时候，全球金融市场的狂欢已经开始变味。那年夏初，困扰证券化业务的一个致命问题出现。这块业务在2002—2007年间兴旺发展，银行家们将抵押贷款和企业债务打包，把它们卖给新的投资人。但当美国住房市场开始恶化的时候，一些房贷借款人开始违约，创造了一种传染性的恐惧感。金融市场当时面临的是一种食物中毒般的恐慌。当投资人意识到有一些不良房贷（腐肉）可能被打包装进了金融香肠中，他们开始担心CDO这样的复合产品的健康。没有人能够确定这些损失存在于哪里，因为这些重新混合了的贷款组合实在是太复杂了。但随着恐惧的增加，投资人越发谨慎，他们不再购买任何房贷资产。价格继续下滑，市场停滞。

最初，瑞银集团的管理者们不认为这场混乱会影响到他们的银行。毕竟，他们担心的是企业贷款而不是房贷的问题。“董事会和集团执行委员会一直到2007年7月末都相信他们对次级市场的投资是安全的，”[61]负责撰写关于瑞银集团崩溃报告的瑞士教授施特劳曼后来指出，“所有的风险报告和内外部的审计得出的结论都是瑞银集团能够轻松处理好美国房产价格下滑的问题。”但是8月初董事会在苏黎世召开例会时，董事们大吃一惊，他们被告知尽管伦敦的交易员做空了美国住房市场，瑞银集团美国的CDO仓库却持有超过200亿美元的超高级CDO。[62]董事会成员都震惊了。“我们大部分人都不知道‘超高级’CDO是什么意思，我们之前从来没听过这个词。”瑞银集团的一位董事承认。[63]或者就像监管人员在报告中所说的那样，“许多高管声称他们在2007年8月危机爆发后才知道超高级CDO这回事。”[64]

最开始董事会成员并没有惊慌失措。他们想清楚了，毕竟这些债券能被称为“超高级”就是因为它们是超级安全的。这是客户业务，而不是对冲基金事件中造成了巨大破坏的自营交易。“大家可能更担心杠杆贷款。”洛夫茨指出。所以瑞银集团董事会8月初结束会议后，向股东发布了一条温和的警告，告诉他们未来房贷市场可能会有一些损失，并且要求最高管理层进一步调查。

但是，这份报告揭示的问题是令人担忧的。房贷借款人大量违约，恐惧的投资人抛售跟房贷相关的债券，这导致了超高级CDO的价格缩水了30%甚至更多。这本身就足够令人担忧了，而让问题加倍恶化的是瑞银集团的银行家们从来没有为这种情况做过任何准备。这里的问题涉及分类体系，而且瑞银集团的银行家没能发现分类体系的矛盾。早在2005年，瑞银集团的银行家们开始大量买入这些超高级工具的时候，他们把它归类为“可市场化的工具”（或者说在市场中进行交易的产品）而不是“信贷”或者“银行存折”资产（贷款）。这种区分听起来很负责，很理论化，但是，它在现实中的意义是：当这些工具被归类为“市场化”的时候，银行不需要在账本上保留大量的资本储备。所以瑞银集团从来没有针对CDO可能贬值的风险进行大量的资本储备。银行用来衡量这些工具风险的模型显示的是它们永远不会损失超过自身价值的2%。所以瑞银集团只配备了应对这个级别损失的能力。现在这些CDO的市场价格暴跌了30%，在银行的账目上挖了个大坑。

随着损失的增加，瑞银集团果断地解雇了首席风险官。来自资产管理业务部门的新人约瑟夫·斯考比（Joseph Scoby）接任这一职务。[65] 上任后，斯考比立即着手改变整个分类体系。CDO 第一次被从银行账户的安全类别里拿掉了。CDO 不再和国债以及其他 3A 资产混在一起，而是被移到了一个专门的会计类别里。然后风险管理人员第一次对瑞银的各块房贷敞口进行了统计。统计结果吓坏了他们。"我们就坐在会议室里，心里想的是，'这他妈有没有搞错'，"当时的一位风险官后来解释道，"大家根本不敢相信。"一夜之间，银行家们意识到他们完全理解错了这个世界，"有风险的"对冲基金业务其实没有"安全的"客户业务危险大。整个分类体系颠倒了。"我突然意识到，我们一直在担心对冲基金造成的 3 亿美元的损失，却忽视了 CDO 账本上 10 倍的损失。"另外一名资深银行家说道。

瑞银集团董事会急于修复伤害，但房贷 CDO 的损失随着债券价格的下降持续增大。起先，银行承认了 100 亿美元的亏损。然后，这一数额达到了 187 亿美元。[66] 到 2009 年春，瑞银集团公布了 300 多亿美元的损失。[67] 随着痛苦的蔓延，政治家、监管方和瑞士选民的愤怒不断增加。瑞银集团的管理者们有时候想要指出，并不是只有瑞银受到了这样的损失。花旗集团（Citigroup）和美林集团（Merrill Lynch）等银行也宣布了同样惨痛的亏损。[68] 还有其他的机构，从保险巨头 AIG 到爱尔兰的联合银行，大家的日子都不好过。随着事件的蔓延，同样的主题不断地重复出现：不管是在哪里，银行、保险公司和资产管理公司都没能发现在各个分离的业务和部门里面逐渐累积起来的风险，因为巨型机构的各个谷仓之间没有交流，最高层没有人能够看到全局的情况。"所有的这些领导缺陷事实上是大型银行的一个特点，"施特劳曼在报告中指出，"花旗集团的资产损失甚至（比瑞银集团的）更大。”[69]但是大家跟瑞银集团一起遭罪也并不是什么很好的安慰。不管怎样，瑞银的声誉已经支离破碎。2009年年中，瑞银集团宣布奥斯佩尔将离职的时候没有人感到意外。那时候其他许多高管也已经离职了。[70]

危机过后几个月，瑞银集团的新领导者们努力修复伤害。不良抵押资产被从瑞银集团的账本上挖了下来，在瑞士政府的要求下放在了一个特殊的盒子里。他们的想法是这种隔离能带来更多的透明度，使得不良资产的剥离更加容易。瑞银的风险管理部门进行了全面调整，原先的各个风险管理分支进行了整合，目的是结成一个无缝连接的整体。“我们彻底改变了汇报线路，风险控制人员不再向业务主管汇报。”洛夫莰解释道，“我们第一次在市场分部里面把市场风险和信贷风险控制放在了一起。它们不再待在各自的谷仓里，而是结合在一起，并且不仅仅只是在银行最高层这样。”

信息技术系统也进行了全面整改，让最高管理层能够更容易地看到银行持有的所有交易头寸。“头寸、估值、风险评估以及损益记录现在都在集团的范围内被规范化。”银行方面解释道，“各个业务单位必须根据量化标准，解释清楚它们的资产负债表。”[71]为了避免“团体迷思”的危险，董事会引入了独立董事。“现在我们成立了一个风险委员会，委员会成员都是非高管成员，而且他们之中没有人之前为我们工作过。”洛夫莰解释道。他在这次危机之后被任命为整个银行的首席风险官。[72]

银行的不同分支都尝试引入新方法，以更为全面和横向的方式思考和行动。瑞银集团首席投资官亚历克斯·弗里德曼（Alex Friedman）开始和银行不同部门的员工一起举办头脑风暴会议，鼓励大家自由地发表观点。在瑞士，零售银行开始与私营银行合作，以交换客户和想法。传统上，这两个机构一直是互相竞争的对手，现在大家都被鼓励要互相合作。“我们现在以一种更加完整的方式来运营业务，”瑞银集团瑞士财富管理部门主管克里斯蒂安·威森丹杰（Christian Wiesendanger）解释说，[73]“我们会观察大家可以怎样跨业务部门运作，而且现在会尝试讨论整个公司的事情。”纽约公司也发起了许多行动，要求不同的业务部在不同的资产级别进行协作，并且形成一种整体的观点。瑞银集团旨在成为一家灵活的、联合型的银行，僵化的壁垒正在被拆除。

瑞银集团管理者们坚信这些改革改变着公司的文化。当然，有些地方做到了，而有些地方则不尽然。2011 年 9 月，在瑞银集团反复宣称不会再让自己受损于糟糕的风险控制一年之后，他们承认因为伦敦合成股票交易团队年轻交易员奎库·阿多博利未经授权的交易，瑞银已损失了超过 20 亿美元。阿多博利交易的是交易型开放式指数基金 ETF [74]。和房贷 CDO 一样，交易 ETF 的业务也是金融行业原本被认为滞销且安全的一个角落。但是，和 CDO 一样，ETF 交易也有细微的风险。因为 ETF 部门是在一个微小的谷仓里，在这个部门之外没有人发现问题的存在，等到发现已经来不及了。

瑞银集团管理层想把这件事当作一个特例撇开。他们公布了更多针对银行风险管理体系的改革，高级管理人员辞职，而留任的人员承诺要让银行变得更加透明，运营更加良好。但瑞银集团的股东们对此已经厌倦和怀疑。“银行业危机的教训是，那些崩溃的银行，或者说靠着纳税人的钱而勉强支撑的银行，在管理上都不胜任。”托尼·希勒（Tony Shearer）说道。他是一家小型银行辛格－弗里德兰德（Singer and Friedlander）的前任 CEO，这家银行在 2008 年随着冰岛母公司的破产而失败。[75]“银行的管理层都不认可运营银行的任务比他们能够处理的业务要艰巨得多。而且法人股东都是这些过于庞大的金融机构的一部分，他们解决不好这个问题。”他悲叹道，“金融机构过于庞大、多样化、复杂而且在地理上非常分散，任何一个管理团队都难以管好。”也就是说，谷仓问题就像希腊神话里的九头蛇。银行有时候会砍掉自己的谷仓，但就当人们认为问题已经消失的时候，它的头又长出来了。分裂化是一个永远存在的威胁。这个威胁不仅存在于瑞银集团，也存在于几乎每一家大型金融机构。

但幸运的是，这并不是故事的全部。这个传说还有令人鼓舞的一面。本书也将在后面的章节里讲述这样的故事。这场大的金融危机告诉我们，谷仓会使银行受损。但是硬币还有另外一面：尽管谷仓在金融机构中创造了受限于狭隘视野的失败者，它们同样也为竞争对手创造了机会。毕竟，金融行业长期以来的格言就是，如果有人在市场上亏损了，一定是有其他人把这份钱给挣走了。瑞银集团和其他金融机构在 CDO 上的巨大损失为其他人带来了利益。谷仓给被它们所困扰的人带来的是灾难，但它们也能够为其他人创造机遇。

在第 8 章中，我就会关注到故事的另一面，讲述一家对冲基金是怎样利用金融行业以及瑞银集团这样的大型银行中存在的谷仓而为自己创造利益的。但是首先，我们还是先关注另外一个故事，这个故事讲述了金融市场中另外一系列的扭曲现象，不过这些情况发生在公共部门而不是私营公司。接下来这章，我们来看看美国联邦储备银行和英格兰银行这些央行机构的经济学家在 2008 年的金融危机之前是怎样误读市场的。

第四章

俄罗斯套娃：谷仓如何造成狭隘视野

一个专家知道所有问题的答案——但你得向他问对问题。

——克劳德·列维–斯特劳斯

英国女王站在伦敦政治经济学院的一个大厅里，看起来有点儿不知所措。那天是 2008 年 11 月 4 日，女王莅临伦敦政经学院这所世界顶尖大学，来为一栋新建筑揭幕。游客、学生和孩子们聚成了欢呼的人群，在狭窄的街道旁排着队，挥舞着英国国旗，迎接女王的到来。女王穿着一身正装：有斑点的奶油色套装，与之相匹配的大檐帽，低调的珠宝以及黑色的手套。

这场活动本应是对学术成就和才华的庆祝，但这个时间点却不合时宜。两个月前，残酷的金融危机在伦敦和西方世界其他地方爆发，导致多家银行崩溃，市场冻结，西方世界陷入了深深的萧条之中。这场危机给许多富裕家庭带来了巨大损失，其中就包括女王的王室家族。但它对那些不太富裕的家庭来说破坏更加严重：失业率上升，美国和英国成千上万的家庭被迫流离失所。

成群的经济学家和权威人士急于提出他们对这个灾难性事件的分析。伦敦政治经济学院的学者们也不例外。这家学院被认为拥有世界上最智慧的经济学家群体之一，而且它与英国政府以及世界各地的政府部门都有紧密的联系。该学院的杰出校友默文·金（Mervyn King）是时任英格兰银行行长。而英格兰银行就在该学院东边几英里之外。伦敦政经学院院长霍华德·戴维斯（Howard Davies）曾经担任过英国金融业最高监管官员，另一位学院教授查尔斯·古德哈特（Charles Goodhart）也在英格兰银行担任了高级职务。所有这些最具智慧的人才都对金融体系和经济应当怎样运转，以及为什么有时候它们无法良好运转有着鲜明的观点。所以，在女王参观建筑的时候，另外一位德高望重的经济学家路易斯·加里卡诺（Luis Garicano）向她展示了一些图表，想要向她说明金融领域到底在发生什么。

女王看了一眼这些色彩鲜亮的线条。“这太糟糕了！”女王以她清晰的上等阶层口音做出了宣告。这打破了通常的礼仪，因而令人震惊：众所周知，英国王室一直都避免对敏感政治话题发表评论。

“为什么没有人预测到会发生这样的危机呢？”女王问道，“如果这些问题如此严重，为什么没有人发现呢？”[1]

加里卡诺沉稳应对，他回答道，真正的问题不是经济学家或者金融家不怀好意或愚昧无知，而是他们的视野在错误的时间投在了错误的地方。随着证券化这样的创新概念的出现，金融体系中发生了巨大的转变。但尽管大部分人都理解整个局面的某些部分，却没有人能够有一个整体的视野，并且看到危机即将到来。“大家都拿钱办事，各尽其职，但是没有人能够看到整体的情况，或者把各个碎片凑起来整体来看。”

女王抓紧了她的黑色手提包，她似乎并不认为这样的解释是完全令人信服的。这也不奇怪：她的臣民也感到困惑，就像西方世界大部分人那样。对于非经济学家来说，这个星球上一帮最具智慧且参与到政府运营中的人简直不可能犯下如此愚蠢的错误。很难相信他们一夜之间都瞎了或者都变蠢了。而假定银行家们以某种欺骗性的方式隐瞒了自己的行动，“欺骗了”监管方，似乎能容易接受一些。

但事实上，加里卡诺的解释甚至比他自己认为的更能说明问题。因为信贷危机的故事展示了，当他们身处的环境是极度僵化的谷仓时，就算是专家也会出现集体性盲目（或者有可能，专家尤其会出现集体性盲目）。本书的第二章讲述了索尼的故事，展现了机构内部的分裂化有时候会导致人们错失创新的机会。第三章是关于瑞银集团的故事，展示了机构内部的谷仓还会让人们对风险视而不见。这一章将提供谷仓问题的另一个视角，讲述2008年危机之前英格兰银行和伦敦政经学院（或者美联储和哈佛大学）这种机构的经济学家身上发生的故事。谷仓并不只在机构内部产生，它们还会影响整个社会群体。专家的网络可能会被谷仓所迷惑，展现出狭隘的思维以及小群体的行为，即便他们在不同的国家和机构工作也是如此。这并不是经济学专业所特有的问题，谷仓也不是只存在于银行内部。但是，经济学家群体的故事非常能够说明问题，他们的故事展现了专业人士对自己的观点是如此自信却没有看到眼前的危险。就像布尔迪厄的舞厅中的村民一样，经济学家们忙于观察“跳舞的人”（也就是经济状况中大家都会关注的方面），却忽视了“不跳舞的人”（整个经济状况中被社交沉默所覆盖的部分）。“危机为什么会发生？其中一部分原因是认识论的问题，是我们使用的知识体系的问题。”英格兰银行副行长保罗·塔克（Paul Tucker）后来指出。或者就像查尔斯·古德哈特所说的那样，“信贷危机实际上并不仅仅是一个关于英格兰银行、美联储或者其他哪个机构的结构性问题，而是我们在学术界、在决策过程中以及在其他地方所使用的心理地图的问题。”

“观点很重要，而经济学家都在使用同样的观点。”他们都待在了同一个思想谷仓中。

保罗·塔克在经济政策部落的旅程就能够很好地说明谷仓的问题。在众人眼里，塔克就是当代经济学家兼决策者形象的缩影。他中等个子，圆脸，面色红润，慈祥，语音语调干脆优美。朋友们有时候会开玩笑地说他说起话来像是说着卷舌音的维尼熊。但他同时又举止庄重，谈到经济的时候，他的观点在金融领域备受尊重。

塔克从来没有想要成为一名经济学家。他于 1958 年出生在一个中产阶级家庭，在英格兰成长，在剑桥大学学习数学和哲学。他对公共服务有一些模糊的兴趣，所以 1979 年他申请了英格兰银行的工作，尽管没有经济学的学位，他还是被聘用了。“那时候没有人说你必须有经济学博士学位才能在央行工作，”他解释道，“我们那里有古典人文学科（希腊和拉丁语）双优的人，有历史专业等其他专业的人。”

这反映了当时经济学一种特别的观点。“经济学”这个英文单词的词根来自两个希腊语单词，名词 oikos，意思是房子，以及动词 nemein，意思是管理。[2] 最初 oikonomia 被认为是独立于市场和交易之外的。人类学家克里斯·汉恩（Chris Hann）和基思·哈特（Keith Hart）指出，经济学的意思是“对于一户家庭具体事务强加的命令”，或者“整理住房”。[3] 对于这种最初含义的呼应出现在之后的几十年里：19 世纪英国小说家简·奥斯汀写女性“擅长经济”，指的是她们很会处理仆人的事务；20 世纪美国和英国学校里的烹饪和缝纫课程有时候被称作“家庭经济”（家政）。这种类似于管理工作的经济学视角也影响了英格兰银行的发展。

在英格兰银行建立后的最初两个世纪里，人们理所当然地认为金钱、社会和政治是互相交织的。英格兰银行不仅在政府的命令下印制钞票，它还发行政府债券，监督金融行业，并且保护城市的利益。所以 20 世纪中期被招进英格兰银行的年轻毕业生要能够灵活担任多个工作角色，并且对经济中金钱是怎样流动的有一个整体的观念。塔克入职英格兰银行时被安排在了金融监管部门，在那里他要追踪银行体系以及商业银行内部正在发生的事情。后来他被派到了宏观经济研究部门，使用正式的经济预测模型研究货币策略（他在假期和周末阅读了大量书籍以学习经济学知识）。[4] 后来他再次调离，去了香港，参与监督亚洲的证券市场。“到 20 世纪 80 年代末，大家清楚地认识到，如果英格兰银行想成为第一流的经济政策制定者，它必须提升自身的经济学能力。但是我们关注许多信号，而不仅仅是经济数据。”塔克解释道。

然而，20 世纪 90 年代，随着塔克在英格兰银行职务的逐步提升，他开始注意到大家认知和实践 oikonomia 也就是经济学的方式有了细微的变化。在 18、19 世纪时，亚当·斯密、托马斯·马尔萨斯（Tomas Malthus）、大卫·李嘉图（David Ricardo）和约翰·斯图尔特·穆勒（John Stuart Mill）开辟了研究经济的道路。那时候把经济力量和政治、文化分析结合在一起是很正常的方法。但是到了 19 世纪末，经济学成了一个独立的分支，与其他的社会科学分隔开来。随着 20 世纪的推进，这种分隔被深化。20 世纪中期，芝加哥大学的罗伯特·卢卡斯（Robert Lucas）等经济学家发展了一种经济学理论：假定人类总是在能被精确模拟的理性预期驱动下行动。这导向了另外一个假设，那就是像物理学有运动定律这样的普适规律一样，经济也受到均衡力量的驱动。经济学家开始使用越来越复杂的定量数学模型来确定和解释经济趋势。“在经济学中，数学方法的精妙和复杂性能够作为一种能力，帮助你通过实证检验，”古德哈特说，“数学模型能解决所有问题。”

对数学的痴迷不仅存在于理论经济学，也影响到了金融业。在卢卡斯发展出他基于理性预期的经济学观点之前，另外一名经济学家哈里·马科维茨（Harry Markowitz）创造了所谓的资本资产定价模型，尝试通过统计数据来衡量资产的风险（以及由此决定的价格）。这种方法使用了肯尼斯·阿罗（Kenneth Arrow）和杰拉德·德布鲁（Gerard Debreu）之前创造的一系列模型，变得非常有影响力。美国风险资本家和经济学家比尔·詹韦（Bill Janeway）指出："他们把阿罗–德布鲁数学模型当成了通往完全和高效市场乌托邦的路线图。"[5]

社会科学家有时会取笑这种对数字的痴迷。不随大流的经济学家也是如此。例如，1973 年，加利福尼亚大学洛杉矶分校思想格外自由的经济学家阿克塞尔·莱琼霍夫德（Axel Leijonhufvud）写了一篇滑稽的文章《经济学部落的生活》。在文中，他取笑了他的同事们对数学模型的痴迷，用维多利亚时代的人类学家描写原始部落的词语来描述这些人。"经济学部落中极端的小集团主义甚至是仇外的情绪，使得外人在他们中间的生活很是困难，甚至是危险。"他写道，[6]"对于这样一个原始的人群来说他们的社会结构却相当复杂。成年男性的地位取决于他制造出所在领域适用的数学模型的能力。"

确实，就如莱琼霍夫德所取笑的那样，经济学家们过于痴迷于那些"华丽的、仪式化的数学模型"，以至于如果一个学者不能展现出在制作数学工具上的能力，他都不可能在大学担任终身教职。那些对数学不那么感兴趣，却和其他学术部落，比如政治科学家和社会学家混在一起的经济学家，社会地位往往比较低。"经济学部落有三个特点：（1）非常重视地位；（2）地位只能通过制作这些数学模型来获取；（3）这些模型中的大部分几乎没有或者完全没有实际用途，这可能是这个部落的倒退和可怜的文化贫乏原因之所在。”他写道。[7]

莱琼霍夫德的评论给社会科学部门带来了欢乐，但是主流经济学家并没有理会。这个学科并不习惯于将自己视为一个部落，或者反思自己的文化模式。部分原因在于经济学家在自己的工作中就不重视社会分析。但是另外一个因素，也就是人类学家布尔迪厄经常提到的，这个“经济学部落”已经变得如此强大，以至于它没有动力来质疑现状了。到20世纪中期时，政府、公司和银行聘用了越来越多的经济学家来研究经济现状，并且预测未来局势。大部分普通旁观者都不知道经济学家到底是如何做出这些看起来很厉害的预测的。他们使用的复杂的数学模型对于不是专家的人来说是如此神秘，就如同中世纪欧洲天主教堂里面神父所说的拉丁语一样。对于外人来说，这些模型看起来非常强大，这些经济学家就如同神父一般。像伦敦政经学院这样的大学的经济学系则越来越像神学院了。

随着时间的推进，这种经济学上的神职化越来越得以强化。20世纪70年代，像塔克这样“仅仅”有哲学和数学学位的人就能够进入英格兰银行，到20世纪末的时候，经济学学士或博士学位已经被认为是在西方中央银行或财政部门工作的必要素质了。“前任行长埃迪·乔治（Eddie George）和我想招录更多经济学家，因为我们需要在经济分析上比肩英国财政部那帮专家。”默文·金后来解释道，“我们意识到，我们需要一些理解情况到底是如何运作，同时又不害怕分析的人。”美联储和美国财政部也是同样的模式。20世纪中叶，美国中央银行有时候还会招录一些持有法学学位、科学学位甚至没有学位的人，但是到世纪末的时候，他们新招进来的员工毫无例外都有经济学学位，有些还是博士，而且它的领导人也被期望具有同样的资质。阿兰·格林斯潘（Alan Greenspan）就是这一类人的代表。他 1987 年被任命为美联储主席时是持有经济学博士学位的。[8] 这一学位是他在职业生涯相对后期的时候取得的，也不像他的继任者中的博士那样享有那么高的学术威望。但是格林斯潘明显地感受到，获得经济学博士学位对于取得认可来说是非常重要的工具，甚至是必要的。后来的几年中格林斯潘一直尽力强调他对经济模型的热情。实际上，他是如此热衷于创造经济模型，就连担任美联储主席之后，他还在闲暇时间继续构建自己的模型。他称之为一种“爱好”。[9]

2002 年，塔克获得提拔，担任英格兰银行的市场监管分部负责人，这个分部是英格兰银行官僚架构中负责监督金融体系运作的部门。在纸面上，这似乎是一个很大的荣耀，因为市场团队负责人一直被认为是一个地位很高的职务。“埃迪·乔治过去常常把最好的经济学家放在市场团队里，因为大家都认为市场太重要了。”默文·金回忆道，“1992 年之前，英格兰银行货币政策的开胃菜是通过‘市场’实现的，尽管埃迪已经意识到了经济分析的重要性。”实际上，这次的提拔具有象征意义，它让银行的职工都在猜测塔克有可能最终成为整个英格兰银行的行长；也许在直率欢乐的外表下，他是一个充满野心的人。

但是，当塔克进入他天花板很高的新办公室之后，他发现他的晋升有一个很大的问题。到21世纪早期的时候，市场监管部门的地位已经下降了。1997年，新的英国政府上台，并决定全面改革中央银行运行的方式。中央银行被正式赋予了独立制定货币政策的权力，变得更像是一个专业机构了。[10]更重要的是，销售政府债券的业务被转交给了一家叫作“债务管理局”的政府机构，而监督其他各个银行的工作被转交给了另外一家政府机构金融服务管理局。这样英格兰银行就只剩下了一个“保持金融稳定”的模糊指令。

此外还有一个更为细微的问题。经济学家对货币的兴趣越来越小，这也被默认为对金融市场越来越缺乏兴趣。在某些方面，这种转变可能听起来很奇怪，毕竟，大部分非经济学家都认为，货币是现代经济的心脏，分析货币应当是经济学家的核心任务。但在20世纪后半段，随着越来越多的经济学家将经济作为一个由普遍规律控制的“体系”来思考，也就是从卢卡斯发展的这种理性预期经济学的视角出发，经济学家认识货币的方式发生了改变。货币本身不再是一个有趣的话题，而仅仅成了一种传动装置。货币能被视作有趣的唯一原因是它发射出了关于供给和需求的价格信号，类似于电路板上的电线。而且经济学家研究货币是为了理解实体经济的其他有意思部分（比如消费者需求和生产力）正在发生什么。这样的转变也体现在了英格兰银行和伦敦政经学院的书架上。20世纪中期，当塔克这样的人加入英格兰银行的时候，新入职员工学习的书籍是唐·帕廷金（Don Patinkin）的《货币，利息和价格》（*Money, Interest and Prices*）。另外一个热门读本是伦敦政经学院教授查尔斯·古德哈特写的《货币，信息和不确定性》（*Money,*

Information,and Uncertainty）。但是，到 21 世纪开端时，毕业生们的标志性读物变成了迈克尔·伍德福德（Michael Woodford）所著的大部头《利息与价格》（*Interest and Prices*）。“货币”（money）这个词从标题中消失了。“并没有什么宣言声称我们必须把货币赶出模式之外，但几乎是本能地，货币变成了一种被动选择，就像面纱一样。差不多每个人都认为经济的所有力量都作用于别的地方，也就是经济的实体面，而货币只是在做出回应。”塔克说。或者像后来负责金融服务管理局的阿代尔·特纳（Adair Turner）所说，“20 世纪七八十年代我们经历了巨大的变革。经济学变得越来越数学化了，所有的东西都必须放进一个模型里，而把信用和货币放进这些模型里很困难。银行学被从本科生的经济课程里面移除了。”

2003 年，也就是塔克获得提拔一年之后，新任命的英格兰银行行长就体现了这个趋势。默文·金戴着一副大眼镜，看起来是一位温文尔雅、有着顽皮幽默感的人。在 1990 年担任兼职顾问之前，他是伦敦政经学院著名的经济学教授。[11] 被任命为行长之前，他还担任了银行的首席经济学家。这次任命受到了伦敦各方的欢迎。默文·金享有极高的学术声望，他决心让英格兰银行变得独立而“专业”。尽管默文·金对货币政策和宏观经济感兴趣，但大家仍然认为他对货币是如何运作的并没有多少兴趣。他了解金融历史的轮廓，撰写过关于股票市场流动性的学术论文。他在伦敦政经学院当教授的时候甚至建立过一个团队来分析金融。“我在 20 世纪 90 年代做的一件事是要求我们新招的人都要开金融历史方面的课程，我还组织了餐间讨论会来谈论金融历史。”他说。但是他对研究当代市场的细枝末节并没有太大的热情。“默文是一名宏观经济学家。”他的同事古德哈特回忆道。这一立场在一定程度上反映了一种权宜之计：默文·金认为银行的优先任务之一是保持低通货膨胀。他的观点同样还反映了一种学术偏向：大部分经济学家认为，银行家们的卑鄙伎俩和身处高位的经济学分属于不同的思想盒子。哥伦比亚商学院教授查尔斯·卡洛米利斯（Charles Calomiris）指出，“当时美联储内部有一种强烈的观点认为经济学和金融是两种非常不同的东西。关注市场的人和研究宏观经济的人待在完全不同的部门里。”大学里也有类似的分裂。“单纯的”经济分析往往是在专门的经济系，而研究金融却是在商学院。媒体反映了这种差别并且强化了它。（在我工作的报社《金融时报》，经济部门和市场团队坐在不同的地方。正如我在其他地方描述过的那样，类似的模式存在于《华尔街日报》、彭博社和路透社，以及几乎所有其他大型新闻集团。[12]）“在世界上几乎所有的研究经济政策的地方，研究市场的人跟研究经济的人比起来简直就像是二等公民。”塔克指出，“市场曾经是一切的中心，我们确实需要对那几十年的做法进行一些修正，但是他们做过头了。”

这种分裂让塔克很沮丧。所以2002年，在被提拔为英格兰银行市场监管分部负责人后，他开始寻找方法把他的部门重新放回到整体格局中。120多人的市场监控团队每年都要写两份关于金融体系的全面报告，也就是《金融稳定性报告》，来解读银行和其他金融机构的业绩。这个团队还负责写一些常规的季度报告。通常这些研究关注的都是银行和股票市场，因为它们是这个体系之中最显眼、最规范的机构。但是塔克和他的同事们决定扩大视角，尤其是在已经是金融服务管理局而不是英格兰银行负责银行日常监管工作的情况下。金融服务管理局的员工不想让英格兰银行插手他们的事务。所以塔克鼓励他的团队探听银行之外金融体系中的碎片信息，也就是金融服务管理局权限之外的领域。

他们的研究揭示的现状令人震惊。传统上，中央银行和监管部门监督金融行业的时候，会专注于它们监管下的银行，因为这些银行似乎是这个体系中最重要的部分。后来，到 20 世纪后半叶，监管部门（和记者）开始更多地关注银行业之外的实体，比如说对冲基金。在 1998 年纽约的长期资本管理对冲基金几乎崩溃之后，这种关注得到了强化。[13] 但是，随着英格兰银行在 2002 年后把它们关注的视角扩大到了银行之外，他们发现了一些重要的东西：尽管对冲基金常常占据头条，但它们并不是银行以外的金融外围圈里唯一的怪兽；一大堆新的实体和产品正在出现，其中有些名字对于金融圈之外的人来说非常陌生，比如 CDO。其他的还有“管道”（conduit）投资工具和结构性投资工具（SIV），它们本质上是能够购买 CDO 这样的证券的投资工具。

这些实体并不符合中央银行和监管方之前用来划分世界的分类体系。它们不像传统的银行，也不吸收存款或发放贷款；相反，运营这些工具的人通过向投资者销售短期债券来筹集资金，然后把这些现金投入长期证券中，这些长期证券往往就是美国抵押担保债券。但这些实体也不是对冲基金，对冲基金主要的特点是从个人和富有的机构那里筹钱来投资高风险资产。但是结构性投资工具和

“管道”投资工具都让自己看起来尽可能平淡无奇，买入的都是理应非常安全的资产，比如3A级的CDO。

英格兰银行的官员有时会争论金融业的这些转变可能意味着什么。在美国，格林斯潘这样的官员倾向于认为这些创新是好的。他认为，它们展示了银行家们正在创造更加高效和新颖的方式在经济中运转货币。在欧洲，有些观察家却持有不同的观点。在瑞士巴塞尔，国际清算银行的两位顶尖经济学家克劳迪奥·博里奥（Claudio Borio）和威廉·怀特（William White）警告说这些创新可能有危险，因为没有人知道它们把信贷风险扩散到了哪里。塔克的一些同事，比如经济学家安迪·霍尔丹（Andy Haldane）则表达了对过度借贷水平的不安。但在英格兰银行内部，大部分人要么没有意识到在发生什么，要么不愿意公开发声。他们认为这是金融服务管理局这样的监管部门的工作，而不应该由经济学家来观察这些新金融趋势，因为金融服务管理局才有职权来管制银行。并且，就像默文·金有时候向他的同事们指出的那样，英格兰银行没有抑制潜在泡沫的政策工具。它被允许做的跟银行相关的唯一一件事就是发布《金融稳定性报告》，或者私下告知金融服务管理局它的关切。“就算我们说出来（我们发现的情况），我们什么也做不了，因为我们没有那个权力。”默文·金说。他不是那种想要打破官僚规则或者尝试重新定义英格兰银行权力的人；相反，他更喜欢把注意力集中在自己认为最重要的任务上：担忧“真正的”经济。

2006年12月底，在塔克被提拔为英格兰银行市场监管分部负责人四年之后，他拜访了荣誉炮兵连（Honourable Artillery Company）的伦敦总部。这家公司在1537年由亨利三世创立。塔克被邀请去为一群英国贵族们演讲，介绍经济前景。这是一项常规工作，但是，塔克感到很困惑。[14] 对于大部分观察家来说，西方世界似乎正在经历一个经济的黄金时代。事实上，经济环境看起来是如此乐观，以至于经济学家将21世纪的头十年命名为“大缓和”或“大稳定”。“一些经济学家所说的大稳定的特点，到现在为止都是很常见的……就是平均较低的通胀率，以及较产出增长和通胀都低得多的波动率，”[15] 塔克站在历史悠久的木嵌大厅里，向听众们解说道，“私营部门的需求增长相当稳健，并且将在至少一小段时间内持续这一势头。世界增长加权对于英国贸易的作用仍然很牢靠，业务投资似乎在恢复，而且消费看起来很可能会增长到平均水平。”用英国中央银行术语翻译过来，这意味着如果把经济比作一架飞机，它正在正确的方向上飞行，并且飞行员的仪表板上大部分的转盘显示一切良好，大家都可以放松了。

但是，仍然有另外一个经济数据，或者说仪表板上的转盘，让塔克感到不安，这就是被称作“广义货币”的统计数列，也就是M4，它显示的是经济中正在流通的现金和信贷量。古典经济理论认为，当经济快速扩展时，经济中的广义货币和商品价格（也就是通货膨胀）会一起增长。相反，增长放缓的时候，广义货币的增长也会慢下来，这往往会降低通胀。实际上，这样的关系如此明确，以至于20世纪中期，中央银行经常会基于广义货币的数据而决定是否提高利率。

但是在2006年12月，这种长期稳定的关系被破坏了。英国的通胀率很低，大约是2%，经济的增长率看起来也很健康，并不过度。但是，经济飞机仪表盘上的M4转盘却出现了失控旋转。“英国的广义货币一年上涨了15%，两年内上涨了超过25%。”塔克说道。[16]

这样一种不匹配的情况有问题吗？几个月前，塔克让他的几个下属进行了调查，想弄清楚为什么M4扩展得如此之快。他的团队告诉他，主要原因是数据中被标为“其他金融企业”（OFC）的一群实体带来的借贷量的快速增长。这个OFC篮子其实就是“杂项”盒子，统计学家把所有不适合常规分类体系的东西都放了进去。这些实体被它们并不从属的类别所定义，也就是说，它们不是银行、经纪人、保险公司或者统计学家非常了解的实体。

塔克要求他的团队深入挖掘这个OFC杂项盒子。他们发现了OFC盒子内部第二项未定义的实体杂项类别叫作“其他金融中介”（OFI）。统计学家把“杂项中的杂项”放到了这个类别里，这个杂项部分离常规的分类体系就更远了。关于这些实体的数据非常粗略，但是塔克的同事们猜测，这个盒子里的实体大部分都是CDO、SIV、“管道”，或者塔克的团队早在2002年就首先发现的“丛林中的新怪兽”。“在过去一年里，OFC货币增长最大的贡献来源其实是OFI（贡献率达到了非常高的17个百分点），”[17]塔克向荣誉炮兵连大厅的听众们解释道，“总体上，OFI过去两年的年增长率达到了40%多。”[18]

这对整体经济来说有什么意义吗？这似乎很难讲，因为那些进行宏观经济分析的人没有想要把核心经济数据趋势和这个阴暗的 OFC 世界里发生的事情联系起来。“想要判断广义货币，或者说 OFC 货币增长对于宏观经济的意义实在是非常困难，”塔克感叹道，“我们几乎没有什么关于 OFC 货币对宏观经济意义的研究。”[19] 这个区域是地图上空白的部分，就像是布尔迪厄的村庄舞厅里不跳舞的那些人一样。经济学家们正在观察他们认为自己应当观察的部分，也就是“实体”的经济数据，没有去关注这个世界以外的其他经济成分，或者说他们没有尝试去把不同的领域联系起来。事实上，金融和经济的分裂已经根深蒂固，以至于很多经济学家根本就没有注意到它。他们花了大量的时间来研究那些数学等式的各种细节，但是很少去思考他们使用的分类体系，或者意识到给这种分类体系强加上的边界。

“有没有人尝试过把 CDO 方面发生的事情和宏观经济联系起来呢？事后来看，答案是并不足够。”默文·金说道，“但问题是这之后会带来什么？这不是因为大家没有研究 CDO……但是有太多人专注于细节，做了太多的论文，导致只见树木，不见森林。”默文·金后来想要弄清楚到底发生了什么问题，他倾向于认为英格兰银行躲在办公室里做研究的知识分子太多了，而不是太少了。但是，这些聪明人就没有关注对地方。默文·金这样的专家知道所有金融创新产品的存在。在塔克的演讲后不久，默文·金就在伦敦市另外一个庄严的机构——市长官邸——和听众的谈话中提到了这些创新。但是默文·金并没有花太多（或者任何）时间来思考这些陌生的金融怪兽的出现对货币政策到底意味着什么。“大部分公共机构都受同一个问题困扰，那就是聪明的年轻人太多，但是经验丰富、有能力、能够发现和区分重要和不重要细节的人很少。”他感叹道，“我们在分析方面最大的问题就是难以说服年轻人去关注全局，也难以说服他们的管理者去勾画出全局。”而他的一些同事可能会补充道，这其中也包括英国中央银行的最高领导层，包括默文·金自己。

2007 年 4 月，塔克进行了另一次公开演讲。这次的场所是在一家精致的伦敦酒店举行的对冲基金会议上，会议组织者是华尔街对冲基金银行美林集团。会场气氛活跃。“世界经济增长稳健，工业化国家的整体通货膨胀率仍在控制范围内，简而言之，世界经济正处于进一步的货币和金融稳定阶段。”塔克在会议室里向听众们说道，“银行和证券经纪公司的利润都相当不错，基金部门，也就是在场大部分人的收益都很健康。”[20] 用英国中央银行的术语翻译过来，就是说当下形势良好，参加美林会议的男士（以及小部分女士）们正在变得越来越富有。

但是，塔克再一次感到不安。在他看来，经济仪表板上的转盘似乎并不是在以正常的方式转动。通胀和增长的数字看起来仍然很健康，但是广义货币持续上涨，住房和股票这样的资本价格也是如此。为了抑制这样的增长，英格兰银行和美联储等中央银行不断提高利率，以提高借贷的成本。但是这种货币紧缩政策并没有停止这场狂欢。货币仍然以一种大家并不能完全理解的速度在经济中流通。如果你对照常规的经济模型，这种情况确实难以理解。

塔克怀疑这种矛盾的根源存在于银行以外的实体中。所有这些 CDO、SIV 和“管道”推动着货币以一种政策制定者和经济学家不能理解的方式在经济中流动。但是有这样一种预感是一回事，在数据稀少的情况下去证明某件事真的有问题则困难得多。无论如何，默文·金已经向他的同事们表达得很清楚，他不希望英格兰银行拉响太多的警钟，这是金融服务管理局的责任。

所以塔克认为，最好的办法就是指明这些新的、难以定义的金融实体的存在，然后让投资者们自己去下结论。他希望更多的公开讨论和审视能够让这些创新得到良好控制。“金融业中重要的中介不再只是银行、证券交易公司、保险公司、共同基金和养老保险基金，”他向美林会议的听众们说道，“它们还包括对冲基金、CDO、专业保险公司的金融担保、信用衍生品公司、SIV、商业票据管道、杠杆收购基金等等。SIV 可能持有保险公司打包的 3A 级的 CDO，3A 级 CDO 可能持有其他的 CDO……并且持有各种类型的杠杆收购以及和房贷捆绑在一起的资产担保证券。”[21]

塔克知道这对大部分听众来说就像是听天书一样。事实上，这个阴影下的世界容易被忽略的一个原因正是因为它难以理解的语言。在一个技术变得越来越复杂的世界里，我们都倾向于把自己的视线从那些我们不能理解的专业术语上移开。专家们能够行使权力正是因为他们将自己的专业技能包装在了“极客”（geek）的保护区内。如果不能用大家广泛接受的词语来表达观点，就很难就这一观点开展公开讨论。而在非银行的金融问题上，似乎就没有这样可用的词语存在。

所以，塔克站在美林会议的大厅里，想要向他的听众们提供一些能够把术语穿起来的思想标签。与其将这些新的创新产品以奇怪的缩写来指代，比如什么 CDO、SIV 或者 OFC 的 OFI，为什么不用一些更吸引人的标签呢？他提出，也许“车辆金融”（vehicular finance）能让大家理解？毕竟，货币是通过金融“车辆”来运载的。或者“俄罗斯套娃金融”（Russian doll finance）这样的词语能否解释当下的情况呢？这些实体互相之间的联系是如此紧密，它们就像是俄罗斯套娃那样一个套一个。[22]然后塔克向听众展示了一张图表，解释了他认为这些金融实体是如何运作的。他希望无法用语言准确表达含义的内容能够用图片进行良好的沟通。“这可能有用，也可能没啥用。”他开玩笑地说道。

这确实没用。“车辆金融”这个词并不上口，而且让大家联想到的是车辆，而不是高端金融。“俄罗斯套娃金融”则听起来像是跟阴暗的寡头政治有什么关系。记者们后来报道塔克在美林会议上的演讲时，几乎所有人都忽略了他谈论现代金融的部分。相反，他们只关注塔克的演讲中一些平淡的评论，这些评论谈的问题是这些记者（以及经济学家）能够认可的：英国住房市场的现状、通胀趋势、利率。毕竟，这些才是记者和经济学家的思想地图中核心的问题。在报纸头条中使用“OFC 的 OFI”这一说法根本引不起反响，它离主流思想地图太遥远了。OFI 属于社会科学的领域。[23]

4 个月后，塔克想要的认知和语言学上的突破出现了。但是，这一步并不是在英格兰银行内部发生的，而是在西边 4000 英里以外。1978 年以来的每年 8 月，堪萨斯市的联邦储备银行都会组织一个备受瞩目的学术经济学家、中央银行官员、记者和政府官员的聚会，地点是在落基山脉滑雪胜地杰克逊·霍尔（Jackson Hole）。[24]这些高海拔的讨论通常是无聊且学术性的，但是2007年8月的这场年度聚会气氛却大为不同，它在令人担忧的背景下举行：世界范围内，金融市场正在经历冰冻之寒。

这次危机最初的迹象出现在夏天开始时，美国与房贷相关的债券价格出现下滑。最初，大部分观察家都认为这种情况只是暂时的波动。毕竟，他们推断，到2007年夏天，全球经济已经经历了长期的繁荣，并且把房价带得越来越高了，这样的修正和调整看起来是自然的，甚至是不可避免的。在美联储，经济学教授本·伯南克（Ben Bernanke）接替阿兰·格林斯潘担任了主席。他宣称这次动荡将很快结束，抵押债券的损失不会超过250亿美元，对美国经济来说这只是很小的一部分。[25]英格兰银行行长默文·金表达了类似的想法。似乎没有什么理由值得惊慌。

但随着夏天的流逝，焦虑感也在不断加深。在世界范围内，不同的投资团体间开始拒绝进行交易，银行的市场信心正在崩溃。抵押债券这样的资产价格的下滑已经失去控制。这一恐慌的程度让8月聚集在杰克逊·霍尔的经济学家们非常困惑。毕竟，数据显示欧洲和美国的“实体”经济的状态非常健康，银行部门的数据看起来也很让人安心。

但在杰克逊·霍尔会议的第二天，来自加利福尼亚州的一个名叫保罗·麦卡利（Paul McCulley）的资产经理发表了令人振奋的言论。[26]他是经济学世界里特立独行的那种人，尽管他为债券基金巨头PIMCO工作，却扎着长长的灰色马尾辫。[27]他接受过经济学家的专业训练，也熟悉抽象模型。他还喜欢和交易员聊天，了解全球金融体系以及在全世界运转的货币表面平静的“管道系统”中最黑暗的野草部分正在发生什么。这个视角意味着麦卡利非常了解塔克注意到的那些金融工具。他不喜欢这些东西，他害怕这些创新的设计根本上是不稳定的，并且他一再地跟 PIMCO 加州橘郡办公室的同事（以及其他能听进去他的话的人）说，避免和 SIV、“管道”以及其他的工具进行交易。不知为何，麦卡利在 PIMCO 办公室里和同事们讨论这些问题时，开始使用“影子银行”这个说法来描述这些陌生的怪兽。“我不知道‘影子银行’这个词是怎么来的，我可能是从哪个学者或者谁那儿听说的，”他后来回忆道，“我们开始用这个词是因为这么用很方便。”

当麦卡利站在杰克逊·霍尔的会议讲台上，面对着中央银行的官员和经济学家们时，他几乎不假思索地选择了他最喜欢的短语来向大家说明全球市场正在发生的事情。“当前的情况是影子银行体系面临挤兑。”他把这种模式比作老式的银行挤兑，并且认为如果这种挤兑持续下去，将非常危险，这是因为之前几乎没有人注意到这个部门。[28]“正是资产高达 1.3 万亿美元的影子银行体系成了我们目前面临最大的问题。”[29]他的评论产生了惊人的效果。那时候，大部分的经济学家和政策制定者从来没有思考过在“已知”的银行和对冲基金的世界之外是怎样的情况，但是麦卡利一下子给这个领域命了名，中央银行的官员们现在有了一个他们可以在演讲中使用的短语，记者们也有了一个能够放进头条里吸引人的词语，经济学家的图表、专栏和博客也有了标题。[30]更进一步，麦卡利还提供了一个框架帮助大家理解为什么市场在冻结。这次挤兑的技术细节很复杂，但根本上是一直为这些影子银行提供资金的投资者陷入了恐慌，因为他们意识到这些影子银行聚集了大量的抵押担保证券，[31] 如果没有了资金支持，它们就会开始崩溃。

如果这些影子银行的规模不大，这样的恐慌可能不会有更广泛的影响。但是麦卡利解释道，问题就在于影子银行以政策制定者没有发现的方式与金融体系中大量的部分相互交织，它们就像是森林里的树根，不为外人所知，但是规模巨大，并且是一个把整个生态体系联系到一起的网络。更重要的是，它们把信贷注入经济中的方式影响了许多其他的资产价格，使得经济和金融体系的一部分过热。这些实体本身没有创造让泡沫膨胀的信贷，信贷来自像中国这样的国家的大量存款以及世界上其他失调的要素。但是这些实体在经济中循环货币的速度之快和数量之巨使得鲜有观察家能够发现整个体系已经以一种危险的方式负债（或者用经济学家喜欢的词语——杠杆）累累。这是一个经典的经济波动周期，海曼·明斯基（Hyman Minsky）这样的经济学家在20世纪中期就提醒过大家注意这种危险。但是在这个21世纪泡沫和泡沫破灭的案例中，很少有观察家意识到过度杠杆的数量和危险，直到一切都为时已晚，这很大程度上就是因为他们忽略了影子银行。现在，有了这样一个名字，他们终于找到方法来重新架构这次创造了巨大混乱的重击。

杰克逊·霍尔会议之后的几个月里，信贷危机日益加深，政策制定者们重铸了他们对世界的看法。在纽约联储银行，一队研究人员开始努力绘制这一影子银行新世界的地图，以更好地了解它。这个任务是漫长而艰巨的，因为这部分的数据不完整。但是这个团队煞费苦心想要弄明白，在金融的新战线，这些金融流之间是如何互动的。“我们从各种不同的来源拿到了我们能够拿到的所有信息，在其中不断地寻找线索，想把所有东西都串联起来。”领导这一项目的匈牙利出生的年轻研究人员佐尔坦·波撒（Zoltan Pozsar）说。

几个月后，他们努力的成果出台，形成了一个地图一样的东西。那时候，佐尔坦的团队意识到他们所发现的世界是如此巨大和复杂，在一张图表中把它绘制出来的唯一办法就是制作一个宽达数英尺的海报。这张图实在是太大了，大部分人都没法把它挂在自己的墙上，就算是中央银行天花板极高的洞穴状办公室也不行。但是在某种程度上，这也说明了关键点所在：影子银行部门是如此巨大，以至于没有人能够忽略它。每个见过那张巨大的“影子银行海报”的人都不得不改变他们脑海中金融的印象。以前大家都认为银行是金融体系的中心，影子银行只是次要的东西，现在却明白了，影子银行也在这个体系的中心。像货币市场基金这样的工具是这个影子金融世界的关键支柱。看到这张地图所产生的认知转换有点儿像之前 16 世纪时数学家哥白尼在他的图中展示了是地球绕着太阳转而不是太阳绕着地球转一样。

佐尔坦的团队把一张影子银行海报给了塔克。海报太大了，也没法挂在他办公室的墙上。无论如何，在大理石地板、精细柔和的油漆、华美的天花板吊顶、厚重的油画装饰下的历史悠久的英国中央银行走廊里，这幅地图显得格格不入。但是塔克把这幅卷起来的海报放在了办公室的角落里，有时候会把它指给来访者看。“我把它放在那里是为了精神安慰！”他开玩笑地解释道，言语中透露出一些后悔，“如果我们 2007 年之前能够了解影子银行部门，这个泡沫可能不会变得这么严重。”

在之后的时间里，塔克和其他监管人员对这个影子下的金融世界进行了越来越多的分析。位于巴塞尔的由各国中央银行和监管部门联合组成的委员会——金融稳定委员会（FSB）着手努力衡量影子银行世界的规模。最初，当保罗·麦卡利普及这个词汇时，他指出，影子银行世界的规模按照狭义定义来算可能是 1.3 万亿美元。但是，金融稳定性委员会决定采用一个更广义的解释，其中不仅包含了管道和 SIV，还有对冲基金、共同基金以及其他的工具。这样算下来，影子银行的规模比麦卡利最初的估计高 60 倍，2011 年达到了约 67 万亿美元。这是世界官方银行部门规模的一半，比美国的经济规模大 4 倍。一些金融人士质疑了这一数据，并且抱怨说金融稳定委员会对于影子银行的定义太广泛了。该委员会因此重新计算了数据，使用了一个狭义一些的定义，得出的结论是这一部门的真正规模接近 27 万亿美元，而不是 67 万亿美元。但是没有争议的是，监管人员和经济学家都必须对这个世界予以关注，并且重新思考他们对于金融的心理意象。“长久以来，全球监管机构忽视了影子银行世界，这必须要改变。”在危机中担任加拿大银行主管，之后又成为金融稳定委员会主席（后来又到了英格兰银行工作）的马克·加尼（Mark Carney）说道。[32]

2009 年夏天，女王访问伦敦政经学院大约一年之后，英国最负盛名的学术俱乐部之一皇家艺术院组织了一个经济学家的会议。参与者包括了许多经济学领域的资深人士，其中有高盛集团首席经济学家吉姆·奥尼尔（Jim O' Neill），英格兰货币政策委员会成员蒂姆·贝斯利（Tim Besley），英国财政部高级官员尼克·麦克弗森（Nick Macpherson）。塔克也间接参与了讨论。在几个小时的时间里，这一批人讨论了女王在2008年提出来的问题：为什么没有人预见到这次糟糕危机的来临？经济学家们决定向王室写一封正式的解释信。这封信长达三页纸，详细地列出了经济学家们为什么没有发现问题的原因。但是基本的信息很简单：政策制定者出现盲点最大的一个原因是整个体系的分裂化。宏观经济学家关注的是经济数据，但是忽视了金融部分的细节。银行监管方观察的是各家银行，却没有关注非银行的部分。一些在私营银行工作的金融人士是影子银行方面的专家，但是他们和中央银行的资深经济学家之间又缺少沟通。同时，在“实体”经济中真正借钱的那些人，比如说房主或公司，根本就不知道外面的金融生态体系是怎么运作的。瑞银集团的机构是分裂的，伦敦的交易员不知道纽约的人在做什么。跟他们一样，政策制定者们也没有能够交换关键的信息，或者跳出他们专业所在的部门去看看外面的世界。经济学家们就待在各自狭窄的领域里，不觉得自己需要冒险跳出那个盒子，因为经济看起来状况良好。因此，他们没能发现最关键的点，也就是整个系统杠杆（即债务）超负荷了。

“当时有一种拒绝承认的心理。”解释信中说道，“因为低利率使得借款很便宜，‘感觉良好的因素’掩盖了世界经济在良好表面下的失常。每个人的工作似乎都做得不错。根据成功的标准尺度，他们确实做得很好。失败的地方在于大家没能发现，把各自的工作加起来就出现了很多相互关联的不平衡，而这种不平衡状态没有哪个单一的机构具有管辖权。”正如信件中总结的那样：“女王陛下，没有能够预见此次危机的时间点、内容和严重程度，也没能够阻止它的发生，尽管有许多原因，最主要的是许多智慧的人没有能够形成集体思考，从整体上理解这次体系的危机，这在英国和国际社会都是如此。”[33]

没有人知道女王对这封信有什么看法，她没有给过回复。但在后面的几个月，大西洋两岸的政策制定机构都想赶紧展示出至少他们已经吸取了一部分教训。他们发起了许多行动来培训经济学家以一种更加广阔的视角来研究他们的学科。亿万富翁、慈善家和对冲基金管理者乔治·索罗斯（George Soros）支持了纽约一家叫作“新经济思维研究所”的机构推广经济学研究中更为全面的方法。英国主要监管机构的前任主管阿代尔·特纳被任命为它的第二位主席。特纳解释说：“我们必须彻底重新思考应该如何讨论经济学和培训经济学家。”大学也开设了项目，将金融研究和宏观经济学联系起来。经济学学生对于行为金融学的兴趣高涨，这是一门混合了经济学和心理学的科目。甚至有一些最知名和资深的经济学家宣布，现在是时候重新思考经济学开展的方式，不再依赖于模型和数字的狭窄视野了。“信贷危机颠覆了我对世界运行方式的看法。”阿兰·格林斯潘承认道，“在我们最需要它们的时候，这些模型却不起作用了。”[34]

政策制定者们同样也在通过结构改革推广一种更为综合的思考方式。在伦敦，英国政府宣布撤回1997年将货币政策制定和金融监管任务分离的决定，再一次把这些不同的功能结合起来，放在同一个机构里。所以金融服务管理局作为一个独立的机构被关闭了，它的职能被另外两个机构接管［金融市场行为监管局（FCA）和审慎监管局］。FCA在英格兰银行的监督下运行。政府希望，通过以这样的方式调整机构，政策制定者不得不在考虑宏观经济目标的同时关注微观金融问题，而不是把它们放在不同的思想和机构的篮子里。[35]政府还创立了一个新的"金融政策委员会"，与向英格兰银行提供咨询建议的"货币政策委员会"相匹配。英格兰银行默默地改变了它的招聘政策，它不再只从大学的经济系招聘员工，也会招进一些非经济学家。"我们需要思想的多样性。"2013年底接替默文·金担任英格兰银行行长的马克·加尼说。2014年初，加尼更进一步，推动了英格兰银行的大规模重组。老的部门结构被打破，整个机构被重新塑造成"单一银行"的结构。[36]负责金融稳定性团队的霍尔丹被调到了经济学团队。这是为了强迫经济和金融分析在一个整体、在银行的每个层级共存。[37]

大西洋的另外一边也采取了类似的行动，虽然可能不像伦敦这么激进和彻底。2010年，美国政府建立了金融稳定监督委员会，来协调各个美国监管机构的工作。[38]财政部成立了金融研究办公室（OFR），来全面监督金融数据。经济学家理查德·伯纳（Richard Berner）被任命负责金融研究办公室。他为了说明他们的任务，在办公室墙上贴了一张海报，海报上是一个像交通标志一样的红色斜杠，宣告对谷仓的禁止。[39]“我们这里是没有谷仓的地方！”他总是说，“我们知道谷仓以前是个严重的问题，但是我们现在想要改变！”这是危机后世界的标志性口号。

但是这一系列令人眩晕的改革能不能让政策制定者们不再眼盲呢？保罗·塔克经常问他自己这个问题。对他来说，危机之后的几年有苦有甜。2013年，他被提拔为英格兰银行副行长，并且被认为是在默文·金2014年退休后接替他的头号人选。但是2013年底，英国财政大臣乔治·奥斯本（George Osborne）跳过了塔克，而选择了加尼。这对把整个职业生涯贡献给英格兰银行的塔克来说是一次沉重的打击。但是这也是一个信号，说明英格兰银行的领导层、政策制定者和经济学家们被认为严重地失职了。伦敦市政府内有人认为塔克相对来说在发现问题方面做得更好，但是英格兰银行领导层的失职过于严重，奥斯本认为不得不找一个新面孔。[40]

塔克有时候会思考，如果他和其他人之前更加有力地说出了他们的担忧，事情会变得怎么样。英格兰银行会不会就能在早期戳破这个泡沫？一些早期的明确警告能不能迫使格林斯潘和默文·金思考现状，要求他们的员工关注宏观经济数据和他们所喜爱的模型之外的世界？他们会不会更仔细地观察金融的基础问题？他们这样做了，是不是就能了解系统中存在多少杠杆或者说债务？没有人知道答案。但是塔克知道的是，想要解决谷仓的问题，机构的重新洗牌或者言语上的各种声明是远远不够的。“这是一个现象学的问题，一个认识论的问题。”他使用了希腊语中描绘知识体系的词语。许多年前，当他在剑桥大学获得数学学位、开始研究哲学的时候，他就早早地思考过认识论，或者说什么算是知识。在他离开这些领域之后的几十年里，他投入到了正统经济学之中。而这次危机让他重新认识到了文科教育的价值。

“打破谷仓的关键不是一系列的行动而是思想态度的改变，要拥有好奇心和一种豁达的精神（来听取他人的想法）。”他解释道，“在过去我们存在‘两边不靠’的情况，有些工作掉到了监管方关注的领域之间的夹缝里，现在我们为了避免谷仓，又出现互相重叠的现象。并且，因为不同的主题是有联系的，重叠会给机构带来不方便，但是两边不靠对社会是危险的。”

塔克总结道，这意味着，真正的考验会在未来到来。“一切顺利的时候，没有人关注谷仓。实际上，重叠很容易导致圈地战争。谷仓成了一种制度平衡，只有当谷仓成为问题的时候人们才会注意到它。”或者换个说法，一组专家需要对他们划分世界的方式进行讨论的真正关键的时刻不是危机出现的时候，而是在成功的时刻。

英格兰银行或者其他机构有没有人能够冲破这种盲区呢？塔克经常问自己。他没有什么简单的答案。但在本书的第二部分，我会转向这个至关重要的问题，关注一些个人和机构是如何努力避免陷入瑞银集团和索尼，以及更广泛的经济学专业领域曾经遭受的陷阱。这些故事并不是盖棺定论的成功案例。它们之中有胜利也有失败。但是将它们联系起来的是其中的个人都意识到了谷仓的危险，并且努力用创新的方式来应对。因此，我们能够从他们那儿学习到一些经验教训。我们将会关注脸书是怎样通过引入措施，阻止专业团队过度的保护主义和内向导向，而建立自己的“反索尼”风格的。我们还会探索蓝山资本是怎样避免像瑞银集团和花旗集团那样深受谷仓心态所害，并且积极利用其他大银行的弱点大发其财的。我们还会看到俄亥俄州克利夫兰医学中心的医生们是如何质疑他们的分类体系，变得更具创新力和自由思考的。这个故事和英格兰银行所处的领域相隔甚远，但是，如果经济学领域采用了克利夫兰医学中心的医生们所使用的一些方法，政策制定者们就能在 2008 年之前更好地理解金融体系。

不过，我们会以一个人而不是一个机构的故事开始这个部分。他是一名专业能力很强的技术性企业家，他决定离开自己在创业公司 OpenTable Internet 的舒适工作，开启自己的破除谷仓行动，在芝加哥一些情况最严峻、暴力事件多发的街道与警察们合作。

第二部分

企业机会出现在边界被打破的地方

第五章
带枪极客：个人如何打破生活中的谷仓

你无法预先把点点滴滴串联起来，只有在未来回顾时，你才会明白它们是如何串在一起的。所以你必须相信这些点滴会在未来以某种方式连接到一起。

——史蒂夫·乔布斯[1]

一架飞机在芝加哥中途机场的跑道上滑行，布雷特·戈德斯坦（Brett Goldstein）坐在机上靠后的座位上，感到一阵恐惧。这理应是平凡的一天。26岁的戈德斯坦之前两年一直在运营OpenTable。OpenTable是1999年互联网泡沫之前最后一批互联网创业公司之一，业务是帮助大家在线上预订餐馆座位。就工作而言，在当时这是一份这个行业的年轻人都想拥有的美差。因为 OpenTable 想扩展海外业务，戈德斯坦经常飞来飞去，四处出差。

但是，2001 年 9 月 11 日那天，戈德斯坦坐在座位上，意识到自己舒适的世界正在土崩瓦解。他身边各种手机和呼机声响起，机上广播里传来一个声音，要求大家下机。困惑的戈德斯坦和乘客们一起走回了机场航站楼。航站楼里格外安静，一群群人都在电视屏幕前呆立着。“当时的场面很有意思，因为通常在机场，大家都来来往往，各自赶路，但那天不是这样。”他后来回忆道。相反，乘客们挤成一团，静静地看着一架飞机冲进了世界贸易中心。戈德斯坦既困惑又恐慌，他尝试给芝加哥家中的妻子以及分散在世界各地的同事打电话，但手机都打不通。最后，他终于找到了一个公用电话。他回忆道：“我打通了我们公司客服中心的号码 1–800–OpenTable，然后开始询问所有员工的情况，因为我们在外出差的人非常多。我还给我的妻子发了条信息，告诉她‘我不知道该怎么办好了’。”

戈德斯坦跌跌撞撞地坐进了一辆车里，回到了位于芝加哥市郊的家中。他在车里听到广播说世贸中心大楼倒塌，一架飞机坠毁，数千人死亡。“那段回家的路特别漫长。”戈德斯坦回忆道。当他坐在车里听着广播的时候，内心有些东西突然闪动。在那个时刻之前，戈德斯坦认为自己的生活一切顺利，但是突然地，他不再满意了。“我听着 NPR（全国公共广播电台），看着 CNN（美国有线电视新闻网），意识到那一天有很多人都在做着非常重要的事情。”他解释道，“所以我问自己，我整个人生的目标就是建立一个大型的网络平台，帮助大家外出吃饭吗？我帮助到的是我们的人口中能够去很好的餐馆吃饭的那部分人，为他们提供便利，这个想法很不错，我们做得也挺好，但我当时突然明白过来，我要去做一些更有意义的事情。”

这不是戈德斯坦第一次考虑社会服务工作。大学的时候他曾经是志愿急救医务人员，还短暂考虑过去医学院工作。但是他现在能做什么呢？之后的几个月里，戈德斯坦重新回到了工作岗位上，他和整个国家都在从这次悲剧中慢慢恢复。OpenTable 的业务急速扩张，持续的出差和工作让他保持着忙碌状态。但在少有的安静时刻，他仍然反复思考着自己还能去做些什么。他最初认为，回馈世界最好的方式是做慈善，或者做一些社区志愿工作。这毕竟是大部分人都会选择的常规道路。“2002 年或者 2003 年的时候，本地电视台有个节目说公共卫生部门需要志愿者为老人和无家可归的人做冬季体检，我当时就想，‘这太棒了，这很不错啊。’”但这仍然不能令他满意。他有一种说不清道不明的、想要做出重大改变的冲动。然后在一个周末，他翻看报纸时看到了一篇文章，说要招募白领专业人士加入纽约的警察反恐项目。[2] 戈德斯坦对此非常感兴趣。他不想把家从芝加哥附近搬到纽约。但是他能不能把同样的项目复制到芝加哥警方这里呢？

当戈德斯坦把这个想法告诉朋友和家人的时候，他们大部分都表示困惑。芝加哥是美国最暴力的城市之一。因为一些街区的人均死亡数有时能跟战争地区一样高，美国联邦调查局（FBI）把芝加哥称为美国的“谋杀之都”。[3]芝加哥的警察力量也因粗暴、强硬而“名声”在外，相关丑闻时有爆发。芝加哥警察还有长期以来形成的骄傲传统，对外人并不友好。戈德斯坦在波士顿安静的郊区长大，他开玩笑说，“自己上的就是传说中的那种寄宿学校”。他又瘦又害羞，不得不在 OpenTable 公司的同事们面前公开讲话的时候他都会紧张。他从没碰过枪，只在好莱坞电影里见过巡逻警车。“我父母吓坏了。没有人理解为什么一个带领 OpenTable 发展顺利的人想要去当警察。大家都说，好吧，如果你真的想做公共服务，那很棒，但是去找个学术职位或者给兰德公司干活就好了嘛。”

不过，唯一一个支持戈德斯坦的人，正是他的妻子萨拉。所以他决定坚持。他做了研究，发现想要真的加入芝加哥警察局可能要花 5 年之久。所以他默默注册了，准备参加笔试，没过多久就去了伊利诺伊大学芝加哥分校（UIC）体育馆，和其他几千名候选人一起参加警局测试。他顺利通过测试，获得了一个申请号码。然后就是等待了。

警察们拿到戈德斯坦的申请时，简直和他的父母一样困惑。“他们做了背景调查，有一位女士来面试我和我的妻子萨拉，”戈德斯坦回忆道，“这位女士脸上的表情就像在说，你确定你真的想当警察吗？”戈德斯坦坚持说他想。他的脑海中有一个想法：如果他成功加入了警局，他在那里能不能用上一些自己的专业经验？他能不能找到一种办法来服务，甚至更好地提升这个体系？他当时还并不知道自己到底应该怎样去做。但是冲破重重困难，并且在他自己也没怎么意识到的情况下，戈德斯坦就要开始一段旅程，这段旅程不仅会改变他自己的生活，而且还很好地展示了关于谷仓的道理——或者说，展示了关于如何打破谷仓的道理。

在本书的前半部分，我解释了人是如何将周围的世界归类到思想的、社会的和机构的盒子里，而这些盒子往往会转化成专门的谷仓。这些谷仓僵化之后，常常会导致人们以愚蠢的或破坏性的方式行动。谷仓让人看不到机会，也意识不到风险的存在，而这是非常危险的。不过，在本书的第二部分，我的重点不在于谷仓产生的问题，而是探讨应对谷仓效应可能的解决方案。这其中的一些方法包括改变机构文化或者团体结构的大策略。但在关注机构之前，不妨把目光投向个人。毕竟，机构就是庞大人群的集合，而我们对抗谷仓风险能够采取的最基本步骤之一不是从领导委员会、组织结构图或者大战略计划出发，而是从我们的头脑开始。

让我们再回忆一下第一章中人类学家皮埃尔·布尔迪厄的故事。他通过将自己沉浸在另外一种文化中的体验来获取生活的全新视角。投入另外一个世界不仅使他能够理解不同的社会，还能够重新看待他自己的社会。这其中有一个更广意义上的道理，那就是如果我们成为像布尔迪厄这样的局内人 / 局外人，并且敢于跨越不同的边界，我们就能够逃离既有分类体系的禁锢。这样可以打破狭窄的视野，重新认识和理解那些塑造了我们本身的文化范式，其中就包括那些我们常常注意不到的模式。但是，这一点并不仅适用于人类学家。任何一个人，只要愿意跳出自己的谷仓，以意想不到的方式打破生活的一些界限，都能够开拓新视野。这有时候会产生即刻的效益，比如说激励创新，有时候却要等待多年益处才会显现。以史蒂夫·乔布斯为例，他在俄勒冈州波特兰市的瑞德学院上大学，不久就休学了。但是，他继续待在校园里，旁听创新性课程，其中包括一门日本书法课。这在当时似乎没有什么即刻效应，但是多年之后，设计苹果电脑时，乔布斯把自己在信息技术方面所接受的教育和看似不相关的日文笔画的技巧相结合，创造出了成功的设计。乔布斯向斯坦福大学的学生们说道："如果我没有在大学里上过那门书法课，Mac 电脑就不会有那么多优美的字体。"

"你无法预先把点点滴滴串联起来；只有在未来回顾时，你才会明白。"乔布斯敦促学生们要敢于冒风险，"你必须相信这些点滴会在未来以某种方式连接到一起。"或者换种说法，打破谷仓能够以意想不到的方式激发创新。如果人们愿意在个人的生活中冒风险跨越边界，可能会获得意想不到的好处。例如，当一个技术极客型企业家突然决定要加入芝加哥警察队伍的时候。

尽管戈德斯坦自己不知道，但他离开 OpenTable 的舒适世界跳到警察局的决定可谓正逢其时。过去几十年来，芝加哥警察局一直是美国数量最大、最传统的警察力量之一。它的 13000 多名员工中很多都是毕生为警局工作，而且他们的父母、祖父母甚至曾祖父母往往也是警察。顺理成章，这座城市的警察局长们也绝大多数都是从这个关系紧密的部落里一步步升上来的。众所周知，芝加哥警察们难以信任外来者，而且很多警察还格外怀疑这个领域以外的人。[4]

但在 21 世纪的前几年，也就是戈德斯坦在思考如何改变自己的人生时，芝加哥警察部门遭遇了一场巨变，起因是警察局爆发了严重的冲突和腐败事件。即便在芝加哥这样一座历史上充斥着腐败、暴力等恶行的城市，这次的丑闻也是格外突出的。2007 年，警方负责人菲尔·克莱因辞职。为了带来新面孔、新气象，市政府领导决定聘用 50 年来第一位外来的警方负责人乔迪·韦斯（Jody Weis）。[5]

乔迪·韦斯于 2008 年 2 月 1 日获得任命，他的岗位年薪高达 31 万美元。韦斯看起来就是典型的警察，实际上，让他去演好莱坞警匪片都完全没问题——他肩膀宽阔，脸部轮廓分明，眼距很宽。但韦斯之前 22 年都在 FBI 工作，并没有警方经历。他工作过的地点包括东宾夕法尼亚州等。很多芝加哥本地警察认为他不适合这个职位。罗德里克·麦克阿瑟司法中心主管洛克·鲍曼（Locke Bowman）后来指出："势力强大的芝加哥警察联盟'警察兄弟会'在韦斯入职之前就讨厌他了，警察兄弟会最不想要的就是外人跑来干涉他们警局的事务，不管这个外人是谁。"[6] 但韦斯更愿意把它当成一个优势："因为我是一个外来者，所以在警局内部或者芝加哥市政府内没有任何关系，我认为这让我能够以一种非常客观的角度来看待警局。我知道芝加哥警察局是一个历史悠久并且非常具有自豪感的组织，所以我肯定不会把 FBI 那套照搬过来。但是我想，FBI 还是有一些好的实践经验适用于这里。"

韦斯尤其对警局运行有一些格外不同的想法。在 FBI 的大部分时候，韦斯都身处在各个大谷仓之中。就像在索尼和瑞银集团这样的公司里面不同的部门倾向于把数据存储在自己内部一样，警察部门、联邦调查局和中央情报局（CIA）也是一样，不同的部门出于防御、怀疑或者竞争的原因，往往会隐藏信息，这造成了信息的停滞，有时候会产生灾难性的后果。一个著名的例子就是 2001 年“9 · 11”恐怖袭击之前美国情报部门的情况。美国情报机构的几个不同部门已经收到了关于基地组织正在策划袭击的信息，但是因为不同的人掌握着不同的信息，他们并没有采取协调行动来对抗威胁。没有人能够或者愿意把不同的信息联系起来从而获取一个整体的视角。[7] 然而 2001 年前中央情报局在谷仓问题上犯的错误仍旧在 FBI 及其他情报和安全部门重演。韦斯说道：“我还是一名年轻的 FBI 特工的时候，我的一位朋友总是说，你知道吗，如果我们把所有的情报文件写在厕纸上，至少它还能有点儿用，现在我们录了成百上千个小时的一个坏人和一个卧底或者线人之间的对话，然后那些录音带就待在盒子里了，根本没有人去用它。”

有时候，警察局长们也想要打破这种分裂化的机构文化。20 世纪 90 年代，纽约警察局局长比尔 · 布拉顿（Bill Bratton）开发过一种创新性的工作方式，想要把积极的社区工作和打击犯罪结合起来。这被称为“破窗”工作法。布拉顿相信，只有将严厉的执法和让社区稳定团结的措施结合起来，警方的工作才能取得效果。如果街道上有窗户破了，这说明没有人对社区有共同责任感，这会让打击犯罪更加困难。布拉顿认为，一个社区想要安全，社区的人必须对社区有自豪感和认同感。并且，如果警察想要减少犯罪，在直接实施逮捕之外，还要同样重视修理打破了的玻璃窗。这其中就需要协作。布拉顿指出，只有团结协作，才能取得成效。

但是韦斯认为还有另外一种打击犯罪的方法——让信息更加畅通地流动。“在 FBI 的时候，经历了‘9 · 11’事件，我们意识到必须改变之前开展业务的方式。”他解释道。这就是说，原来互相怀疑的竞争对手需要开展协作，来汇聚和共享他们的数据、联系信息和线索。韦斯负责 FBI 费城分部的时候，监督了一个互动式实时计算机系统开发项目，这个项目能够让包括 CIA、FBI 和警方在内的不同机构一起讨论犯罪和恐怖威胁。“我们把所有的线人在地图上标出来，这样我们就能知道已经覆盖到了哪些地方，在没有覆盖到的地方，我们会努力锁定和开发线人。所以如果像枪击这样的事情发生了，我们就去找线人，跟他说，刚刚有人中枪了，我们要找出来是谁干的，你开始在你的街区行动吧。”韦斯继续说道，“我们能够获得很多有价值的信息，所有的性犯罪者、各种人口普查资料，在地图上形成越来越多的数据集。所以如果发生了一起儿童绑架案件，而且我们知道它发生在什么地方，我们就能够立刻查出来那个地区是不是有大量有前科的性犯罪者。”

对安全领域以外的人来说，这种数据共享可能是理所当然的做法。在安全机构的有些部门，一些官员也尝试用自己的方式实践这一想法。最著名的是比尔·布拉顿在 20 世纪 90 年代所倡导的 Compstat 计算机办案系统（数据追踪系统），想要以一种更加严谨的办法来追踪犯罪数据。

但是许多资深警官和 FBI 探员讨厌这种从整体上管理安全风险的方法。他们不想改变长期以来的实践方式，也不想失去对“自己的”数据的控制。韦斯表示：“在‘9·11’事件 10 年之后，我在 FBI 一些最亲密的朋友还在说我们不应该做这些反恐和情报工作。”但是他坚信美国的安全力量亟须改变运行方式。他认为，世界已经变得相互交织和充满变数，我们再也不能把自己局限于一个专业的盒子里了。FBI 和 CIA 需要打破它们的谷仓。警察也是，尤其是在芝加哥警方这样庞大的机构里。

2006 年那个闷热的 8 月中旬，在提交申请差不多 3 年之后，31 岁的戈德斯坦到芝加哥警察学院报到，准备参加培训。警察学院在芝加哥西区一栋低矮的灰色建筑里。戈德斯坦的心中当时都是让世界变得更加美好的理想，但是成为一名新警官的现实却是令人震惊的。第一天，他和一群新警官一起，列队进入餐厅。他回忆道："他们朝你发号施令。我们被分到各个'指导教室'里，要排成一列纵队行进。这是个半军事化的组织，他们谈论着各种制服的事情。我完全没有概念。然后我们拿到整套装备，短裤、T 恤、没有牌子的运动鞋，居然没有牌子！"戈德斯坦从来没有深入思考过运动鞋牌子的事。他之前工作的地方是时髦的创业技术公司，没有人规定大家要怎么穿着，不过很多人都在穿运动鞋，而且貌似运动鞋都是有牌子的。但是，在芝加哥警察局的礼堂里，戈德斯坦意识到他身处一个文化节奏完全不同的世界里。他之前认为正常的概念行不通了。突然间，他被迫注意到了之前他从未思考过的东西。

这是一次残酷的洗礼。在列队行进之后，戈德斯坦的队伍被命令进行一种历史悠久的演练，也就是所谓的"撑着休息"——新警官们在俯卧撑状态保持静止，不许动，保持很长一段时间，还有人在旁边监督他们。戈德斯坦看不出这种仪式有什么意义，对他来说这种练习一点儿用都没有。但是警方认为"撑着休息"是训练非常重要的一部分，是一种必要的体验。“8 月第一周格外地热，而且又没有空调，保持伏地挺身状态不动，你头上的汗不断地流下来，在下面聚成了一摊水。但是你知道一旦动了就会有人骂你。然后，就在你以为要结束的时候，又来了操练项目，要开合跳、俯卧撑，没完没了。然后他们带你去跑步，在山上的上坡路段训练，你要抱着一个同学跑上山。”

那天晚上，戈德斯坦头晕、酸痛，一瘸一拐地走回了家。他给自己来了个冰浴，又大口吞下了 800 毫克布洛芬。“我当时就在想，我为什么要辞职来干这个？我是为了什么呀？”但是第二天他还是归队了，带着他的布洛芬，把训练流程又走了一遍。然后一天一天地重复。他比几乎其他所有新人都要年长，受教育水平也要高得多。课程作业对他来说简直太简单了，但是身体训练让他苦苦挣扎。所以他逼着自己跑了无数圈，花了无数个小时保持伏地挺身不动的状态，而努力不去问为什么。后来他领到了枪。他朝目标射击，把他之前在其他领域里长期实践的分析能力应用于其中。“我发现我还挺擅长射击，”他后来带着惊讶回忆道，“我的射击成绩在我们班 100 个人中排名第 4。”

戈德斯坦以“在毕业典礼上致告别辞的最优秀毕业生代表”身份毕业，这意味着他能够选择自己想去的地区。可选择的范围非常之广。芝加哥有很多安全又安静的地区，尤其是富裕的市郊。但是戈德斯坦认为自己必须在最接近犯罪的地方才能更好地学习这份工作。所以他避开了市郊，要求加入第 11 区的警队。这是芝加哥西区的一个辖区，也是芝加哥最暴力、黑帮活动最猖獗的地区之一。

“我不是在城里长大的，我是在郊区成长的，所以我在西区第一天的经历简直是——我的天呐！毒品交易、暴力行为、枪击，什么都有！”他尝试着融入其他警官队伍。但是其他人对于这样一个明显比大部分学员更富有、学历水平更高的新人十分怀疑。终于，在一天的午饭时间，被任命担任戈德斯坦教官的罗德·加德纳暗中把他拉到一边，带到了 11 区警察总部地下室的健身房里。

“你知道大家都觉得你是联邦调查局的内线吗？”加德纳说。

“啊？”戈德斯坦很惊讶。芝加哥警方长期被腐败和内线问题困扰，但戈德斯坦从来没想过自己会牵扯到这里面。

“对，大家都认为你是联邦调查局的卧底，”加德纳告诉他，“你学得非常快，也从来不问文书工作方面的问题，你很安静，年纪不小，还很专业。大家都认为你是联邦调查局的人。”

戈德斯坦感到震惊。但是他还是决定以平常心待之。几个月过去，随着戈德斯坦继续尝试融入其他警官之中，他也感觉到这段经历正在逐渐地改变自己。有时候，他会怀疑这段旅程是不是会像伏地挺身一样没有意义。其他时候，他意识到自己在认识一个全新的世界。几年前，他以为暴力和贫困都是发生在别人身上的事情，对他来说，正常的生活就是住在一个平和、安静的环境里，孩子们去学校上学，企业家通过设计非常棒的应用程序和软件挣钱。正常的状态是所有的人都穿着有牌子的运动鞋。但是从芝加哥西区的警车里往外看，戈德斯坦发现他之前的生活并非常规，而是例外，大部分人的一生并非如此。他的视野变得更加开阔，他的想法也在发生着改变。

距他第一次训练差不多3年之后，2009年夏天，一件事情的发生让这种改变得以凸显。那时候，他已经和同事们进行了无数小时的巡逻，逛遍了11区的街道。他再也没有感觉同事们把他当间谍了，他正在逐渐适应这个世界。但是他仍然怀疑自己能不能成为一个“真正的”警察，在战斗中能不能凭本能做出恰当的反应。然后7月的一天，戈德斯坦开着他家的车，载着他怀孕的妻子和1岁大的儿子去买冰激凌。在路上，他突然看到一名帮派匪徒掏出了枪，朝他前面那辆车开枪。枪声响起，戈德斯坦意识到已经有人在枪下丧生。如果是三年前，戈德斯坦会赶紧逃离现场，保护好家人，然后打电话报警。但是这次，他猛踩刹车，抓起他的枪，跳出车外，冲向枪手。他一路追着枪手跑进了一条小巷里，在那里他解除了枪手的武器，并且对他实施了逮捕。“大家都说在这样的时刻，时间会慢下来，但是我的体验不是这样。一切都发生得太快了。我追着一个刚刚杀了人的枪手跑进了小巷里，然后我没有吃枪子。”他回忆道，“这都是训练的结果，因为如果再去考虑这件事的话，在当时的情况下怎样才是正确的选择呢？我怀孕的妻子在车里，那个家伙在开枪，你会怎么做呢？那都是本能的反应。”这件事之后，他找到了受害人家属，得知受害者叫小杰夫·马尔多纳多，19岁，是一名有抱负的黑人说唱歌手。枪手马塞里纳·索塞达是为之前的帮派冲突复仇而开的枪。但是，马塞里纳的家人坚称他没有混黑帮，他在上社区大学，是在搭熟人车的时候卷入了争端而已。[8]

戈德斯坦后来因为英勇事迹获得了许多奖项，[9]但他也知道，自己得以在枪下幸存并不容易。他再也不会以原来的方式看待这些犯罪数据了。突然之间，谋杀就成了离他的个人生活很近的事情。

2009 年年中，芝加哥警察部门的新主管乔迪·韦斯有些心灰意冷。他来到芝加哥不仅是想要整顿芝加哥警察的形象，最终还想要降低这座城市过高的谋杀率，但是他遭遇了一场可怕的战斗。2008 年，也就是韦斯执掌大权后第一年，谋杀率上升了。“今年在芝加哥被谋杀的人比在纽约还多，而纽约的人口是芝加哥的三倍。”2008 年著名的奥斯卡获奖演员和歌手詹妮弗·哈德森（Jennifer Hudson）的亲戚在芝加哥南区被谋杀后，纽约《每日新闻》（*Daily News*）震惊地写道。[10] 韦斯将暴力行为的上升归咎于“特别行动部门”（SOS）的解散。SOS 本来是由警队专业人士组成的快速反应移动队，能够在暴力发生之后迅速到达事件地点，因在打击犯罪方面的有效性而受到赞誉。遗憾的是，这个团队的许多前成员自己也参与了犯罪活动。在韦斯来芝加哥之前，SOS 因为陷入丑闻而不得不解散。现在，随着 2009 年已经过半，他悄悄地把这一部门重新恢复，并且给了它一个新名字——机动突击组。[11] 韦斯认为这是打击最严重的黑帮斗争唯一有效的方式。“如果发生了帮派枪击，你知道后来肯定会有反击报复，我们有机动突击组，就能够以几百人的警力覆盖那一地区，阻止反击，平息整个事件。”2009 年谋杀率略有下降，但以一般标准来看，芝加哥的死亡人数还是太高了。《芝加哥太阳时报》（*Chicago Sun-Times*）的一篇社论指出，[12]“我们拿芝加哥与类似的大型城市相比，芝加哥的人均谋杀率是洛杉矶的两倍，是纽约的两倍多。暴力犯罪最密集的地方是芝加哥的西区和南区，这给当地守法的市民们带来了巨大的恐慌。”实际上，由于这些谋杀案件太过严重，时不时就有当地政治家提出，是否应考虑在芝加哥街道上部署国民警卫队。[13] 同时，韦斯自己也反复面临“这座城市是否正失去控制”的质疑。他坚称并没有。但是每过去一个月，都有新的黑社会犯罪杀人案件诞生。而随着血淋淋的图片和视频在互联网上传播，这些事件的政治影响被放大了。“在一座美国城市里这样的谋杀率是不可接受的，在芝加哥这样一座伟大的城市更是如此，”韦斯叹着气把这座城市和战争地区相比，“我们不是‘芝拉克’。”[14]

随着政治压力的不断增加，韦斯到处寻找新的办法。2009 年夏天，韦斯的办公室主任、曾是美国海军军官的迈克尔·马斯特斯（Michael Masters）提出了一个新的想法。新人从警察学院毕业的时候，马斯特斯在市长办公室见过戈德斯坦一面，戈德斯坦跟他提过想要用他的技术背景来改变执法过程中数据的使用方式。马斯特斯建议，可以让戈德斯坦开发一种计算机模型，来弄清楚是什么导致了谋杀率的上升。韦斯把戈德斯坦叫来，要听听他的想法。韦斯回忆道：“我们坐下来聊了聊。戈德斯坦的个性有点儿与众不同，他有一种技术宅男常有的那种冷幽默。”戈德斯坦向韦斯解释了他曾经是如何用先进的计算机建模技术和复杂的数学知识来帮助 OpenTable 网站把消费者和餐馆联系起来的。那个项目需要大量的跟踪、建模和分析，和打击黑社会谋杀犯罪之间看起来也没有明显的联系。但是戈德斯坦认为，他可以把自己在 OpenTable 和加利福尼亚大学学到的计算机分析知识运用到警察业务领域。既然能够通过算法知道哪些餐馆比较热门，并且把这个信息和消费者连接起来，那么也能用这种方式建立一种模式用来追踪罪犯。

芝加哥警方以前从来没有做过这样的事情。21 世纪初，他们尝试通过复制纽约 Compstat 计算机办案系统的一些要素让犯罪模式更加透明可见，[15] 但成效不大。警察们习惯了用枪而不是计算机来追踪罪犯。但是，韦斯在费城 FBI 任职时见识过计算机分析的作用，所以他命令戈德斯坦从 11 区搬到了警察局总部第三层一个小小的、没有窗户的办公室。戈德斯坦组装了一批旧电脑，收集了他能收集到的所有犯罪数据，然后在卡内基－梅隆大学一些技术专家的帮助下开始鼓捣这些数字。就像当年处理餐馆订单一样，他试着从数据中找出模式和联系，希望它们能够预测未来的趋势。黑社会枪击的发生是否存在一个特定节奏？谋杀是否往往发生在特定的地点和时间？戈德斯坦把所有的死亡报告以及其他一些暴力犯罪数据放到巨大的电脑屏幕上，想要找出与这些情况有关联的因素。警方内部流传着一个说法：满月期间、夏季炎热的时候或者寒风凛冽的时候，犯罪率就会上升。所以戈德斯坦把之前谋杀案的数据和月亮运行周期以及温度和风力的记录进行了对照。然而，分析结果显示，月亮和谋杀率之间几乎没有什么关联，也没有太多证据证明谋杀会受炎热和大风的影响。但是温度在短期内变动超过 15 华氏度（相当于 9 摄氏度），比如从 65 华氏度升到 80 华氏度时（相当于从 18 摄氏度升到 27 摄氏度），犯罪率会大幅上升。相反，当气温特别热，比如到了 90 华氏度（相当于 32 摄氏度）以上的时候，犯罪率反而下降了。

到目前为止，决定谋杀率的最为重要的因素是帮派的移动。在芝加哥市区，大约 75 个帮派分布在不同的社区，总共约 7 万名成员。[16] 这是一股非常强大的势力。但是，某个帮派控制的地区常常会发生改变。一个团体可能会控制某个街区几个月的时间，然后随着毒品交易或者其他犯罪活动的发展，他们控制区域的边界会发生变化。警方以前从来没有系统地监控过帮派控制范围地理边界的变化。不同辖区的警察互相之间直接联系的时候（然而他们通常并不联系），会通过巡逻车上的通信电台简单聊聊哪个帮派到了哪个街区。如果他们需要和其他辖区的同事进行正式的合作，这个沟通可能要花很长的时间。“芝加哥警方之前太受困于谷仓了，”韦斯指出，“这个官僚机构里每天都有堆成山的信息传上传下。如果我需要某个人帮忙，我要走完整套向上级汇报的办文流程，然后再走一整套向下级传达的流程。”

戈德斯坦开始收集所有他能拿到的关于帮派流动的报告，然后运用一种叫作“地理空间”和时间报告的技术，把它们都放在一个集中的数据库里。韦斯指出，“数据显示，有很多帮派冲突从第 7 区转移到了第 8 区。我们可以看到帮派的转移和冲突的情况。戈德斯坦在图表中用颜色把它标了出来，看起来就像是变形虫在互动一样。这说明这些帮派正在争夺某个地区的贩毒控制权。我们在那天把信息调出来，然后看到这个互动区域变得越来越大。”戈德斯坦把他展示帮派流动的“变形虫”图表和谋杀报告进行了比对。不出意料，它们二者之间展现出了很大的关联。

实际上，这种关联非常紧密，如果你把温度变化等其他的因素也纳入进来，这张图表似乎都能起到一定的预测作用了。换句话说，就算你完全不知道真正的街道上在发生什么，单看电脑屏幕上帮派流动的模式和当地的暴力犯罪报告，你就能知道哪些街道或街区在最近几天，甚至最近几小时内可能发生大批的犯罪和死亡。这些地图不仅仅是在整体上预测会发生什么，并且给出了实时的、即刻的信号。"能够知道这个街区情况不好当然也不赖，但是我们希望自己能够知道这个街区今晚情况会不好。"戈德斯坦说。办公室主任马斯特斯则表示，"与其根据 7 天之前的数据派遣警力，不如在数据本身寻找模式（并且做出预测）。天气预报员不会只关注上周的情况，然后说'好吧，因为上周二下了雨，所以这周二你们大家就穿雨衣吧。'"

2010 年初，韦斯准备启动一项实验。他让戈德斯坦开始运行他的"天气图"或者说"谋杀气象图"，并且根据这些预测，向警察发布关于犯罪可能爆发地点的警告。他的想法是，如果戈德斯坦能够预测哪里会发生犯罪，机动突击组就能迅速反应，和常规警察力量合作出警。想让这个系统发挥作用，戈德斯坦要跟包括他在第 11 区的队友们在内的常规巡逻警力保持联系。所以他们建立了一个每天两次通信制度。但是，戈德斯坦坚持认为这种沟通应该是双向的互动。他需要收集到关于现场情况的所有实时数据。每天他都发布预测，然后给巡逻警员打电话问这问那——某几个帮派为了毒品发生冲突了吗？有没有因为女朋友问题发生的事件？他仔细阅读了逮捕日志，然后把这个数据加入了他的算法之中，用来预测暴力犯罪可能将在哪里爆发。那个时候，相关信息还分散在不同的地区。但是戈德斯坦非常希望集中这些信息流，消除在过去困扰警局的机构分裂化状态。他把他的信息传递给了常规巡逻警员和机动突击组。韦斯解释说："戈德斯坦会审视他的数据，然后给警员们打电话说，'嘿，小心点儿，你这个地区的帮派在争斗和开火，他们想要重新夺回地盘。'"

巡逻警员们听说这个新系统的时候，很多都持怀疑态度。在几个月内，韦斯已经把戈德斯坦提拔到了分局长的级别，而这通常是在街道出警几十年的老警员才能达到的职位。戈德斯坦想要通过穿便服和"主管"而不是"分局长"这样的称呼来缓解警员中的嫉妒情绪，但是怨气还是不断积累。气愤的警员们开始恶语中伤，把他的实验称作"水晶球计划"。韦斯说："嫉妒的情绪简直太严重了。有些警员祖上三、四、五代人都是警察，他们的爷爷们从来没用过电脑，他们非常不想改变。有一些人接受了。但是很多人看了这东西，觉得它完全就是狗屁不通的胡扯。"韦斯和戈德斯坦不去理会这些批评。毕竟，就像马斯特斯反复提醒他们的，20 世纪 60 年代，在芝加哥这样的地方，让警员携带无线电通信的创意刚刚出现的时候，很多警察都很讨厌它，担心它会被作为一种监控工具而对他们不利。但是就在几年的时间里，这种抵抗就消散了，无线电被认为是完全正常的东西，再没有人去讨论它了。"不管什么时候，只要你想要在大型机构里面实践新的想法，总是会有制度阻力的，"韦斯解释道，"这和当年警用无线电的情况是一样的，它需要思维方式的改变。"

到 2010 年底时，戈德斯坦、马斯特斯和韦斯感到欢欣鼓舞。他们的数据地图不仅提供了关于中期内谋杀可能在何处发生的有效信号，甚至有时还预测到了短期内事件的发展。戈德斯坦回忆道："有一天我们在数据中搜索谋杀可能的目标地区，然后我发出目标列表仅仅一分钟就收到了枪击的通知。这简直太神奇了，因为它就发生在我们的目标地区之一。我们的机器算出了可能发生枪击的目标地区，仅仅 60 秒之后就确实有人在那里被射杀。"[17] 更好的消息是，谋杀率似乎在下降。2011 年初，芝加哥市宣布了最新的谋杀案数据。数据显示，2010 年的谋杀率比 2009 年下降了 5%，达到了 20 世纪 60 年代以来的最低值。2 名当地的社区工作者高兴地表示，"从林登 · 约翰逊（Lyndon B. Johnson）当总统的时候起芝加哥就没见过这么低的谋杀率了"。[18]2011 年初谋杀率下降得甚至更快了。以前在芝加哥，谋杀案最密集的时间段是夏天的那几个月，那时候帮派都在街区活动。但是 2011 年夏天，谋杀率下降到了 20 世纪 60 年代以来最低的水平。实际上，戈德斯坦根据数据上的趋势推断，芝加哥全年有望减少 400 起杀人案。"把 400 这个数字作为一个成功的信号来庆祝让人有点忧伤，但这确实是一个重要的里程碑。"

韦斯和戈德斯坦不知道谋杀气象图的使用在这样的改变中起到了多大的作用，但是各种实例给出了很好的反馈。警方把机动突击组派到那些可能发生谋杀案的目标地区，确实阻止了一些杀害的发生。"我真正意识到我们成功了，是在接到 FBI 特别行动署署长电话的时候，"韦斯用警界之外的人难以理解的专业术语描述道，"署长从 3 号线（FBI 用的收音电线）里面听到那些帮派分子在说，'城里来了个新部队，他们可不是好惹的，他们是动真格的了，离那个 4400 部队（机动突击组）远点儿'。我把这当作一种褒奖。这让我知道我们的项目很成功。我们的警员们很棒，戈德斯坦把他们派到了正确的地方。”

2014 年 6 月 21 日，布雷特 · 戈德斯坦年满 40 岁。这对他来说是具有象征性意义的时刻。回溯世贸中心倒塌的那一天，从戈德斯坦决定跳出他舒适的公司职员生活起，他就一直在想象他 40 岁的时候生活会变成什么样子。那时候，这一切似乎都太过遥远。“我那时候 20 多岁，我想的就是，不希望自己 40 岁的时候还只是一个追逐金钱的人。”他解释道。但是现在真的走到了 40 岁的时刻，他在思考，自己是否实现了当初期望的目标？答案很难说。在 2014 年，他也已经离开警局的项目很久了。

2011 年，拉姆 · 伊曼纽尔（Rahm Emanuel）成为芝加哥市长，之后不久，乔迪 · 韦斯宣布辞职。这个变动让戈德斯坦和其他的改革派们很是沮丧。[19] 那个时候，韦斯在芝加哥警察局内部已经很不受欢迎了，警察局士气也很低落，很多警员一直都不肯原谅韦斯作为一个外来者引入了这些激进的改革。压倒韦斯的最后一根稻草是他被卷入了一起陈年丑闻。芝加哥警察局前局长乔恩 · 伯奇（Jon Burge）被指控在 20 世纪七八十年代让手下的警员对嫌疑人刑讯逼供。伯奇于 20 世纪 90 年代在争议声中离开了警局，后来被判了 4 年徒刑。通常这意味着他拿不到退休金了。但是 2011 年初，在激烈的辩论之后，警局退休金委员会投票决定让伯奇继续领退休金。韦斯公开批评了这一决定，从而激怒了很多警察权益拥护派。在许多警员看来，韦斯背叛了芝加哥警局。[20]

韦斯离开后不久，伊曼纽尔要求戈德斯坦从警察局转岗到市政府，任命他担任首席数据官（CDO），想要把他打击犯罪的技术和方法复制到芝加哥政府的核心部门中。戈德斯坦陷入了思考。内部的斗争已经让他饱受其扰，他正在考虑加入一家私营创业企业。他内心还是有些渴望回到那种“T 恤和牛仔裤”的生活。但是伊曼纽尔的提议让他受宠若惊，他也很感兴趣，毕竟从来没有市政府设立过首席数据官这样的职位。所以他再次跨界，跳到了市政府，希望开启新的实验。像大部分美国城市一样，芝加哥市政府内存储了大量的市民数据。但是，也和大部分美国城市一样，这些数据被储存在无数不同的谷仓里。迈克尔·布隆伯格在纽约市政府遇到的问题在芝加哥重演。所以戈德斯坦开始尝试把这些信息整合到一个单一数据库里。他从自己当年工作过的 OpenTable 这样的创业企业入手，在芝加哥初创企业里面招募了一批志愿者，组建了自己的“技术宅”团队。这个团队的工作方式与芝加哥市政厅，或者说任何官僚机构的官员们所习惯的方式截然不同。这群技术宅穿着 T 恤，在笔记本电脑前面吃着甜甜圈，在办公室的白板上画图表。白板上没空间了，他们就把计算机代码或者数学等式涂在了市政厅大楼的窗户上。“市长经过的时候会给我一个眼神，意思是问我‘你们这到底是在干什么？’”戈德斯坦回忆道。但是渐渐地，一些项目浮现出来。在跟谷歌公司一起组织了一次“编程马拉松”（hackathon，整夜的头脑风暴，又叫“黑客松”）之后，本地一名叫作斯科特·罗宾的网页开发员创建了一种互动地图，这种地图能够向公众展示被交警拖走的每一辆车之后都怎么样了。“在那种情况下大家想要知道的是，‘我的车去哪儿了？’‘我去哪里可以找到它？’对吧？”负责监督这一项目的市政府官员丹尼尔·杜梅勒（Danielle DuMerer）解释道，“我们刚刚发布的时候24小时更新一次数据集，后来我们能够做到每15分钟更新一次数据集。显然，如果你的车被拖走了，你想立刻知道它在哪儿，而不是等到明天。”然后，这群技术宅又创建了另一种互动地图，能够向芝加哥市民显示道路清扫的情况。最后，戈德斯坦决定把所有这些不同的数据系列整合成一个巨型的互动地图，向市民们展示城市的动态，并能让政府官员们看到可能的安全威胁。

这一新的互动平台被称作“风网”（WindyGrid），它在2012年芝加哥举办北约峰会期间上线。那是一个非常紧张的时刻，尤其是芝加哥的网络反复遭到了黑客组织“匿名者”（Anonymous）的攻击。但是这个系统存活了下来，并且落地生根。然后戈德斯坦和杜梅勒开始设法用这个平台建立与其他政府分支的协作。2011年，就在戈德斯坦离开芝加哥警察局之前不久，他的同事迈克尔·马斯特斯被派任新职，开始担任伊利诺伊州库克郡国土安全和应急管理部门主管。这个地区管辖范围很大，也包括了芝加哥市。之前的几十年里，市长办公室和郡一级官员的协作很不和谐：不同的官僚机构之间甚至相互竞争。但是戈德斯坦和马斯特斯尝试通过这些数据地图分享信息，从而打破这些障碍。例如，2013年夏天，芝加哥举行了一场食品供应展销会，有45000人出席。就在展销会开始之前，马斯特斯的国土安全团队获悉将有暴风来袭。如果是之前的几十年，想要组织快速反应肯定非常困难，因为郡政府和市政府官员之间都没有良好的沟通，更别说跟联邦气象局之间了。但是这一次，数据系统已经具有了非常高的协作性，疏散工作开展得异乎寻常的顺利。马斯特斯解释道：“我们打破了这些谷仓。大家都认识到，天气的影响是跨越界限的，我们的信息也应当如此。问题不会在政治边界上停止，洪水和流感也不会在政治边界前止步。”

不过，尽管戈德斯坦为他的团队用“风网”实现的成绩开心兴奋，他还是对自己在警察局所做的谋杀气象图感到格外骄傲。事实上，他想要在芝加哥警察局开启的变革最终并没有如他所愿般发展。戈德斯坦和韦斯 2011 年离开警察局后，预测分析项目逐渐淡出。在某种程度上，这个项目成了内部政治斗争和预算削减的牺牲品。但是，让这个实验更加脆弱的是长期困扰芝加哥警界的一个问题：种族。芝加哥警察局的管理层中，白人占据压倒性优势。但是戈德斯坦的图表往往预测到谋杀将发生在非裔美国人或者拉丁裔聚居地区。戈德斯坦和韦斯坚决否认这一模式是受到了某种种族动机的驱动，他们的地图只是反映了真实发生的谋杀事件，然后使用数据来预测未来谋杀可能发生的地点。但是在芝加哥这样的城市，种族是一个非常敏感的话题，即使有数据为证也是如此，或者，甚至在有数据的时候会更为严重。

不幸的是，这个项目刚被废止，芝加哥的谋杀率就上升了。韦斯感到深深的失望。“到 8 月末的时候（就在这个项目结束之前），谋杀案数量跟 2011 年相比还少了 41 起。夏季末通常是一年中谋杀案件最多发的时候，但那一年的数量是相当低的。但是，那年的最后 4 个月，他们解散了机动突击组、关闭了戈德斯坦的项目之后，势头就完全不受控制了。”韦斯后来愤怒地说道，“我不懂为什么市长叫戈德斯坦把他在警察局做的事情复制到市政府，却允许警察局废止这个项目。这实在太遗憾了。”

戈德斯坦自己想从哲学的视角来理解这件事情。他分析道，毕竟，他在警察局所做的事情本质上是种下一颗种子。这颗种子在芝加哥并没有像他所希望的那样萌芽。但是他离开芝加哥警察局之后的那些年里，能够看到一些信号——这颗创意的种子在其他更为肥沃的土壤里生长。离职后不久，戈德斯坦和韦斯就收到了其他警局的请求，想要知道他们的实验是如何发挥作用的。讽刺性的是，芝加哥警察局废止这个项目的时候，其他一些警察局开始进行类似的实验。在西海岸，洛杉矶警察局开发了一个和戈德斯坦的项目类似的预测分析功能。田纳西州孟菲斯的警察也采取了同样的行动，并且很快成了该领域的领先者。2012 年伦敦爆发骚乱，伦敦的警察也开始使用戈德斯坦在芝加哥所开创的那种技术来应对当地的黑社会帮派。到 2014 年时，全世界各地警察局纷纷邀请戈德斯坦和韦斯前去分享经验。

2001 年戈德斯坦决定改变职业生涯的时候，他曾经梦想过改变世界。但是现在，在 40 岁的年纪，他已经意识到，你不需要开启一场变革才能产生影响，把刻度盘转动几英寸也能起到作用。在芝加哥的实验没能变革警察局，但是它展现了敢于冒险、敢于跳出舒适的思想盒子能够取得什么样的成果。“我并不期望解决生命中的大问题。能够解决很多小问题我觉得也很好。就是这些小问题的解决能够让我们的生活变得更加美好。”戈德斯坦说。

这是戈德斯坦想要不断传播的一个信息。2014 年，他的职业生涯再一次变动。他离开芝加哥市政厅，回到了私营企业领域。但是在业余时间，他是芝加哥大学城市科学专业的一名研究员，教授如何帮助政府更有效使用数据的课程。[21] 他希望能够说服一些年轻的计算机科学家跨越界限和谷仓。他看到大部分的技术极客高手们都想成为下一个马克·扎克伯格，到光鲜亮丽又能随心所欲的创业企业里工作。对他们来说，为政府部门工作是令人厌恶的。而戈德斯坦希望拓展他们的思维。他说："我们需要让更多的技术人才去政府工作，所以我尝试让这些学生考虑做点儿与众不同的事情。"

为了纪念他里程碑式的 40 岁生日，戈德斯坦的妻子联系了他的同事和朋友们，请他们发来生日邮件和问候。让她吃惊的是，49 名戈德斯坦之前的同事都发来了信息。其中有一些是他在芝加哥市政府和芝加哥警察局总部的前同事，还有一些来自他在 OpenTable 的技术界朋友。他当年在第 11 区的训练官罗德·加德纳——也就是那个曾经在健身房把他逼到墙角的男人——也给他发来了贺信。

"他写的是，'我之前一直以为你是个 FBI 卧底！哈哈！'"戈德斯坦回忆道。他认为这是对他的一种褒奖。但它同时也是一个小小的证明，说明生活有时候会给你惊喜和意外，特别是当你愿意跳出你的常规盒子的时候。

第六章
改写社会规则：如何保持谷仓的流动性

我们想成为“反索尼”“反微软”式的公司。我们观察这些公司，看到的都是自己不想成为的样子。

——脸书高管

在脸书公司帕洛阿尔托（Palo Alto）总部乱糟糟的大开间办公室里，乔斯林·戈德费恩（Jocelyn Goldfein）坐在她的办公桌前，感到一阵羞愧。她惊恐地看着她的电脑，脑海中有个声音在问自己：“我怎么会这么蠢呢?!”

那是在2010年夏天，5个星期之前，39岁的戈德费恩加入了快速成长的社交巨头脸书，希望在此开启职业生涯新篇章。这次变动令她兴奋。她一头干练的棕色头发，有酒窝的脸上满是笑容，做事不拖泥带水，以硅谷的标准来看，戈德费恩实在是一个罕见的生物：她毕业于斯坦福大学备受推崇的专业，作为一名女计算机科学家，担任顶级管理角色。加入脸书之前，她在云计算技术公司VMware工作了7年。她最初是一位喜欢写代码的计算机工程师，对于"漏洞筛别"（修补编码问题的计算机术语）尤其感兴趣。"在VMware的时候，我建立起了自己'漏洞筛别大师'的名声，我在VMware工作的第一个月筛别了大约1000个漏洞！"她后来回忆道。她2010年离开VMware的时候，已经晋升到了工程总经理，负责管理数百名工程师。[1]这让她成了脸书这样快速发展的公司的最佳选择。尽管最初戈德费恩对这家社交媒体企业并没有太大兴趣，但是因为她讨厌为大型、官僚化的公司工作，在见到脸书创始人马克·扎克伯格之后，她就转而相信了脸书的梦想。[2]"见到马克之后，毫无疑问，我认为他是给我印象最深刻的企业创始人。这听起来可能没什么新意，就好像'多新鲜呢'，但是他确实很棒。"

所以，2010年7月，戈德费恩出现在了脸书位于帕洛阿尔托时尚的"仓库式"办公室里。但是后来事情发生了不同寻常的转折：她没有被放在一个管理岗位上，而是被派去参加一个被称作"训练营"的入职培训——这是针对新员工的6周培训项目。[3]对戈德费恩来说，这个要求实在是出乎意料，尤其是她已经担任过一个大型公司的工程部门高管了。但是每个加入脸书的人都要参加这个训练营，无论年龄或是级别。脸书公司有条规定就是所有的新人都必须体验一个集体的入职过程，就像军队里面的新兵入伍，或者是戈德斯坦加入芝加哥警察局那样。

所有的新人被带到了一个房间，然后被要求在桌子边并排坐着，一起做一些初学者级别的项目。戈德费恩接受的是菜鸟一样的待遇，被分配了一个无聊的任务：在系统中筛别 5 个漏洞。她高兴坏了，解决漏洞是她的专长啊。跟大部分计算机工程师一样，她从小就喜欢解决问题，这是她在北加州从外婆那里首先学到的品质。戈德费恩说："这个老太太喜欢做逻辑题，还有玩魔方的爱好。我小时候她就教我玩这些，我后来做编程也像是小时候经历的一种延续，因为它们其实是差不多的事情。"[4] 但当她开始尝试解决这些漏洞的时候，她发现了奇怪的情况：她应该解决的 5 个漏洞中的 3 个似乎都没有什么问题。[5] 这是不是公司设计的什么小圈套？她有些怀疑。但是接着她意识到了可能还有一个更简单的解释：脸书是一个快速成长的公司，它的计算机科学家们每天都在以极快的速度重写代码。旧的系统附着的漏洞不断地消失，因为这些代码已经不再用了。

这有什么关系吗？大部分计算机工程师可能都会说没有。在硅谷，大家喜欢创造适用于未来的产品，而不是解决过去存在的无聊问题。但是戈德费恩的思维条理而精确，总想保持自己的世界井然有序。[6] "漏洞可不是什么好东西，如果你想组装高质量的软件，你必须弄清楚软件处于什么状态。"她解释说，"一个漏洞数据库可以是这个世界状态的忠实记录，但是只有当你对你的漏洞环境一丝不苟的时候，它才能起到这样的作用。"

所以她坐在办公桌前，决定改善脸书的“卫生”环境——她要创建一个能够追踪旧漏洞的程序，给所有曾经参与过编写代码的人发送邮件，然后杀死那些过时的漏洞。“脸书的节奏太快了，如果有什么东西3个月没人动，那就说明这个东西很可能没什么用了。所以这个系统会触发一封邮件，发给这个漏洞相关的所有人，如果过了3个月没有人回复，它就会自动关闭漏洞。”

戈德费恩把她的程序命名为“任务收割机”，并且开始进行小范围测试。但是接着灾难发生了。她在计算机上输入代码的时候，不小心按到了粘贴复制键，把她还未完成的代码植入了整个脸书在线系统。几秒钟之内，试运行中的“任务收割机”识别了系统中14000个旧漏洞，并且向相关联的脸书员工发送了成千上万封邮件。这次事故产生的活动量实在太大了。脸书的电子邮件系统崩溃了，网络冻结，所有人都看不到信息了。[7]办公室里愤怒的叫声四起。戈德费恩被吓坏了。把公司的办公电脑都整崩溃对一个新员工来说实在是一个恐怖的错误。她觉得这事儿估计不会有什么乐观的结果了。“我是个新人，没人认识我，而当时的反应非常强烈，”她解释说，“我们的销售团队没法跟顾客互动，工程师不能审查代码。邮件就像是公司的生命线一样。”

然而接着，戈德费恩被再次震惊了。其他的脸书员工跑过来想弄清楚到底发生了什么，但大家更感兴趣的似乎是她为什么创建了这样一个任务收割机程序，而不是责备她犯下的错误或是抱怨她逾越了已经存在的两个部门（“交换”团队和“漏洞工具”团队）的业务范围。“没有人跟我说，‘你怎么敢这样？’”她叙述道，“那些我以为会最生气的人只是卷起袖子，参与进来，开始修复问题。”

这样的反应完全不同于戈德费恩之前的体验。在其他大型公司，不同的团队往往护着自己的领地不受外来人，或者杜绝相互间的侵犯。而且不同的团队之间有着非常激烈的竞争，所以他们是非常不欢迎这种入侵的。实际上，正是因为她在其他大型科技公司见过了太多的内部斗争，所以她最初对于加入脸书才甚为担忧。她讨厌大型的官僚式机构，以及它们的谷仓。

但通过观察，戈德费恩意识到这家社交媒体巨头似乎和她以前见过的公司都不一样。不仅仅是因为脸书的工作看起来似乎没什么结构框架，就像是之前公司墙上的涂鸦一样；[8] 同时，它还似乎没有像它的竞争对手们那样，受到内部对立和僵化的严重影响。让索尼衰败的谷仓和官僚式结构似乎在脸书内部并不存在，至少戈德费恩还没有发现。

这难道只是一个幸福的意外吗？在当时，戈德费恩并不知道答案。但是这个答案对于本书的主题来说至关重要。在这本书的前半部分，我展示了谷仓有时如何对机构和社会团体产生致命的影响，使人看不到风险和机遇。我在第二章中叙述的索尼的故事就是谷仓如何摧毁创新的经典案例。在那个案例中，索尼曾经具有创造力的工程师们最终陷入了没有尽头的内部地盘争夺战中，不愿意或者不能够进行合作。但是，这样的故事并不只是发生在索尼公司或者日本文化身上，毁灭性的谷仓存在于许多大型机构中，甚至，或者说特别会发生在那些过去一直很成功的公司里。微软、通用汽车和瑞银集团只是其中的一些例子。

但是，相比为什么有些个人和机构会被谷仓所伤害的问题，为什么有些群体并没有受到伤害也许更为有趣。为什么有些公司、人和实体能够避免困扰索尼和瑞银集团的那种内部战争和狭窄视野？在上一章中，我指出了一个微观层面的原因：那些愿意冒险并且跳出狭窄的专业世界的人往往能够以有趣的方式重新创立边界。思想意义上的旅行，就算没有实际意义上的行动，也能够让人避免陷入谷仓的陷阱，因为它使得人们能够想象另外一种生活、思考和给世界分类的方式。

不管个人对抗谷仓的故事如何有趣，它仅仅是问题的一个方面。另外一个大问题是机构是否能够找到办法在更大的范围内破除谷仓。戈德斯坦在芝加哥开创的那种旅程是否能够在机构层面被复制？在这一方面，脸书的故事为我们提供了很多启发，能够应用于多个机构。这家公司开启了一场世界各地的人沟通和互动方式的革命，它帮助人们改变了在各种社区和朋友群体中的关系和身份。但是，少为人知的是，脸书还在自己公司内部，通过影响员工互动的方式，开展了一种社交工程的实验。特别是，脸书的管理者们花了很多时间思考公司员工的认知地图、社会结构和团体动态。这促使他们在深思熟虑之后实施了相关实验，以阻止谷仓在公司内部发展，阻止脸书遭遇像索尼一样的宿命。

这些实验仍处在早期阶段，毕竟脸书成立还不到10年。尽管这些项目仍然在发展之中，它们却已经为我们带来了许多有趣的经验教训。脸书的工程师借鉴了社会科学领域关于人类互动方式的思想，和公司的实际情况相结合，开展了这些破除谷仓的实验。最重要的是，他们尝试了人类学家一直在做，而大部分公司没有做的事情——思考它们的员工是如何定义这个世界，如何划分他们的环境，以及如何确定自己的边界的。如果皮埃尔·布尔迪厄在脸书工作，他一定感觉非常自在。

脸书能够发起这么多内部社会实验并不令人意外。毕竟，自创业以来，这家公司的秘诀就一直是将定量的计算机技术和对于人类社交关系的软性分析相结合，然后把它转变成一个精明实际的业务规划。脸书的领导者们对计算机技术和社交规则同样着迷。他们知道把这两者结合起来能够挖到金矿。

脸书的创立具有传奇色彩。早在 2003 年，哈佛大学心理学专业二年级学生马克·扎克伯格就梦想创立一个“Facemash”，后来改名“Facebook”，这是一个把学生互相连接起来的网站。[9] 尽管扎克伯格自己并不是一个典型的社交动物，他还是想到了这个创意。他大部分时间都沉浸在电脑和代码的编写中。但是在他的极客状态之外（或者说正是由于这种状态），他有一种与生俱来的天赋，能够发现人们关注和感兴趣的东西，并且知道如何利用人的不安全感和互动的需求。脸书刚创立时规模很小。2003 年冬天，扎克伯格跟他的几个同学说想要建立一个网站，列出所有哈佛学生的名字，每个人的名字旁边还放上照片。2004 年 2 月，扎克伯格和三年级生爱德华多·萨维林（Eduardo Saverin）发布了脸书网站。[10] 脸书迅速发展，不断向其他学校推广。接着，扎克伯格辍学，搬到了西边的帕洛阿尔托，租了一间又小又破的房子，和一群计算机技术狂热者一起工作。当年9月，脸书推出了早期具有标志性功能之一的“墙”，用户可以在“墙”上写下各种零碎信息和评论。脸书网站随即爆红，不仅扩展到了各个大学，还延伸进了中学和企业实体。[11] 然后，传奇企业家肖恩·帕克（Sean Parker）从彼得·蒂尔（Peter Thiel）等投资人和风险投资集团 Accel Partners 那里筹集到了资金。[12] 随着脸书的发展，它推出了一系列标志性的功能，比如动态消息（把朋友的动态集中收集到一个地方）、平台（允许外部程序员开发分享照片、参与测试和玩游戏工具的系统）、聊天（让用户可以互相对话的工具）、点赞（表示认可某个帖子的功能）。脸书越来越流行，跨越了发展中的一个又一个里程碑。2007 年秋，脸书以 2.4 亿美元的价格把 1.6% 的股份转让给微软，并建立起了广告合作伙伴关系。第二年，脸书聘用谢丽尔·桑德伯格（Sheryl Sandberg）担任首席运营官（COO）。桑德伯格曾在联邦政府任职，也担任过谷歌高管，个人充满魅力又富有智慧。2009 年 6 月，脸书达成了另一项重大成就：它超越了 MySpace，成为世界上最受欢迎的社交网站。

但是，在脸书的快速发展过程中，令人吃惊的并不只是它巨大的用户数量。另外一个让人感叹的问题是它如何重塑了人们的社交互动模式。随着脸书的发展，许多之前完全不相识的群体能够在线上联系起来，分享故事、新闻和想法。长期失去联系的朋友们又重逢了，大家纪念和回忆往事，宣布孩子出生的消息，发布招聘广告。脸书让大家在线上聚集成团体，模拟他们在现实世界中互动的方式。大家在网上可以和新的人以及新的观点碰撞，同样也可以和熟悉的人私密沟通。社交媒体为人们创造了两种可能：既可以选择打开社交世界，也可以将它限制在自己定义的团体或者虚拟部落里。

大部分脸书用户都没有思考过这种“集合”和“碰撞”的动态所创造出的结构模式，他们只是想要和“好友”联系。但是扎克伯格和他在脸书的计算机科学家同人们有着自己的分析。通过观察现实世界和网络空间复杂的人际关系，他们看到的并不只是一种温暖的、未定义的情绪块。相反，他们看到的是这些情感联系背后的模式。人类学、心理学和社会学这样的学科已经用软性的、非定量的技术分析过社交互动了，脸书的工程师们却属于快速发展的数据工程师族群，他们认为可以用数学方法而不仅仅是想法来研究社交互动。对他们来说，人类的联系就像是计算机屏幕的电子元件或者数学模型，是能够被分析和映射的。戈德费恩说：“我们不是人类学家，我们大部分人接受的都是计算机科学教育。但是我们对人们是怎么互动的、制度是怎么运作的以及人们是怎么沟通的非常感兴趣。我们接受的计算机教育让我们喜欢把人类组织的问题用图表的方式来思考，去观察系统、节点和联系。如果你以这样的方式观察世界的话，你能够得到一些非常有趣的观点。”

2008 年夏天，脸书悄悄地实现了另一个里程碑。公司领导们意识到公司扩张得太快了，现在就已经有 150 名工程师。[13] 在脸书之外，没有人知道或者在意 150 这个数字。毕竟，硅谷的企业只要成功了，都会在规模上出现爆发式增长。在戈德费恩之前工作的 VMware，7 年的时间里公司员工人数就从几百人暴增到了 1 万人。

快速增长被认为是一种荣誉勋章。

但是，当脸书的最高管理者们意识到公司工程师已经跨过了 150 人的门槛时，他们感到了不安。其中原因与“邓巴数字”（Dunbar’s number，又称 150 定律）概念有关。这是英国进化心理学家兼人类学家罗宾 · 邓巴（Robin Dunbar）提出的概念。早在 20 世纪 90 年代，邓巴对灵长类动物进行了研究并且得出结论：一个能够良好运转的社会群体的规模与人类、猴、猿的大脑大小紧密相关。[14] 如果大脑小，例如像猴或猿大脑的尺寸，那么这个生物就只能适应有限数量的有意义社交关系（几十个）。如果大脑更大，例如人的大脑，就能够形成一个更广泛的关系圈。邓巴说，人类通过“社会修饰行为”（social grooming）来处理关系，这种传统使得人们能够紧密地联系起来。就像灵长类通过互相帮忙梳理毛发与挑掉虱卵来建立关系，人类也通过一起工作或生活时的笑声、音乐、闲聊、舞蹈与其他日常仪式性互动来建立情谊。

邓巴认为，人类社交群体理想的规模是 150 人左右，因为人类大脑有能力通过社会修饰行为维持这一数量的紧密关系，但是更多就不行了。群体人数超过这个上限时，单单靠面对面的接触与社会修饰行为就无法维系关系，开始需要强制措施和官僚机构了。

因此，采集狩猎群体、罗马军团、新石器时代的村落或哈特教派信徒（Hutterite）聚落都往往少于 150 人。一旦超过这个规模，他们通常都会陷入分裂。邓巴指出，在现代社会，150 人以下的团体往往比更大规模的单位更有效率，而我们似乎本能地就知道这一点。现代大学的兄弟会规模就通常低于这个数。大部分公司各部门的人数也在这个门槛之下。

邓巴还研究了英国人在 20 世纪 90 年代初期交换圣诞卡的问题（他认为，在脸书这样的平台出现之前，这是当时英国文化中界定朋友圈的好方法）。他发现，一个人向各家寄出圣诞卡片，收到贺卡的总数平均为 153 张。[15] 邓巴写道："这个 150 人上限是大脑新皮质大小的直接作用，这反过来也限制了团体大小。新皮质处理能力的有限造就了这样一个数字，这个数字是维持稳定人际关系的人数上限。"[16]

学界并非所有人都同意邓巴的观点。当他发布这项开创性的研究后，其他人类学家、神经科学家与生物学家也进行了他们自己的实验，并且有些人得出了结论，认为一个社会团体的最佳规模可以是这一数字的两倍。

不过扎克伯格和脸书的其他创始人仍认同邓巴的论点，他们请邓巴提供咨询建议。起初他们的关切主要集中在商业方面，工程师们设计脸书这个网站的时候，就想要知道一个脸书用户可能会拥有多少位好友，这样的话他们就可以相应地搭建网站系统。但是，跟邓巴谈过之后，脸书的工程师们意识到，邓巴的观点不仅可以指导他们为外部用户建设网站，还能用来帮助公司内部员工之间的互动。扎克伯格创立脸书之初，公司的员工们在一个单一团体里工作。他们中有些人住在一起，工作时也挨得很近，互相之间非常了解，有共同的喜好，比如都爱从当地一家中国餐馆叫外卖。然而，随着公司规模的扩大，维持这种团体认同感就变得困难了。

脸书不是唯一一家面临这种挑战的公司，所有其他成功的创业公司都受到这个问题的困扰。而硅谷的经验告诉我们，规模的快速扩张带来的问题对许多公司来说可能是致命的。毕竟，技术世界充斥着这样的故事：一开始都是小型的自由实体，然后获得巨大成功，后来转变成了巨型的官僚机构，内部斗争和谷仓问题泛滥。索尼就是这样，施乐同样如此。但是让一些脸书工程师尤为担心的案例是微软。尽管总部位于西雅图的微软公司起步的时候是一家富有活力和创造性的实体，世纪之交时它却已经深受谷仓所困。这种分裂化的状态虽不像索尼公司那样极端，却也严重伤害了微软的竞争力。

那么，有什么办法能够避免这种命运吗？脸书的工程师们决定试一试。一位高管后来回忆道："我们想成为'反索尼''反微软'式的公司。我们观察这些公司，看到的都是自己不想成为的样子。"他们开始讨论如何能够摆脱谷仓的桎梏。2008 年夏天，脸书早期创始人之一安德鲁·博斯沃斯（Andrew Bosworth）提出了一个新想法。[17] 博斯沃斯工程师出身，身材壮硕，秃顶，身上还有文身，同事们都叫他"博兹"（Boz）。（脸书的工程师们喜欢互相取外号，这是社会修饰行为的一部分。）前几个月，博兹一直致力于创立一个新员工培训项目，他的目标是保证这些计算机工程师们加入脸书之后能够和其他的老员工们知道同一套计算机代码，并且被分配到最能够发挥自己特长的团队里。所以他想出了一套入职课程，向新员工介绍公司的情况，并且教会他们最关键的代码知识。博兹后来意识到，这套课程的作用不仅仅是传授技术知识，它还能作为一个社交工程工具。如果你把所有新员工分成小的团队，让他们有一个共同的培训体验，你就能够创造一种社交性梳理行为和社交练习的机制。这些接受培训的人组成的团体后来并不会一直作为一个单位待在一起，因为他们要被分散在公司的各个部门，但这种共同的体验能在他们之间建立起持续的联系，并且创造出社交上的亲密关系，让他们达到互相起外号的亲密程度。

那年夏天，脸书宣布，所有的新员工，不论资历深浅，都要参加一个为期 6 周的入职培训，博兹则担任“新兵训练营营长”。

博兹在脸书上发文向员工们解释道：“新兵训练营的主要目标是让大家迅速地了解我们所有的代码库，同时促进大家建立起我们认为长时间里会对大家有益的习惯，比如遇到漏洞的时候大胆地处理它们，而不是把它们留给别的工程师来弄。有几名资深工程师轮流担任导师，他们定期和新人会面，教导他们如何在脸书更有效地工作。导师们会检查所有新兵的代码，甚至还专门设立辅导时间，在办公室回答那些新兵们可能不好意思提出的基础问题。整个工程团队的工程师还负责针对各种技术进行讲座，主题包括 MySQL、Memcached、CSS 与 JavaScript。”[18] 博兹补充说，这个培训过程至关重要的一部分是一个轮岗的项目，让新员工们了解整个公司的情况。“我们不会根据面试时候很少的互动就武断地分配新员工的去处，新兵训练营会在他们六个星期的培训结束之后为他们选择要去的团队。”

但是新员工不仅仅要学习 MySQL 这样的技术。“训练营的新兵往往会和同期进入公司的战友们建立起关系，而且这种关系常常能在他们加入不同团队之后仍然持续下去。”博兹解释道。或者换种说法，脸书的管理者们想要通过新兵训练营做成不止一件事，而是两件事。首先，他们把公司分成各个分离的项目团队，专门负责执行各自的任务。这是非常必要的，因为写代码的工作需要在具体的项目或流程上密切协作。脸书这样的公司需要谷仓，因为他们需要专业的部门和团队来完成工作。只有形成了项目团队，工作才有重点，也才能问责。而新兵训练营还有第二个目标，那就是为这些项目团队覆盖上另一层非正式社交关系，这种关系并不由正式的部门界限来定义。他们希望这样能够防止项目团队变得僵化和封闭，而且保证员工对整个公司有归属感，而不是仅仅只对小团体有感情。

博兹说："新兵训练营能够促进跨团队的沟通，预防成长中的工程企业常常遭遇的谷仓困境。"脸书既在为谷仓创造前提条件，又在建立系统来打破这些谷仓。

2010 年秋，戈德费恩从她的新兵训练营[19]毕业，开始主管一个负责"动态消息"的工程师小团队。这是脸书社交平台上 2006 年发布的一个工具，它让脸书用户能够看到来自好友的消息或者帖子，并且将这些消息按照时间顺序进行分组。[20] 2010 年时，这个工具在许多脸书用户中已经非常流行了，而且商业上似乎并没有什么更新它的要求。但是，像苹果等其他技术公司一样，"不断地重新创作最成功的产品才能让公司存活下来"一直都是脸书的核心箴言。戈德费恩说："如果我们不打断自己，其他人就会来打断我们。"[21]所以她的团队一头扎进了改善动态消息的工作中。这是一个复杂的计算机难题。为了使动态消息良好运转，脸书需要一个算法来自动对用户从好友处收到的所有消息（动态）进行挑选，选出最重要的细节，并且将它们以方便阅读和理解的方式呈现出来。脸书最初的做法是把用户收到的所有消息在电脑屏幕上按时间顺序全部列出来。当网站流量较小，用户还没有收到太多帖子和消息的时候，这样的做法是可以的。但是到2010年，网站的规模已经发生了爆发式增长，用户要被淹没在动态消息中了。那些非常重要的帖子，或者以脸书的说法，“重大人生事件”可能就会被淹没在琐事中而不被人发现。关于有人去世的消息受到的关注可能和一张小猫的照片一样多，然后在上百张猫咪照片的冲击下快速消失在了视野中。

所以戈德费恩的团队开始寻找方法，创造一种更敏感的算法来给信息排名。这个工作量很大，需要在电脑前面待很长时间，不断去探索代码的边界。或者像印度的一家报纸报道的那样，“把重写动态消息代码的任务称作‘计算机科学的前沿’也并不夸张，因为它要使用人工智能处理脸书拥有的海量用户行为数据”。首先，团队写了几段代码，根据用户间出现过的话题将新闻进行分组。然后他们把动态消息当作一份报纸，想要把“重大人生事件”放在头条位置。但是这两种方法都不起作用。戈德费恩解释说：“我们能在一周或者两周之内做出一种代码的变化，但是做网站的一个主题需要花五周的时间，在四五个月时间里要做出三个大的主题。”接着，团队尝试了一种叫作“巨石原型”（boulder prototype）的方法。这种算法会选出那些最重要的故事，把它们标记成“巨石状态”，然后其他跟它们相关的消息就是“鹅卵石”。这个系统效果好一些。戈德费恩说：“如果你一周之后登录，你能够看到你上次登录之后所有重要的故事。但是如果你长时间在脸书上逛，你会看到不同的新闻动态。这里有一种神奇的效果，因为你会首先看到那些重要的故事，但是又不会感觉到一切都是被安排好的。用户喜欢这样的状态。”[22]

几个月的时间过去了，动态消息团队在电脑前面花了许多的时间，他们互相讨论各种想法，关系也变得越来越紧密。实际上，对于戈德费恩来说，这种体验的强度之大常常让她觉得自己是在创业。这也正是他们想要的结果：扎克伯格和其他高管们想要给予各个代码编写团队充分的自由，让他们像创业那样，自在地以快速变化的节奏进行头脑风暴，实验、发展自己的想法。他们认为独立感对于公司快速发展的能力来说至关重要。但是就算这个小团队为了一个项目像创业一样紧密联系起来了，脸书的管理者们还是会把他们拉回更大的团队里。每周戈德费恩都要和其他的资深工程师会面，通报团队的进展。“马克是我们围绕的中心，我们每周和他会面一次，向他解释我们在做些什么。”她说。[23]脸书的员工还经常和他们在新兵训练营里的队友见面。在社交活动的名义下，公司鼓励他们交换想法和消息。“脸书当初做新兵训练营是为了解决一个特别的问题，给新兵更多的自由选择权，让他们自由决定以后想做什么。这意外地在破除谷仓方面起到了重要的作用。认识每个谷仓中的至少一个人对于让整个公司良好运转具有关键的作用。”[24]

戈德费恩同样也会打乱她自己的团队，她使用了另外一个脸书的惯例做法——“黑客月”（hackamonth）。这是从新兵训练营延伸出来的实践。脸书总工程师迈克尔·斯科洛普夫（Michael

Schroepfer）解释说："黑客月本质上就是新兵训练营的第二部分。它实际上是一个轮换项目。"他是一个矮瘦结实的人，在公司里的外号是"斯科雷普"（Schrep）。

"如果你在一个项目上工作了12~18个月，我们就拍拍你的肩膀，告诉你花几个月去做点别的事吧。大部分人都会选择跟他们之前做的相隔十万八千里的工作。"[25] 和新兵训练营的想法一样，黑客月惯例的兴起也是一半意外、一半实验的结果。斯科雷普和博兹起初的目的是保持工程师在工作上的动力。硅谷的技术公司发展得如此之快，工程师们如果对现在的工作感到无聊了，就很容易被竞争对手挖走。"如果你是主动去做某件事的，那你肯定会在这件事上做得更好。"斯科雷普解释道，"热情是一种力量倍增器，能够弥补其他的任何缺陷。"[26] 然而，黑客月开始后，大家很清楚地看到，它还能起到破除谷仓的作用。让员工到处轮岗避免了不同的团队僵化成封闭的单位。所以脸书的管理者们扩大了这个项目。脸书的文化就是喜欢一小步、一小步地持续尝试，然后把起作用的方法发扬光大，再不断迭代。不管是在管理实践（例如黑客月）还是计算机代码方面，都是如此。"参与黑客月的人一半选择转换团队，一半回到了他们原来的团队。但是不管怎么样，我认为公司都是获益的。"斯科雷普说。

黑客月也有严重的缺点：为那些想要转岗的工程师找到位置，并且补上他们离开之后在原来的团队里留下的缺口需要花费很多时间。就算不是浪费，也总有一些重复和重叠。"所有这些流程都是痛苦而且没有效率的。有时候你的团队里少了两三个人，一个在参加黑客月，一个在休产假或者有其他什么事。把某个人放在一个团队里然后让他们待着不动显然轻松得多。”斯科雷普承认。[27]但是他认为，为了实现让组织保持流动性和相互连接，总要付出一些小的代价。保留一些松弛或者低效率，来培育创新性并且让大家有更多的时间来相互联系是非常重要的。

所以戈德费恩管理动态消息项目几个月之后，把自己团队里一名重要的工程师轮换到了其他团队。这个团队做的是与时间线相关的另一个项目。最初看来这似乎是动态消息团队的一个损失，因为开发“巨石原型”系统的战斗已经到了敏感的阶段。但她意识到轮岗也带来了一个好处：不同的项目团队开始分享观点了。戈德费恩说：“时间线团队很多的代码都来自动态消息组，我们希望动态消息组工程师的轮岗能为我们带来更加紧密的沟通，而且这确实很有效。平常每天没有人有时间去了解其他团队的人在做什么。但是关键是推动这种社区的丰富性和信息分享，不管使用怎样的办法。”

2011 年 12 月，戈德费恩加入脸书 18 个月之后，她和另外一名员工从帕洛阿尔托的办公室搬到了附近门罗帕克（MenloPark）的全新校园建筑里。[28]那时候脸书的员工数已经超过了 2000，[29]是邓巴数字的几倍之多。但是，随着规模扩大，层级增多，脸书内部的社交实验也飞速发展。公司管理者们决心使用他们能用的所有社交工具来建立专门的、专业的项目团队，并同时预防这些小的团队僵化成互相竞争的谷仓。建筑就是这场斗争中的一个武器。新的脸书园区地址原来为太阳微系统公司（Sun Microsystems）所持有，现在这家公司的标志还粘在入口地址牌的背面。太阳微系统公司是早些年间在硅谷兴起的一家技术巨头，最初也是一家灵活的创业公司，后来成了一个笨拙的巨兽，深受谷仓困扰。太阳微系统公司拥有这块地的时候，它的官方地址是柳树路1601号，公司的员工们被塞进了很多栋不同的建筑里，这些建筑又再被细分为无数小的办公室和小隔间。“简直像牛栏一样！”曾经在那里工作过的斯科雷普笑道，“你和其他人根本没有交流。”但是，脸书买下这块地之后，决定把它命名为“黑客之路”，把地址标志重新刷成了蓝色，在上面加上了一个巨大的白色大拇指的符号，也就是脸书上点赞的标志。施工人员拆掉了旧的太阳微系统公司大楼里大部分的隔断墙，增加了白板、裸管和涂鸦墙。会议室四周都是玻璃墙，这样大家都能看到其他人的办公室。就算是扎克伯格也是在一间敞开式办公室里工作，大家都可以看见他。公司著名的首席运营官谢丽尔·桑德伯格也是同样的待遇。扎克伯格还有一间“私人”办公室，但是这间办公室也是玻璃墙的，并且被放在了园区的中心，就在员工们经常散步的一条走道旁边。窗户上贴着一张告示：“请勿投喂动物。”“我们叫它‘马克的金鱼缸’！”斯科雷普笑着说道，“所有人都能看得见他。”

然后斯科雷普更进一步。他让建筑师把不同建筑之间的高楼层用通道连接了起来。这些在脸书上空延伸开来的高高的走廊被涂成了跟旧金山著名的金门大桥一样的亮橘红色。通道两端都安有自动门，跟超市里的门一样，有人通过时就会自动打开。斯科雷普的目标是，保证工程师们在楼中漫步时不需要停下脚步。他解释说：“有研究表明，如果你能够让大家动起来，互相接触，那大家的互动就会多得多。”各个大楼之间的空间变成了吸引人的“漫步区域”，鼓励员工们在加州温和的气候里聚在一起。脸书还在园区中心创立了一个开放的会议地点，叫作“黑客广场”。每年扎克伯格会在这个开放的空间举行几次全体员工大会。他每周五还在巨大的餐厅里举办集会（脸书更喜欢把它称作“问答时间”）。有时候员工会向扎克伯格提出意外的问题，另外一些时候这种集会则看起来有些公式化。但是不管怎样，这种象征意义是很明显的：脸书的管理者们决心向员工们展现出一个一体的、公开的团体形象，在公司里每个人都能够，也应该和其他人以一种自由和随意的方式相互碰撞。

黑客广场还被用来举办另外一个社交工程实验项目，那就是“编程马拉松”。大约每隔六周，几百名工程师就会来到广场，聚集在一个黄色机械装置周围——这个装置曾经是起重机的一部分。后来这里被改造成一间亮橙色、墙壁贴满了激励性海报的大型会议室。[30] 在那里工程师们会花整晚的时间以小团队的形式研究代码问题。这里的用意就是工程师们可以一起测试想法，或者用计算机专家们喜欢的俗语来说，一起“当黑客”。把大家集中在一个小的空间里然后要求大家高强度地工作是激发创造力的一个好方法。

这种编程马拉松并不是脸书独有的。其实它是技术世界里老生常谈的一个习俗。在芝加哥市政厅，布雷特·戈德斯坦就和他的理工宅团队一起开展过编程马拉松，来开发市政府需要的程序。但是脸书的编程马拉松有一个不寻常的转折。最初只要工程师和他们的朋友或者团队成员一起聚在笔记本电脑前面，就发起了编程马拉松。所以脸书早期的时候，扎克伯格和公司的其他创始人一起在他和工程师们共同的房间里整晚地头脑风暴。但是随着公司的发展，脸书的管理者们坚持要求参与编程马拉松的群体必须来自各个项目的不同团队，然后聚在一起研究他们日常工作之外的东西。有时候几个人在某个活动之前建立了联系或者他们都对某个具体问题感兴趣，就组成了短期的小团队。另外一些情况下，工程师们则几乎是偶然地聚在了一起。不管怎样，像新兵训练营和黑客月一样，编程马拉松也是为了打破常规部门之间的界限而存在。它们作为一种工具，能够帮助脸书在拥有专业的项目团队的同时，避免僵化成封闭的谷仓。

加入脸书后不久，戈德费恩就组织了一次编程马拉松，要增加脸书平台上的姻亲和继父继母关系选项。这个项目跟她的动态消息任务并不相关，但她自己很喜欢。“我和我老公的妈妈关系很亲近，但是我不想只是叫她‘婆婆’。我加入脸书之后看了看我们的网站，发现虽然我们有‘家庭’这个群组，姻亲关系却不在里面。我觉得这样是不对的。所以我就发起了一次编程马拉松来研究这件事。”就像曾经多次发起编程马拉松的印度裔工程师佩德拉姆·肯亚尼（Pedram Keyani）解释的那样，“编程马拉松的整个意义就在于它重组了等级。我们至少在一段时间里打破了谷仓，以一种公共精神来开展工作。”

脸书的管理者们用来和谷仓做斗争的另外一个工具是脸书这个平台本身。在公司创立早期管理者们就发现，脸书的优点之一就是它能够在横向上实现沟通，而避免一个僵化的等级结构。如果某个人发布了一条新动态，其他所有人都能看得见。这与许多大公司通过电子邮件沟通的方式不同。在那种方式下，信息往往是向上或者向下、在层级之间传递，可能会产生瓶颈或者僵局。

随着时间的流逝，管理者们发现脸书平台还有另外一个优点：它为员工提供了在多个级别上互相之间建立更深入关系的方法。脸书的管理者们认为这是与谷仓的战争中另一个重要的武器。斯科雷普说："我们在公司里教育经理们要做到的一点就是，你要用名字称呼对方——我指的是用真实的名字。如果我们抓到哪个人在用恶意的绰号叫别人，我们就会马上打断他、制止他。我们从来不允许公司里的一个人称别人为'6组的那些笨蛋'或者'营销部的那些蠢货'，因为你这是在贬低别的团队。如果你都不知道别人是什么样的人，就这么去贬低别人，那我们就要找你的麻烦了。"

管理者们希望脸书平台能够帮助营造一个人性化的交流空间。所以公司敦促最高管理层发布他们自己的脸书动态，和同事们分享他们的观点、消息和生活的细节。有些人并不喜欢这个做法。"我的性格就是比较害羞和内向的，"戈德费恩承认，"我加入脸书之前就很少发帖。我是比较拘谨的。"但是她加入脸书后不久，就屈服于压力，开始和同事们分享动态了。她最初的消息是有所保留的："代码评审的时候你们见过的最糟糕的漏洞是什么？有没有人能推荐一个比 Adium 更好的基于 OSX 的 IRC 在线聊天客户端？"[31] 后来戈德费恩开始敞开心扉。她在第五个帖子中写道："我的订阅者们你们好呀！我在脸书工程部门负责这个网站的核心功能，比如说动态消息、照片和搜索。在这之前，我负责运营 VMware 桌面产品的工程部门。我热衷于带领更多的女性进入工程事业，也对扩展软件工程组织充满热情。我的孩子们占据了我的业余时间。私底下我喜欢读科幻小说和看美剧《欢乐合唱团》。”[32] 几周之后，她开始和大家分享更多的私人生活。“我有时候会在奇奇怪怪的时间通勤，不同的时间路上能遇到不同的情况，还挺有意思的。有没有人用过什么能够记录它的 App（移动应用）呀？最好是直接能在脸书上用的。”[33] 她在脸书上发布了她最喜欢的玛德琳蛋糕配方。她讨论了自己关心的一项事业：计算机领域的性别不平衡。“20 世纪 70 年代，SAT（美国大学委员会主办的一个考试项目）数学满分的学生中男女比例是 13∶1，今天这个比例是 3∶1，而且差距还在缩小（平均分是一样的）。还有人真的认为男女数学成绩的差异是生理性的吗？如果还有的话，我想给你上一堂关于物种进化速度的科学课了。”[34] 她支持媒体机构打破性别固有印象。“《勇敢传说》是我看过的第一部既不是妈妈不在了，也不是妈妈很邪恶的迪士尼公主电影。票房成绩似乎也很不错。双手合十，期待这个世界变得更好。”[35] 她去华盛顿参加游说活动的时候也分享了具体的消息。“能见到陆军上校兼 NASA（美国航空航天局）宇航员凯迪·科尔曼（Cady Coleman）真是太棒了。我长大了想当宇航员的宏伟目标在高中之后就没戏了，但是我确定，NASA、萨莉·赖德（Sally Ride）和克丽斯塔·麦考利夫（Christa McAulife）帮助我从小建立了对数学和科学的兴趣。”[36]

有时候公开这么多信息也让戈德费恩感到紧张。但是一天天过去，她发现正是这些私人化的信息帮助她和别人建立起了联系。“每次我跨出自己的舒适区，分享一点东西的时候，我都觉得很有益。

我在公司里建立起了新的人际关系。我发现这慢慢变成了一种正反馈循环。”她并不是唯一的例子。2012 年，沉默寡言的扎克伯格开始发布他的婚礼、他家后院和他的日常生活动态，虽然是在公司的推动下。他会发帖说：“公司园区里面的那些狐狸们简直太棒了。”[37]或者是：“我今天更新了烧烤应用 iGrill，它现在有脸书集成功能了，你可以看到世界其他地方的人正在做什么烧烤，太棒啦！我要做个弗雷德牛排！”[38]桑德伯格发布了一些公司的动态，还用网站来推广她的书《向前一步》(*Lean In*)①，督促女性在事业中承担更多责任。斯科雷普用这个平台和其他工程师们分享如何更有效率地工作。“专注，专注，专注！脸书的工程师经常听到我说‘专注’这个词。别把你的日程安排得跟瑞士奶酪一样到处都是孔！遵守周三不开会的原则！要注意身体，因为这不是短跑而是马拉松：锻炼和良好的睡眠让你效率更高！”[39]然后他公布了自己成功的小秘诀：

“第一，移除屏幕上所有的视觉干扰，一次只专注于一个 App。在这方面 FocusMask 软件很好用。第二，安排专门的专注时间、休息时间和容易被打断的时间。我会用简单的定时器来帮助自己在专注时间不要意外走神。第三，选择大型耳罩式耳机，能够隔绝声音，并且告诉别人现在不要打扰我；选择没有歌词的音乐——根据情绪可以选择魔怪乐团（Mogwai）或者古典音乐，哪种对你有用？”

年轻的员工也分享他们的想法。2013 年春，一个名叫瑞恩·帕

① 该书中文简体版已于 2013 年由中信出版社出版。——编者注

特森的工程师发布了一个通知，告诉同事们“从这周开始我在脸书的工作进入第四年”。根据脸书的标准，他现在是一名老兵了，所以他决定给新员工们提建议：“作为一名程序员，对自己世界的掌控对于全面探索问题的边界、找到最好的解决办法是至关重要的。我指的既包括你编写的代码，也包括你在公司内部和其他人的互动。你要对整个公司有主人翁意识。随便找一个你几个月里面都没有共事过的人，和他简单聊一聊，你能够获得全新的见解。”[40]

2013 年 5 月一个初夏的夜晚，几百名穿着运动鞋、牛仔裤和 T 恤的年轻男女聚集在了黑客广场的黄色起重机周围。太阳逐渐落到地平线之下，在蓝色天空留下了片片红霞。一个踩着高跷的人跳了过去；另一个人挥舞着老式的录音机，播放出舞曲；还有一个人留着胡子，戴着面具，穿着蓝色的佐罗式斗篷，跳到了起重机的底部。脸书的工程师们几年前在另一个办公室偶然发现了这一大块机械装置，然后就喜欢上了它。他们用它来开会，也用它来捉弄别人。所以公司搬到门罗帕克的新园区时，工程师们坚持要把它带过去，作为仪式道具和他们过去的象征。脸书才诞生 10 年的时间，但公司的工程师们已经锻造了众多的集体仪式和创始传说。这种模式对马林诺夫斯基这样的人类学家来说应该是很熟悉的，他在 20 世纪 30 年代曾经研究过特罗布里恩群岛的原住民，并且开创了“参与式观察法”（Participant Observation）。脸书的典礼仪式就像是特罗布里恩群岛居民的库拉交易制度，它有一个重要的功能：通过建立共同的身份认同感把广大的社交群体黏合在一起。

“朋友们，罗马人们，黑客们！请注意！”戴斗篷的人喊道。人群暂时安静了下来。编程马拉松名义上的领袖佩德拉姆·肯亚尼站了出来。“大家知道套路的！”穿着运动牛仔裤和橄榄绿T恤的肯亚尼喊道，“如果你凌晨5点还在这儿，我们会给你发早餐，之后还会叫中国菜！”人群中又发出了笑声。编程马拉松往往是在黄色起重机里开始，然后转移到另外一个房间。几个小时后的午夜，工程师们聚在那里吃每次都一样的中餐夜宵。10年前扎克伯格创立脸书的时候先开始从这家中餐馆叫外卖。2013年的时候，这家餐馆对他们来说已经不再方便了，因为它离黑客大道太远了。但是没有人想打破这个仪式，从别的地方订餐。

“在场有人从未参加过编程马拉松吗？”肯亚尼向人群喊道。有一些人挥动手。“那太棒了！这里唯一的规则就是，玩得开心，跟人交流，享受乐趣！要记住，我们的编程马拉松跟其他人的都不一样！让我们一起享受它，写出好的代码！”这群穿着连帽衫的工程师们分散到几个小的群体里，走向大会议室。会议室的玻璃墙上贴着诸多鼓励口号：快速行动，打破常规！比完美更重要的是完成！如果无所畏惧，你会做什么？“海报是脸书最重要的文化载体之一，”桑德伯格指出，“我们开会的时候，有人就会向大家引用‘做出伟大的决定’这样的口号，这就是我们公司的文化。这些最初的文化创意很多来自马克，但是我们作为一个团体是具有一致性的。你不可能从上而下强制执行，它要从下往上扎根成长。”

脸书的经验是否能够移植到其他公司呢？有时候，桑德伯格和其他的高管们也会问自己这样的问题。到 2013 年时，硅谷的其他公司都在使用脸书开发的谷仓破除方法的各种变体版本了。谷歌和苹果公司的员工也发起了编程马拉松，进行了人员轮岗。开展新员工统一入职和培训项目的创意也传播开来。将建筑物作为一个工具来推动员工之间的互相碰撞和协作的概念也在各个行业广泛传播。制造业集团 3M 在实验室里特意让各方专家混合办公，并因此而自豪。谷歌公司创造性地设计了许多帮助员工互动的设备。

许多其他实体也开始使用社交媒体网站来推动员工之间更好地交流。在欧洲，消费品公司联合利华配备了一个内部社交媒体平台，这个平台由 Salesforce（客户关系管理软件财务提供商）开发，用来促进跨公司的横向沟通。这个叫作 Chatter 的系统最初是为了让最高领导层能够向其他人发布信息，但是后来联合利华的高管们发现它也能用来打破公司内部的谷仓。“Chatter 帮助我们把集团和全球的团队联系了起来，让我们能够分享想法、新产品和最新的进展，并且最大限度地降低了市场中不必要重复的概率。”首席科学家金·克里利（Kim Crilly）说。

但是脸书的管理者们与众不同的是，他们不断地审视自己，不断在社交工程领域尝试新的迭代实验。他们通过使用计算机理念来分析人类的友谊而创立了一个成功的企业，他们也永远都对彼此之间如何互动充满了热情。“我之前从来没有想过这些社交的东西。我觉得它们没那么重要，”斯科雷普坦诚道，“但是后来，我来了脸书，我才意识到它的重要性。这实在是一个很大的改变！现在我无时无刻不在思考这个问题。”

脸书管理者们的自省还有另外一个原因：他们知道自己面临着各种竞争对手的威胁。有很多规模更小、更灵活的创业公司想要挑战脸书，而技术又在飞速地发展和变化。扎克伯格在 21 世纪初期创立脸书的时候，他所设计的网站是应用于台式机和个人电脑的。因为在开发这一领域做得过于成功，脸书在适应新的移动技术时步伐缓慢。脸书的工程师们错以为他们可以直接把网页产品放到移动端。但是网页产品并不能很好地转换到一个小小的移动屏幕上。2014 年春天，戈德费恩承认："我们之前不太擅长移动端的证据应该是非常充分的了，实际上我们不只是不太擅长，而是非常糟糕。我 2010 年夏天加入脸书，那时候脸书的移动团队大概就是地下室里的 4 个人。而网页端我们有一个动态消息团队，一个通信软件团队，一个照片团队，等等，总共有一两百名工程师在搭建网页端的功能，然后只有一个非常微小的团队想要在苹果 iOS 系统里让移动端也有同样的功能。我都不想说我们当时在安卓那边是怎么做的，因为真的不好意思说出口。"[41]

当扎克伯格和其他管理者终于意识到公司犯了严重错误的时候，他们急忙开始应对。脸书买下了照片分享网站 Instagram（照片墙）以及其他的移动公司。[42] 戈德费恩以及别的工程师们被派到了其他部门，专注于移动技术而不是网页产品的研究。"我们学到的是先从移动平台开始，做出适合移动端的最好的应用程序，然后把网页端一些有用的东西直接拿过来。但是不要想着从网页平台开始，然后把它搬到移动端。一定是从移动端开始，然后把网页端用得好的拿过来。"她说。2014 年，这一策略转变开始起作用。脸书公司的移动 App 吸引力增强，公司也从这一移动平台以及更为传统的电脑端产品上获得了广告收入。实际上，脸书公布 2014 年业绩时，大家发现它的营收上涨了 124.7 亿美元，比去年高出 57%，这大部分归功于移动端广告的猛增。[43]

但脸书公司内部没有人感到自满。公司规模越大，公司变得越成功，他们就对来自外部小型灵活企业的挑战越发紧张。脸书于 2013 年年底成功首次公开募股（IPO），公司市值达到了惊人的 1000 亿美元。这样的扩张似乎使得管理者们的不安不减反增。"我不认为我们未来两年会有谷仓的危险，但是对所有的公司来说，规模都是一个很大的问题。"戈德费恩指出，"社交问题就像计算机问题一样，你要不断地询问能够处理 1000 个用户的方法能不能够用来处理 10 万个用户。"

还有另外一个更为微妙的挑战存在。脸书一个显著的特点就是公司员工的同质性。工程师们接受的都是同一系列的计算机技能教育，也都大概 20 多岁或者 30 岁出头。大部分人都穿着同样的"制服"——运动鞋和牛仔裤，生活的面貌也大致类似。这使得公司内部形成集体认同感和打破谷仓变得更加容易。让工程师们在不同的团队之间轮岗并不难，因为他们都是相似的。但是随着脸书内部的员工有了一个社交团体的认同感，有了自己共同的身份，就出现了一个新的风险：在未来，整个公司可能自己就成了一个巨型的社交谷仓。

脸书并不是唯一面对这样危险的企业。硅谷的繁荣创造了许多非常成功的技术精英。这些工程师们越富有、信心越强，自大傲慢可能也就越严重。和 10 年前的银行家一样，这些工程师们会面临一种“与他们身边没那么成功的人脱节”的风险。这种没那么成功不仅是财富意义上，还包括教育和生活前景。对于技术世界以外的人来说，想要完全理解计算机工程师们在脸书这样的地方在做什么是不可能的。这些计算机算法和金融术语一样令人费解。而这些工程师们有时候也看不到外人是怎么看他们的。所以这里存在者成为一个与外界隔离的技术聚居区的风险。

但在那个温暖的 5 月的夜晚，聚集在脸书橙色办公室里进行编程马拉松的工程师们并没有对这些未来的威胁过于担忧。现状是如此令人兴奋。在管理者们不断开发社交工程新创意的时候，他们只想写代码，探索计算机科学的边界。肯亚尼看着工程师们在电脑周围凑成一团一团进行编程马拉松，说道：“我认为我们有一个有用的系统，能够打破谷仓。但是我们要一直不停地实验下去。”这是“黑客大道”的精神，也可能是脸书在对抗索尼式命运的斗争中最重要的武器。

第七章
翻转镜头：医生如何避免经济学家的错误

我喜欢把事情颠倒过来，从另外一个角度观察画面和情况，然后看看如果你改变了视角，事情会怎样变化。

——瑞士喜剧演员、艺术家乌尔苏斯·威尔利（Ursus Wehrli）

哈佛商学院阶梯教室里的气氛严肃而庄重。这个世界上最有雄心的年轻人们坐在讲台周围马蹄状的一排排座位上。来哈佛商学院读书通常至少要花 10 万美元，而想获得这样的机会还要经过激烈的竞争。[1] 学生们对他们自己以及来到这个著名阶梯教室的演讲者们都具有极高的期望。而被选中在 2006 年初秋向这届学生致辞的人大有来头。[2]

托比·科斯格罗夫（Toby Cosgrove）是世界上最著名的心脏外科医生之一。他那年65岁，[3]身材高大，面容威严，棱角分明，还有着一对大耳朵。在职业生涯的头几十年里，科斯格罗夫已经在医学界赢得了广泛声誉。作为一名开拓性的心脏外科医生，他为2.2万名病人动了手术，申请医疗创新专利30项。[4]2004年，科斯格罗夫被任命为俄亥俄州克利夫兰医学中心CEO。克利夫兰医学中心是美国最大的医疗中心之一，年预算高达60亿美元，有员工4万人。[5]这家医院在许多方面都是美国最佳，其中包括科斯格罗夫的心脏手术专科。克利夫兰医学中心以优于绝大部分竞争对手的价格提供先进的治疗，世界各地的人都慕名而来。简而言之，它是21世纪医院运营的楷模，至少在哈佛商学院看来是如此。

所以哈佛商学院的学生们满怀敬畏之心聆听科斯格罗夫解释克利夫兰医学中心是如何运营的。他是一名很好的演讲者，散发出一股坚定、权威的气质，还混杂着自谦的冷幽默。大部分人都不知道科斯格罗夫曾经有阅读障碍。青少年时期和20岁出头的时候，他在学校过得很艰难。但最终他闯过了这个难关，凭借着极强的意志力和过目不忘的记忆力成为一名外科医生。“科斯格罗夫医生是一位了不起的人，是亚历山大大帝之后世界上最具雄心壮志的人。”克利夫兰医学中心心脏外科医生布鲁斯·莱特尔（Bruce Lytle）有时候会这样开他这位同僚的玩笑，“非常好，你需要这样的人来改变世界。”

科斯格罗夫结束演讲之后开始回答哈佛学生的提问。最初的几个问题都在表达对他的景仰，然后有一位叫卡拉·梅多芙·巴内特（Kara Medof Barnett）的女生站了起来。她脸庞清瘦，一头灰色头发，坐在礼堂的第二排。“科斯格罗夫医生，我爸爸需要进行二尖瓣手术。我们知道克利夫兰医学中心以前取得过很好的成绩，但是我们决定不去你们那儿了，因为我们听说你们没有同情心。我们去了另外一家医院，尽管他们排名没你们这么高。”[6] 全场因为震惊而在一瞬间陷入了静止。巴内特直直看向科斯格罗夫的眼睛，继续施压：“科斯格罗夫医生，你们克利夫兰医学中心会教人要有同情心吗？”[7]

同情心？科斯格罗夫有些茫然。他在几十年里与各种困难进行了激烈的抗争，花了无数时间锻炼他的专业技能，终于成为一名著名的外科医生。但是，他从来没怎么想过同情心的事。同情心这回事听起来有些嬉皮士风格，甚至是任性。“这个不好说。”他含混地回复道，然后转换了话题。

第二天科斯格罗夫离开了波士顿，想要把这件事抛到脑后。但是这个奇怪的插曲一直在他脑海里萦绕不散。科斯格罗夫医生，你们会教人有同情心吗？10天之后，在沙特阿拉伯，他居然又想到了这件事。克利夫兰医学中心最高领导层渴望在中东地区扩张业务，因为那里有很多富有的客户。所以科斯格罗夫决定参加吉达一家医院的开幕仪式。为了纪念这个日子，沙特国王和王储举办了一个典礼，当地许多达官贵人前来参与，医院的新主管发表了热情洋溢的演讲，[8] 宣称“这家医院将致力为病人的身体、精神和灵魂服务”。[9] 在他演讲时，科斯格罗夫扫了一眼沙特国王，发现他竟然已经流下了热泪。[10] 他感到一阵战栗。“我们确实缺少一些东西。”他习惯于从冷静的、技术的角度思考或者从专业技能方面来描述医学，他从来没有想过感情的问题。

但是专业技能是否就真的足够了呢？这个问题一直在他的脑海里挥之不去。表面上，科斯格罗夫知道克利夫兰医学中心是一个优秀的医院——从医生的思维模式来衡量的话，这个评价没有问题。医院有世界级别的外科医生、内科医生、护士、心理学家和理疗师。医院有麻醉科、儿科、药学、外科、病理学、实验室医学、后续医疗保健、区域医疗服务、护理和教育等多个专业团队。

但这是病人们真正想要的吗？这是医学治疗最好、最有效、最便宜的方式吗？科斯格罗夫开始有了怀疑。医生们把医学看作专业技术的集合，病人们却不是。大家生病了不会说“我需要一名心脏外科医师”，或者“带我去看心脏病专家”；相反，他们会说，“我的胸口好疼”“我病了”“我喘不过气来了”“我肚子好疼”，或者最简单的，“我不太舒服”。

在某种意义上，这种对于医学的认知差异是意料之中的。当人类学家在 19 世纪后期刚开始研究非西方文化的时候，他们发现不同的社会看待身体和定义疾病与健康的方式有微妙的差别。后来，随着人类学在 20 世纪的发展，诞生了一个新的学科分支，叫作“医学人类学。”这门学科研究的是世界各地不同的社区是如何认知、体验和实践医学的。这个分支现在是人类学发展最快的领域之一。它认为健康并不是生物学，或者说并不只是一个科学问题，它也是一种文化现象。我们的生理机能可能全人类都一样，但是对于疾病的概念，不同的文化甚至同一社会内部都是不同的。

在过去 20 年里，这一观点对于多边发展机构和非政府组织在世界贫穷地区进行的开发和援助工作有着越来越大的影响。世界银行行长金墉（Jim Yong Kim）就是一名医学人类学家，他有人类学博士学位，同时也是一名合格的医生。他用这两种技能来开展贫穷社区的疾病扩散研究，并且在世界银行推广了这种跨学科的研究方法。金墉的朋友兼同事保罗·法玛尔（Paul Farmer）也是一名医学人类学家，他和“健康伙伴组织”（Partners in Health）一起在非洲等地开创了医疗卫生实验。作为哈佛教授，他还在哈佛这样的美国顶尖学府推广这个概念。在发展中国家的各个角落里还有许许多多这样的例子存在。

但是，医学人类学至今对西方医学核心的影响仍然有限。医学人类学家往往在学术界的一个角落或者说一个谷仓中工作，这个角落是科斯格罗夫这样成功的外科医生所远离的。但科斯格罗夫思考了他在哈佛阶梯教室的遭遇，他开始考虑采用一些医学人类学的核心观点。他想要知道，如果他转换视角，以病人而不是医生的角度来看待和体验医学，会发生什么变化。这对一家医院的运行又意味着什么呢？在科斯格罗夫去哈佛演讲之前，克利夫兰医学中心的一些医生就已经在讨论医院的结构调整。医学上的创新正在打破外科和内科传统的界线，许多医生认为是时候重新考虑有些科室的结构了。但是科斯格罗夫不仅仅想要调整组织结构，他想要在一个更为根本性的意义上重新思考医学，并且质疑医生专业谷仓的根基。本质上，他想要做的是我在第三章和第四章描述过的银行家和经济学家们没有做的事情，也就是检查专业人士用来安排世界的分类体系。

科斯格罗夫知道这会很困难。医生（就像经济学家一样）花了多年时间接受专业领域的教育和培训，而且，他们之所以能行使权力就是因为鲜有非专业人士能够理解他们在做什么。“我们有一整个行业协会系统来定义医生是什么，而且这个系统是非常强大的。”科斯格罗夫后来苦笑着说道。大部分的专业都是如此。2008 年前，在英格兰银行和美联储，经济学家们也是待在他们的专业谷仓里，并且认为监管非银行金融集团的业务是经济学领域之外的活动。商业领域的其他角落也有无数类似的模式存在，特别是当这项业务活动在技术上非常复杂，以至于外人难以理解他们在做什么，更别说去质疑和挑战他们了。任何社会的精英分子都很少有动力去改变现状，或者现存的分类方法。

但是科斯格罗夫是一个意志坚定的人。所以，在他和巴内特在波士顿命中注定的相遇几个月后，克利夫兰医学中心开启了一项实验。这项行动最终在医学界引发争议，还吸引了白宫的注意，但是它对医学界之外的领域也有很重要的意义。克利夫兰医学中心的故事告诉我们，如果你想要打败谷仓的问题，并不一定需要让人员在不同的部门之间轮转、组织集体出游，或者鼓励员工进行激进的职业调整（像我在之前两章中描述的那样）。另外一个处理这个问题的办法是鼓励大家思考他们的分类系统以及他们组织这个世界的方式，甚至是颠倒这样的分类体系。心理重构有时候和结构改变一样有效，尤其是当这两种变化一起进行的时候。而且这其中的经验不仅对医生们有启发，对经济学家、银行家、制造商、记者和无数其他专业人士也具有重要意义。其中当然包括只是希望他的医生有同情心的病人了。

在某些方面来说，克利夫兰医学中心是进行打破谷仓实验的完美地点。这家医院一直都有一种非传统的创新精神。它起源于 19 世纪 80 年代，成功的外科医生弗兰克 · J. 威德（Frank J. Weed）聘用了两名新获得医师资格的医生弗兰克 · 邦茨（FrankBunts）和乔治 · 华盛顿 · 克莱尔（George Washington Crile），建立了这个小型医疗机构，服务于蓬勃发展的克利夫兰市场。[11] 1891 年，弗兰克在 45 岁的年纪死于肺炎，其余两个人则花了 1178 美元买下了他的办公室以及 3 匹马、四轮马车、雪橇和包括 3 个鼻锯、2 个肠钩、3 个子弹钳、1 个马蹄形膜在内的医疗器材等遗产。[12] 接下来，他们俩雇了第三名外科医生威廉 · 洛厄（William Lower）。后来他们的业务不断扩大，在克利夫兰城区奥斯本大楼里兴旺发展。[13]

1914 年，如官方历史所说，外科医生们的职业生涯走到了“大部分人都会开始计划退休的事”这一步。但是那一年第一次世界大战爆发，克莱尔到法国的美军湖边医院工作。[14] 另外两名医生也志愿入伍。这段经历改变了他们对于生命和医学的看法。[15] 那个时候，几乎美国所有的民用医生都以商业性和追求利润为基础，每名医生就是一个独立的企业家。但是在部队医院，军队要求医生们在多学科的团队里工作。在有了这段经历之后，三人相信“作为一个单位”行动并不只是在战时有意义，在和平时期也能发挥作用。所以他们离开军队、回到克利夫兰后，以一种新的模式重新开办了他们的诊所。他们不再以个体的形式运作，而是组成了合作伙伴关系，分享一份固定的工资，作为一个单位来行动。[16]

克利夫兰医学中心不是唯一一个以这种模式运营的美国医院。在明尼苏达州罗切斯特，威廉·梅奥（William Mayo）和查尔斯·梅奥（Charles Mayo）两兄弟早在1889年就建立起了类似的医院。[17]但是这种策略还是罕见的，因为大部分美国医生都不喜欢这样的体系。“早期的团体服务创始人在当时的流行医疗制度中是不受欢迎的，”科斯格罗夫指出，“他们被称为‘医疗界的苏联人’‘布尔什维克’。专业机构持反对态度，把这样的行为称为‘医疗服务企业化’。所以当帕洛阿尔托的一些医生想要建立自己的集体服务时，他们被排除在了当地的医学组织之外。”[18]

但是诊所不断扩张，病人们也都纷纷慕名而来。在19世纪，克利夫兰是美国最富有的城市之一，工业和农业兴旺发展。尽管20世纪早期克利夫兰财富呈下降趋势，这座城市里仍然有很多生活达到小康水平的专业人士。[19]1929年，克利夫兰医学中心受到了两次打击。那年5月15日，医院地下室存放的一堆X射线胶片着火，爆炸使得毒气云穿透了整栋建筑，123人遇难，其中包括医院的医药主管约翰·菲利普斯（John Philips）。[20]5个月之后，股市崩盘。医生们都削减了薪水，从自己的人寿保险里借贷，还加班加点工作。那时候，已经70多岁的创始人之一克莱尔医生因为青光眼已经几乎失明了。但是灾难发生后，他回到了工作岗位上，继续做手术，通过触觉来摸索自己的病人。1941年，克利夫兰医学中心还清了债务，开始重新招人。[21]

第二次世界大战之后医院再次扩张。要做到这一点，医院必须善于创造，因为那时候克利夫兰这个城市已经在走下坡路了。20 世纪初克利夫兰非常富有，甚至修起了一片颇有名气的豪宅。[22] 20 世纪 60 年代时，克利夫兰因工业和经济严重衰退而饱受摧残。诊所周围的城区爆发了骚乱，愤怒的暴民烧了汽车，在街头放枪、扔砖。事实上，当时的暴力行为严重到克利夫兰医学中心被当成了国民警卫队坦克的集结地，政府派军人来平息骚乱。[23] 但是克利夫兰医学中心没有抛弃这座城市。它坚守在 93 号街和欧几里得大道角落的原始地点，[24] 而且骚乱一平息，医生们就购买了新空出来的地块，寻找扩张的办法。

然后，医院迎来了一个重大的突破。医学中心的明星外科医生勒内·法瓦洛拉（René Favaloro）进行了世界上首例冠状动脉旁路移植手术，[25] 吸引了全球的关注和赞赏。随着冠状动脉手术部门的扩张，从放射科到泌尿科的其他领域也迅速发展，吸引了来自世界各地的医生和病人。

20 世纪 70 年代，克利夫兰医学中心扩展到了克利夫兰市之外。它在俄亥俄州的其他地区建立了医疗中心，并且兼并了 9 家地区医院。[26] 20 世纪 80 年代，它扩张到了佛罗里达州。佛罗里达富裕的老龄人口众多，他们对医疗有很大的需求。医院的发展简直令人狂热，到 1988 年时，克利夫兰医学中心已经成为克利夫兰市最大的雇主，员工数达到 9134 名，超过了福特汽车公司和美国钢铁公司。[27] 到 20 世纪末，医院花名册上的人数达到了 4 万名。[28] 这使得克利夫兰医学中心不仅成为克利夫兰市最大的雇主，还是整个俄亥俄州的第二大雇主，仅次于沃尔玛超市。[29]这是俄亥俄州财富变迁的惊人证明，它传统的支柱性的工业和农业都已经衰落了。但同时这也是一个惊人的信号，展现了医疗行业发生了多大的变化。一个世纪之前，克莱尔、邦茨和洛厄创立克利夫兰医学中心的时候，把医院作为一个单位来运营还很容易。手术都很小，大家很容易就能够面对面和对方合作。用邓巴和脸书喜欢用的“社会修饰行为”来运行一个医生团队是可能的。但是到2000年，克利夫兰医学中心已经变成了一个巨大的、复杂的、官僚体系化的巨型企业。“邓巴数字”150的上限已经被翻了很多倍了。

为了适应现状，克利夫兰医学中心的管理者们运用了先进的物流管理办法。不同建筑之间由带顶棚的通道相连接，这个网络让员工能在不同建筑之间穿梭，不管是在俄亥俄州炙热的夏天，还是大雪覆盖道路的寒冷冬季。建筑物之间安装了输送管道，这样，放射扫描、X射线和其他的文件就能够通过管道在不同的科室之间流动。20世纪90年代，数字化开始占据主流，医院又在输送管道的基础上补充了一个巨大的电子网络，能够在大楼里传递信息，跟踪手术情况，告知医生、护士、看护人和机器要做什么。[30]在大楼下面，医院的管理者们还建起了一个复杂的隧道网络，无人驾驶的卡车能够沿着轨道运送必需物资。管理者们甚至在隧道里建立了一个庞大的无人机器人队伍，通过程序设定让它们在不同的大楼之间运送物资。这些机器人十分精密，能够在几乎没有人为干预的情况下重新补货，保证系统顺利运转。“克利夫兰医学中心是一家尝试成为丰田工厂的医院。”《新闻周刊》2009年的一篇文章评论道。[31]或者在小朋友看来，克利夫兰医学中心就像罗尔德·达尔（Roald Dahl）笔下的威利·旺卡（Willy Wonka）巧克力工厂一样，是一个致力于做到无缝连接的地方——编织成了一个巨大的、拜占庭式的由输送管道、机器人、串联机器和IT系统组成的网络。

但是，尽管医院的物流和机器人看起来都很棒，这样的成功背后也有一个阴暗面——技术和官僚体系越复杂，机构陷入谷仓陷阱的危险就越大。某种意义上说，这本质上没有什么错。相反，对于大型和复杂手术来说，专业性是至关重要的，克利夫兰医学中心运行得也很好。2004年，医院官方提供的历史资料显示，“在《美国新闻和世界报道》（*U.S. News & World Report*）的年度医院评估中，克利夫兰医学中心每年都能排进全美前十名”，并且，心脏病学（1995—2003年每年都排名全美榜首）、泌尿科、肠胃病科、神经科、耳鼻喉科、风湿病科、妇科和骨科尤为突出。[32] 但是，因为这些专业谷仓是如此成功，它们也变得越发根深蒂固了。在这方面，克里夫兰医学中心那时候和其他无数沉浸于成功中的大型机构一样，直到科斯格罗夫接管中心，改变开始发生。

2004年1月，已担任克利夫兰医学中心CEO长达15年之久的著名心脏外科医生弗洛伊德·卢普（Floyd Loop）宣布自己将不再续任。在选择继承人的过程中出现了激烈的竞争。[33] 当年6月，医院董事会终于宣布，在经过“数百个小时的思量”之后，科斯格罗夫，也就是德洛斯（“托比”）·科斯格罗夫医生被任命为新CEO。[34]

据克利夫兰当地报纸《诚恳家日报》（*The Plain Dealer*，亦称

《老实人报》）报道，当医院第二天向高级职员宣布这一消息后，职员们“立刻起立鼓掌”。[35] 科斯格罗夫在医学界有一个光辉的职业生涯，并且在心脏外科负责一个超过 12 人的外科医生团队。这个科室创造了医院 1/3 的营收。马里兰大学心脏科学家约翰 · 卡斯特（John Castor）说：“他管理着世界上最成功的心脏科室之一”。[36] 科斯格罗夫还因他传奇式的敬业精神而备受景仰。他 1940 年出生，在纽约州北部安大略湖边上的小镇沃特敦长大。他有一个幸福的童年，爸爸是律师，名叫“德洛斯”的他小时候就有了“托比”的昵称，并且从小就对航海着迷。（几十年后，他搬到克利夫兰，还在马萨诸塞州边上的南塔基特岛拥有了一艘小船。[37]）8 岁的时候，科斯格罗夫和当地的一名外科医生成了朋友，这启发了他对医学的兴趣。为了成为一名医生，他经历了艰苦的努力。他学习很努力，但是成绩老是不好，大学的第一个学期（在威廉姆斯学院），他拿到的成绩都是 D。到 31 岁他才弄明白这是为什么：阅读障碍。科斯格罗夫后来回忆道：“我当时的约会对象发现了这个问题，她是一名老师，我想要读她从《纽约时报》上选出来的文章，但是在很多短语上遇到了困难。她对我说，托比，你有阅读障碍。然后我才恍然大悟。”[38]

科斯格罗夫最终被弗吉尼亚大学医学院录取，而他一旦进入了医学的实践世界，就爆发了巨大的力量。他先是在罗切斯特大学实习，[39] 后来去了越南，在空军伤员中转飞行中心服役。这家战地疏散医院位于岘港的边上，在 5 个月的时间里就把 22000 多名伤兵运回了美国。科斯格罗夫说，“我每天都会想起越南的事，太多事引发我的回忆，比如听到直升机飞过或者巨大的声响——那场战争改变了我们所有人。”[40]

科斯格罗夫回国之后，前往马萨诸塞州总医院任职，然后在1975年实现了重大转变：获得了加入克利夫兰医学中心心脏外科医生团队的机会。[41]尽管科斯格罗夫当时也可以去哈佛，但他还是因为对法瓦洛拉和他的冠状动脉搭桥术的景仰而选择了中西部。[42]

他还喜欢作为一个整体单位工作的概念。他总是说：“在部队里我学会了协作，所以自然而然地我就会思考为什么医学界其他机构不采取这样的组织模式。”

在接下来的20年里，科斯格罗夫非常努力地工作，并且赢得了传奇外科医生的美誉。但他的同事并不总是喜欢他。外科医生们都有傲慢的名声，而科斯格罗夫常常符合这些刻板印象。他是一个倾向于做出强硬判断的人。负责泌尿科的埃里克·克莱恩（Eric Klein）医生说：“他当科室主任的时候，在360度考评里面就有人写道，‘他一般都非常有效率，除了生气、失去控制的时候，那时候他也管不了其他人了’。”但有时候，科斯格罗夫也可以是谦虚和友善的，而且他对自己和对别人一样严格。克莱恩补充道：“托比非比寻常的地方在于他能够从错误中改变和学习，而且他在处理人际关系方面近几年确实有改变。”

科斯格罗夫还愿意去承担非正统的风险。他来到克利夫兰医学中心后不久，就觉得自己已经厌倦了心脏外科医生修补病人心脏瓣膜的方式。那时候，外科医生们通常都是使用机械装置或者猪心瓣膜，先把它们放在一个固体环上，再缝到人的瓣膜上，像是一个衣领。[43]但是这个固体环非常不灵活，不能随着人类心脏跳动而移动，外科医生也不知道怎么解决这个问题。有一天，科斯格罗夫偶然看到了一个老式的绣花圈，就是19世纪的女裁缝用来做裙子的那种东西，他决定把它应用于手术。这是一种很奇怪的跳跃式思维。“心脏手术和刺绣通常是不太会出现在一个句子里面的。”科斯格罗夫说。[44]但是这个创新取得了成功。之后的那些年里，科斯格罗夫又为其他的发明申请了30项专利，这其中的很多同样不寻常。

后来，他常常把自己的非传统创意能力归功于阅读障碍。阅读能力的缺失迫使他开发出了一个记忆详细且准确的大脑，并且寻找自己解决问题的办法。“塞翁失马，焉知非福。”科斯格罗夫说，“因为阅读障碍带来的限制，我避免了受到从众心理的影响。我必须要锻造出自己的一套方式来学习和理解我周围发生的事情。”[45]他认为阅读障碍还教会了他另外一点：创新的关键是挑战界限。当你把各方面的观点混合在一起时，创造力往往能够爆发。他表示，“我的很多想法受到了心脏外科以外的其他专业的启发，心脏外科需要其他学科专业人士的协作。[46]创新总是在边界，也就是一个学科和另外一个学科碰撞的地方发生。”[47]或者说，创新发生在谷仓破碎的地方。

科斯格罗夫任职CEO几年后，召集了一次理事会会议，提出想改变医院的运行方式。他的同事们并不感到意外，他们知道科斯格罗夫雄心勃勃，一心想要做出成绩，而且医院的资深员工早就广泛地、激烈地讨论过医院是否应重新调整科室。外科主任布鲁斯·里特尔（Bruce Lytle）说：“我们谈过很多关于改变的事。”[48]但是，科斯格罗夫的雄心之大还是吓了同事们一跳。他并不是调整几个科室，而是将实施两项重大改革。第一，他宣布，医院的 4.3 万名员工现在要撕掉之前给医生和护士的分类标签。他们不应再单纯地从医学角度定义这些概念，而是要被视为“照顾者”，不仅要负责治疗身体疾病，还要负责治愈精神和情感。[49] 第二，科斯格罗夫想要改变医院的组织结构。

当时，医院的组织结构是基于医生使用的工具和程序而定的。最重要的分别之一是区分外科（给病人开刀）和内科（治疗病人的身体）。这些类别之内又有许多细分，它们反映了医生所接受的不同专业教育。但是科斯格罗夫想要颠覆这个分类系统。在某种意义上，他想在医学领域复制瑞士当代喜剧演员和艺术家乌尔苏斯·威尔利在绘画和表演方面的做法，也就是重新规划组织方式，树立新的思维方法。[50] 所以，他没有根据医生的标签来组建克利夫兰医学中心的科室，而是围绕着病人和他们的疾病来安排。在本质上，这意味着创建新的跨学科机构来处理疾病（例如癌症）和身体系统（比如大脑），从而要求外科医生、内科医生和其他人共同合作来治疗病人。[51]

科斯格罗夫总是说：“我刚到医院的时候，心脏外科医生在大厅的一头，心脏内科医生在大厅的另一头，他们唯一能见到面的地方就是候诊室。我和其他大部分外科医生都没有什么共同点，因为他们是直肠外科医生或者其他的专业医生。而我和心脏内科医生们有太多的共同点了，我们的工作都是围绕心脏展开的，尽管我们在医学的不同科室里。”

这个消息引发了震动。与美国其他大部分医院相比，克利夫兰医学中心员工们的协作性——或者按照他们的创始人喜欢的说法，“作为一个单位行动的能力”——已经是非同寻常的高了。在美国体系下的大部分地方，医生都在专业的单位工作，互相分隔，收入也是根据各人的行医情况而定的。在这个意义上，医疗体系与金融界常用的“论功行赏”方法类似（医学界是“论医行赏”）。但是克利夫兰医学中心的医生拿的是固定工资，而不是根据各个分离的步骤而得到相应的报酬。医生也能拿到分红，但是分红往往是由大家分享的，不基于“论医行赏”制度。[52]这种模式在欧洲许多地方是标准做法，英国公共卫生署就是完全基于工薪制的集体运行模式。但是这在美国是不合群的做法：根据政府数据，美国 80 万名医生中的一半都以独立企业的形式运营，剩余人中的大部分都在财务独立的团队工作，就算他们附属于大型医院也是如此。[53]2005 年，美国只有 4.5% 的医生在规模超过 45 人、以集体工薪制为基础的医院单位工作。[54]

这让克利夫兰医学中心显得格外与众不同。但是，它仍然把运营分散到了各个科室，这些科室并不总能很好地合作。其中的一个原因是，微妙或显著的地位差异创造了一种“类种族主义”的结构。科斯格罗夫这样的心脏外科医生在这个系统的顶端，他们享有高额的工资和极高的地位。全科医生属于另外一个门类，工资少一些。放射科医生和麻醉师就属于阶梯的另外一个等级了，护士的地位就更低了。这些团队常常需要协作，但是有时候不同的科室会重复他人的工作，特别是在新的技术或疾病跨越了科室界线的时候。

心脏导管就很好地反映了这一挑战。20 世纪前半叶，导管主要是用于膀胱等器官的病症，并且应用于内科，而不是外科。插入导管不需要开刀，所以它没有被认定为外科医生的工作。但是到世纪末，内科医生开始切开人体插入导管，外科医生也在心脏手术中使用导管。布鲁斯·里特尔解释说，“内科和外科之间的界线变得模糊了，你开始看到有心脏内科医生用导管进行干预治疗，而这本应是外科医生的工作。而血管外科医生开始更多地使用导管，这些医生接受的是开放式手术（即开刀手术）的教育，而现在他们却转向了导管领域。”这引发了一些紧张的局面。“随着界线的模糊，我们遇到了越来越多的关于金钱和尊严的冲突。”里特尔承认。肾脏专家埃里克·克莱恩也说：“托比接管的时候，我们有 5 个不同的科室在做颈动脉支架，包括心脏病科、神经内科、神经外科、神经放射科和血管外科。”从逻辑上看，这些团队应该联合起来，因为重复这些步骤是资源的巨大浪费。但是没有哪个科室愿意做出让步。克莱恩表示：“我们想让这些团队聚在一起共同工作，分享数据库和治疗方案，但是我们做不到，他们属于不同的成本中心。”

所以科斯格罗夫走出了激进的一步：他召集了两大关键人物，也就是内科主任詹姆斯·扬（James Young）和外科主任肯尼斯·奥瑞尔（Kenneth Ouriel），把他们叫到办公室，宣布他计划废除内科和外科科室，解除他们的职务。[55] 在大部分医院里，这两个职位都是神圣不可侵犯的。但是科斯格罗夫下定决心要撕碎传统的模式。他想创建多学科机构，取代原来外科和内科的分类。科斯格罗夫解释道：“我对他们俩说：‘我很重视你们，但是我们需要改变了。’”为了减缓冲击，他为奥瑞尔提供了去阿布扎比负责分院的机会。性格温和的扬就留在了医院，放弃了他的高位。扬回忆说："如果是在其他地方，这样的做法可能会引发大的争斗。废除科室的分类在大部分医院都是不可想象的。但是我明白他这么做的意义。"

下一步就是想象没有外科医生和内科医生的明确区分之后医院会是什么样子。科斯格罗夫和其他医生发现，病人谈论自己的疾病时，往往从身体的部分或者大的疾病类别方面来描述。他们会说自己的皮肤痒、头疼、摔断了腿，或者担心自己得了癌症。科斯格罗夫认为，这也就是说，将医院的组织围绕着这些基于身体部位和大病类别的多学科中心来构建，而不是基于传统的外科和内科的分别，会更有意义。他不确定这在实践中会取得什么效果。2006 年 6 月，医院的神经外科主任离任，科斯格罗夫随之开启了一项实验。[56] 医院理事会宣布了创立"神经学研究所"的计划，把内科领域的神经学和心理学科室与外科领域的神经外科以及其他与大脑相关的服务结合起来。科斯格罗夫说："头疼的病人就是想把头疼治好，他们不知道自己需要的是神经内科医生、神经放射科医生还是其他的什么人。所以把他们都放在一起是可行的。"

找到一个合适的人来负责这项实验并不容易。最初科斯格罗夫想要一个知名的医学明星来领导这个部门。委员会及时找到了在另外一家医院工作的一名杰出的神经外科医生。但当这名候选人意识到科斯格罗夫的想法是多么的非正统时，他退却了。很多地位高的外科医生都讨厌和内科医生、理疗师在同一层级共事。科斯格罗夫的做法打破了医学界的所有传统范式。留着胡子的神经放射科医生迈克·莫迪克（Mike Modic）说："托比跟遴选委员会说，你们去给我找个诺贝尔奖级别的人回来！所以我们一直在寻找学术声望高的人，但是结果简直太糟糕了。”最后遴选委员会只好让莫迪克自己接手了。[57]这是另外一个非正统的行动，因为放射科医生通常在地位上比外科医生低得多。但是莫迪克也没什么好顾虑的，所以他开始摧毁传统界限，把与大脑相关的各种不同类型的医学活动和专家聚集在一起，组成团队。他解释说，“以脊椎为例，大家长期以来在诸多不同的科室做与脊椎相关的工作，这其中包括精神病科、心理学科、影像医学、骨科、风湿病科等等，但是我们认为把这些人放在一起是有意义的。”

科斯格罗夫也在寻找其他的办法来重新定义医学地图。他创建了一个“部门规划小组，”把所有的顶级医师都召集到一起，建立一个改革时间表。[58]但是随着神经科改革的消息传遍了医院，其他科室的员工们变得越来越害怕。许多外科医生担心失去原先的地位。非外科医生则担心改革会把所有的权力都集中在外科医生手中。风湿内科主任艾比·阿贝尔森（Abby Abelson）坦承：“大家担忧我们这样的科室会被归入外科科室之下。”[59]

随着恐惧的增加，有些医生要求科斯格罗夫缩小改革规模，但他拒绝了。他加倍努力并且宣布医院将持续推动计划中的改革。他知道这是一项雄心勃勃的事业。当时克利夫兰医学中心有43000名员工，他们分布在不同的科室，而每个科室都有自己治疗病人、收费付款和升迁人员的模式。但是他也同样怀疑，如果他等得更久，改革可能会被阻止。科斯格罗夫说：“大家都很紧张，都在问‘将来我要向谁汇报？’‘谁会主管我？’”

2008 年 1 月 1 日，克利夫兰医学中心宣布了它“大爆炸”式的改革。医院新成立 27 个部门，如皮肤病与整形外科研究所、消化疾病研究所、泌尿和肾脏研究所、头颈研究所、心脏和血管研究所、癌症研究所等等。[60] 对于其中一些部分，改革只是把不同团队聚集到新的联合办公室里。在泌尿和肾脏研究所，擅长肾脏手术的外科医生只是把他们的电脑搬到了肾内科办公室旁边的一间大房子里——这些内科医生们也是研究肾脏疾病的。对于其他的部分，想把新的团队黏合到一起就困难得多。阿贝尔森回忆道：“重组计划宣布的时候，风湿科医生在一层，骨科医生在另一层。我们知道大家要一起工作，然后在楼里面到处寻找能容得下所有人的地方，最后我们还是各自待在原来的地方了。”但是不管他们在哪里办公，这次改革传递给医生的信息都是一致的：外科医生和内科医生都不应局限在原来的专业领域或办公区域里思考，而应当开始协作。

美国外科委员会和内科专家委员会发现了这一情况后感到迷惑和震惊。这两大机构负责认证美国医生培养的过程，它们的运营是基于医院区分外科和内科的假设之上的。他们之前从来没有见过哪家医院尝试打破这些界限。他们抱怨说，没有这些明显区分的话，克利夫兰医学中心在培养自己医生的过程中会遇到很大困难。科斯格罗夫承认：“他们不喜欢这种改革。我们给他们解释了很多。”为了安抚他们，克利夫兰医学中心的管理者们最终同意保留一个在现行多学科中心以外、基于老的科室结构的影子组织架构。莫迪克解释道：“外部的世界被分隔成了这些专业领域，所以为了训练住院医生还有其他一些事务，我们需要保留这种结构。”克利夫兰医学中心合作的一些保险公司也要求医院继续按科室而不是研究所来安排保险支付。这些保险公司的计算机系统没有灵活到能够适应医学的多学科视角。这意味着医院最终的结构会非常复杂，因为影子科室与一些多学科研究所相抵触。但是，科斯格罗夫认为这是值得付出的代价，尤其是这样一种重叠的结构带来了意料之外的好处：每次医生们施展技艺的时候，他们都会被提醒，医学的定义和分类不只有一种方法，并且他们被迫在不同的分类方法之间转换。神经外科医生可以被定位为外科医生，属于精英阶层的一员，也可以被认为就是一个研究大脑医学的人，或者和其他将自己定义为大脑医学专家的人一样。这取决于你选择了怎样的视角。

2008 年春，改革开始几个月后，科斯格罗夫在一次大会上对全体员工发表了讲话。他邀请了卡拉·梅多芙·巴内特——也就是在哈佛问过他问题的那个女学生来参会。“卡拉，你能告诉我为什么你的父亲没有选择来克利夫兰医学中心做手术吗？”科斯格罗夫在台上坐着，以一种和善的语调问道。他刚刚任职 CEO 几个月的时候，对员工的讲话都是拘谨严肃的，他觉得展现出一种自然的姿态并不容易。但是到 2008 年时，他已经学会变得更加平易近人，并且开始戴风格更加活泼的领带了。“你的家人们为什么不喜欢克利夫兰医学中心呢？”

巴内特一年前已经从哈佛毕业了，[61] 现在在纽约工作。她再次说出了她的批评：克利夫兰医学中心有非常棒的技术和医疗技能，但是缺乏同情心。科斯格罗夫虚心点头，他宣布：“这方面我们是出了差错的，我们需要改变！”

这次公开的谈话让科斯格罗夫的同事们感到震惊。急诊研究所医生赛斯·波多尔斯基（Seth Podolsky）[62]说：“认识托比的人根本想不到他还会讨论同情心。”外科医生的工作环境具有高压和竞争激烈的特点，他们很少展露出软弱或情绪化的一面。“20 世纪 60 年代的时候我在波士顿开始学医，那时候就技巧而言，医学界和现在是非常不一样的。那时曾经一天有 5 个孩子死在手术台上。”科斯格罗夫解释道，“如果你很情绪化，你是很难从那样的事情中缓过来然后继续工作的。病人们需要的不是一个拥抱，他们想要的是被治愈，活下来。”

但是科斯格罗夫用心思考了巴内特的话。在他看来，讨论同情心并不是一个过于情绪化的问题。这代表了他打破谷仓的另外一方面想法。科斯格罗夫不希望医生们只用生物学或者只用情感的视角来看待健康，他希望他们把二者结合起来。毕竟这是病人们体验医学的方式——和医生不一样，大部分病人都不会在科学和情感之间做明确的区分。“很少有病人能够判断临床工作的质量，就算他们看着我做，他们也不知道我到底是不是一个好的外科医生，”科斯格罗夫指出，“但是他们能感受到他们接受到的照顾和治疗。”

所以科斯格罗夫任命结直肠外科医生詹姆斯·莫利诺（James Merlino）[63]担任医院的首席体验官（CXO）。所有 4.3 万名员工都被要求参加一个半天的同情心培训课程。[64]一些外科医生拒绝参与。“当我听说有个‘病人体验办公室’的时候，我想说，这是个啥？”泌尿外科医生克莱恩说，“我们不是酒店，我们不需要在大厅迎接顾客，送他们回房间，确认他们的枕头都合适。”但是科斯格罗夫和莫利诺都坚持克利夫兰医学中心的每名员工都必须参加这门课程，对所有人要求都一样，而且会组成混合的队伍。有的外科医生和内科医生还被派到了迪士尼乐园学习客户服务。

建筑是另外一个改革的工具。尽管科斯格罗夫从来没有听过皮埃尔·布尔迪厄关于“惯习”的概念，但他相信，理解物理空间和文化的相互影响是非常重要的。数十年前，克利夫兰医学中心的医院大楼和美国其他地方一样，都是用油画肖像、深色木质面板和地毯做装饰。但是从 20 世纪 90 年代开始，克利夫兰医学中心采用了一个更简单、更干净的设计。在科斯格罗夫治下，这个趋势得到了加强。医院大楼里到处摆放着现代艺术作品。[65] 服装设计师黛安·冯芙丝汀宝（Diane von Furstenberg）为他们重新设计了病号服。[66] 为了鼓励大家去大厅放松，医院在那里安置了一个由艺术家詹妮弗·史坦坎普（Jennifer Steinkamp）设计的大树全息图。[67] 大厅里还摆放了一架钢琴，以供病人或（在一些场合）专业音乐家使用。医院还聘请了 36 名门房式的红衣服务员，他们以让人愉悦的方式迎接病人，并且帮助病人平静情绪。[68] “最初这么做是因为医院里到处在施工，我们需要有人引导病人去他们应该去的地方，”科斯格罗夫解释说，“但是后来我们发现红衣人的效果很好，病人很喜欢他们。”科斯格罗夫的得意之作还是医院的入口处。21 世纪之初，克利夫兰医学中心的管理者们决定返修大楼前面的地方，作为医院扩张计划的一部分。最初他们计划设置一个喷泉，但是科斯格罗夫否决了这个想法，他认为喷射出的水会让人们联想到血液。所以，他让建筑师们建造了一个水面静止的禅宗池，来展现宁静和非常重要的同情心。

医院的建筑师们还考虑到了走廊的设计。20世纪70年代的时候，医院建起了一个相互连接、有顶棚的高架人行道网络，保障病人和护士即使在冬季的暴风雪中也能够在不同的大楼之间轻松地往来。这种设计单纯为了功能性，甚至可以说很无聊。但是医生们讨论彼此之间的互动时，意识到这些人行道有一个意料之外的好处：因为医生和病人每天必须在这些长长的走廊上行走，他们被引导进了一个狭小的空间，这样医院在无心之中创造了一种方式，使得医务人员经常性地和其他团队的人碰头。所以设计师们把它们做得亮堂通风，用激励性的艺术品和标语装饰，鼓励人们在这里停留和聊天。[69] 就像在脸书一样，物理空间被用来鼓励人们打破谷仓。并且，像脸书的黑客广场一样，这些走廊起到了和正式集会厅一样促进互动的效果。“你本来是去做某件事，后来自然而然地，你见到了别人，和他们聊了起来。”莫迪克解释说，“去各个地方都要花很长一段时间。但是你从这段时间中得到了想法和信息，所以这完全不是浪费时间。”

2013年底，科斯格罗夫收到了一份令人高兴的荣誉。《美国新闻和世界报道》进行的病人满意度调查显示，克利夫兰医学中心在病人满意度方面在全美名列前茅。这是一个惊人的转变。10年前，科斯格罗夫在哈佛商学院受到关于他是否有同情心的质疑时，克利夫兰医学中心在病人满意度调查表上排名靠后，但是在科斯格罗夫掌管医院的10年里，它的位置实现了巨大的提升。实际上，2012年时，克利夫兰医学中心已经在每一项病人情绪调查中都排名美国最佳之列了。[70]

还有另外一个好消息。在《美国新闻和世界报道》几乎所有的医学专业技术排名中，克利夫兰医学中心都名列前三。而就可用的不同医院医疗成本比较性数据而言（关于这一点的全国性数据惊人地缺乏），克利夫兰医学中心似乎比许多竞争对手都要低。[71]科斯格罗夫将这一点归功于医院的激励措施。在美国大部分医院使用的"论功行赏"体系下，治疗的成本一直是，现在仍然是很高的，因为每个专业团队都有动力来采取尽可能多的医疗服务，毕竟这样能决定他们拿到多少钱。但是克利夫兰医学中心的结构是给医生固定的工资，废除了一些会激励医生开出重复处方的机制。泌尿科部门主管克莱恩说："以前列腺癌为例，在早期有5种治疗的方式，包括监控、开放式手术、机器人手术、短距离放射治疗或者体外放射治疗。在其他的医院，专家们会倾向于采取他们专业领域的治疗方法，其中花费最高的是体外放射治疗。但是因为我们都是在一起工作，我们会平等地推荐使用这五种治疗方式。我们的数据显示，短距离放射治疗的治愈率更高，成本更低，所以我们往往会用它。"

实际上，克利夫兰医学中心取得的成就如此惊人，连奥巴马总统都对他们给予了赞扬。在一次关于美国医疗事业的讲话中，他称赞克利夫兰医学中心是一个"把病人所虑作为首要关切的地方，而不是一个官僚机构"。[72]奥巴马总统在一次全国广播讲话中谈到自己的医疗计划时也指出："当前医疗体系中的很多成本都是毫无根据的暴利，它们不应该存在于我们的体系中。但是我们知道，还是有明尼苏达州梅奥医学中心和俄亥俄州克利夫兰医学中心这样的地方，能够以全国最低水平的成本提供最高水平的医疗。”[73] 并不是每个人都像奥巴马总统一样对科斯格罗夫的改革充满热情。和克利夫兰医学中心一样，梅奥医学中心也以一种伙伴关系结构运营，但是和克利夫兰医学中心不一样的是，梅奥医学中心的医生们还是在传统的科室而不是研究所里工作，他们觉得没有重组的必要。梅奥的一位资深医生说：“在研究所里你一样有陷入功能失调的谷仓的危险，建立研究所并不是加强协作或者降低成本的必要措施。”

但是，科斯格罗夫和他的团队依然无所畏惧，并且自豪满满。他们认为，打破传统的谷仓不仅鼓励了他们以一种更加全面的方式研究医学，还使得他们更具有创新性了。医生们处理肌肉和关节问题的方法就是一个很好的例子。传统上，这些疾病都是由风湿内科和骨科的不同团队来处理的。但是新的骨科和风湿病学研究所建立之后，骨科医生和风湿科医生第一次联合起来，他们意外地发现如果他们联合检测手术后钙的水平，能够取得更好的效果。科斯格罗夫解释说：“骨科医生以前从来没有检查过髋部骨折病人的钙代谢水平，但是风湿科医生建议他们可以看一看，这就取得了意料之外的效果。”研究所新任主管艾比·阿贝尔森也指出：“以前，我们有不知道发病原因的骨质疏松性骨折病人，现在我们在骨折后的治疗中进行合作。”

类似地，在泌尿和肾脏研究所，外科医生首次开始和肾内科医生合作，一起研究为什么代谢平衡会影响肾结石的形成。他们希望这可以帮助医生开发出不动手术（并且更便宜）的方法治疗肾结石和癌症。[74]“很多早期肾癌病人都是去看泌尿科医生，但是现在我们大家一起讨论这些病例，并且已经形成了一些治疗方案，手术时只需要取出肾脏的一部分，而不是全部。”克莱恩解释说，“我们还没有打破所有的谷仓，但是已经和以前很不一样了。”心脏和血管研究所主管布鲁斯·里特尔说：“我们有问题吗？当然了，问题很多。但是我们有一个解决问题的机制。每周二早上，我和科室主任们一起开会，我们作为一个团体来一起研究这些问题。”

然而，最惊人的转变之一是在急诊研究所。在美国大部分医院，急诊部门的医生在没取得专业医生许可的情况下都不允许把病人分诊到医院的各个具体部门。这延缓了治疗，但是专科医生往往坚持要控制整个流程，因为这会影响他们的报酬。但是，2012 年，克利夫兰医学中心推翻了这个制度。急诊科医生被赋予了分诊的权力。一些救护车医护人员和其他医护人员也同样如此。这个行动颇具争议。“我们很多年来一直期望能有这个变化，还以为我们看不到它实现的那天了！”急诊研究所医生布拉德福德·波登（Bradford Borden）说。新的体系也并不总是如预期一般。“根据研究，我们 93% 的情况下都把病人分诊到了正确合适的临床科室，”波登说，“但是如果我们把病人送到了错误的临床科室，我们第二天早上一定会解决问题。”这些改变还创造了一些实实在在的成果。2012 年前，医院急诊部分诊一个病人通常需要 2 小时 40 分钟，2013 年时已经缩短到了 2 小时。急诊部另一名医生赛斯·波多尔斯基说：“我们正在经历的是运营的改变以及文化的改变。这不可能一蹴而就，但是改变正在发生。”

他们的实验能够更进一步吗？他们的实践能在其他地方复制吗？这也是医生们自己常常想要知道的问题。他们并没有明确的答案。他们知道这一实验所诞生的环境是不寻常的。毕竟，和美国其他医院相比，克利夫兰医学中心一直都具有相对较强的集体主义精神，以及更强的实验精神。里特尔说：“薪酬制度具有很重要的作用。我们的薪酬制度是我们能够打破谷仓的原因之一。你在一个论功行赏的薪酬制度下是没法像我们这么做的。长期的忠诚和习惯只有在它们不得不改变的时候才会改变。哈佛不需要改变，哈佛历史悠久，是世界上最知名的学府。但是我们是伊利湖边一个“铁锈地带”的一家非营利性机构，城市的人口还在不断减少。我们必须变得更好，更具创造性。”

医生们认为，克利夫兰医学中心的改革至关重要的一点是，它展现出了重新思考分类体系的价值。当企业或政府部门的人被鼓励重新想象一个世界的时候，比如说，从消费者的角度而不是生产者的角度来看待世界的时候，他们通常会变得更加具有创造性和更有效率。如果记者们能够通过读者而不是自身看待世界的方式来开展自己的工作，媒体界会发生怎样的改变呢？如果制造商们根据消费者而不是销售人员或者设计师的需求来安排它们的部门，它们还会销售跟现在一样的东西吗？也就是说，以一种上下或前后颠倒的方式看待业务过程或服务，能够改变一个机构的视角。或者，如果每个人在即使不知道思想上的转变会将自己带向何方的情况下都愿意冒风险，也能够改变他们的视角。“几年前我们想在克利夫兰医学中心创办一家咨询公司，输出我们的模式，但是后来我们意识到这是个愚蠢的想法，”神经学研究所主管莫迪克说，“关键在于别人无法用我们的体系来打破谷仓。你要找到你自己的办法。建立一个新体系并且围绕它开展讨论的过程才能够帮助你转型。”

第八章 破桶行动：如何利用谷仓获利

一人之失即是他人之得。

2012年5月11日，纽约金融市场刚刚关闭，摩根大通公司CEO杰米·戴蒙（Jamie Dimon）召集投资分析师召开了一场临时电话会议。几周以来，流言四起，外界都在说这家传奇的美国银行因为旗下伦敦交易员在信贷衍生品市场的错误判断遭受了巨大损失。这个情况让许多观察家深感意外，因为根据参议院的一份报告，[1]摩根大通“一直都把自己描绘成一个风险管理专家”的形象，它比大部分同行都更好地抗过了 2007 年、2008 年的信贷危机，戴蒙在华尔街也是受人尊敬的人物。他是众所周知的控制狂，想要控制银行运营的所有风险。亏损的传言刚刚兴起的时候，戴蒙予以了否认，并称之为“小题大做”。

但是 5 月 11 日，戴蒙的态度发生了一百八十度大转变。在一份简短声明中，他被迫承认摩根大通因为数名交易员做出的不明智交易而损失了几十亿美元，其中包括在首席投资办公室工作的布鲁诺·伊克希尔（Bruno Iksil）。那时还不为人所知的伊克希尔在信用市场针对一系列美国和欧洲公司进行了数额巨大的押注。但是他并没有购买这些公司发行的债券，也没有买入与这些公司债券相关的衍生产品，而是大量购入了市场上一种被称为 IG9 的指数。IG9 指数是一种衍生产品［被称作信用违约掉期（Credit Default Swap），简称 CDS］。它本质上是提供了关于美国 125 家公司债务的捆绑保险，这些公司包括梅西百货、沃尔玛、富国银行和市政债券保险联合公司。伊克希尔还对针对欧洲公司的类似产品进行了大量投资。这一块通常被认为是金融行业隐蔽的荒僻角落。但是，因为伊克希尔和他首席投资办公室的同事们进行了数额如此巨大的投资，大家给了他们一个黑暗系的昵称——“伦敦鲸”。当价格转跌之后，他们的损失总计达到了至少 62 亿美元。[2]

消息爆发后，摩根大通内外都引发了激烈的相互指责。在很多方面，这个故事都让我们想起了瑞银集团和花旗集团这样的大银行在金融危机中所遭遇的难题。正如我在第三章中所描述的，瑞银集团的管理者们之所以没能发现房贷相关 CDO 的问题，是因为他们的交易员都是在独立的部门或者说谷仓中工作，而且他们交易的工具都如此地复杂，外人很难理解。这一次，损失发生在与公司相关的信贷衍生产品上，而不是次级房贷。但是，就像在瑞银集团一样，事故发生前几乎没有人意识到已经存在的风险。涉及这次危险赌注的部门通常被认为具有风险规避性，因而是安全的。首席投资办公室是一个自我封闭的团队，半独立于投资银行这样的机构之外。而 IG9 指数对于非银行人员（以及很多主流银行人员）来说听起来就像是天书一样。所以谷仓的诅咒再一次抬头。[3, 4]

各方相互指责之时，“伦敦鲸”的故事又显现出了另一面，而这一面并未受到太大的关注，那就是到底是谁坐在摩根大通交易的另外一端。市场上有一个不变的箴言，即交易是一种零和博弈：如果有人亏钱，那肯定就有人赚钱。但现实中往往很难确定赢家和输家是谁，因为得失可能会在系统里分散开来，持续多年的时间。但是在首席投资办公室的交易案例（后来被银行家和政府官员们称为“鲸交易”）[5] 中我们是可以确定一些赢家的。其中一个是蓝山资本的价值 200 亿美元的对冲基金。伊克希尔的“伦敦鲸”交易成为公开新闻几个月前，蓝山的交易员们已经悄悄地进行了反向操作，买入另一头的仓位。最初，蓝山亏了钱，但是 2012 年春天市场出现转折之后，蓝山的交易产生了利润，并且后来摩根大通还让蓝山来帮他们处理亏损的仓位。实际上，蓝山资本在“伦敦鲸”事件中通过与摩根大通进行不同的交易赚到了大约 3 亿美元。

蓝山获益的消息传出来后，大部分观察家都认为这只是一家精明的对冲基金成功包围银行的案例，基金公司发挥了它们抓住机会、追逐利益方面的专长。蓝山资本有一些员工曾经在摩根大通工作过。蓝山基金的联合创始人安德鲁·费尔德斯坦（Andrew Fieldstein）是一个热情、理智的黑头发男士，他曾经是20世纪90年代摩根大通的前身J. P. 摩根公司的信贷衍生产品业务团队的创始成员。[6]他手下的交易员们非常了解隐晦的IG9指数以及信贷衍生品的定价方式。

但是，实际上，这个故事还有不为人知的另一面。蓝山做出成功交易的原因不仅在于它的交易员是信贷衍生产品技术细节方面的专家，[7]他们还对谷仓或者说费尔德斯坦喜欢用的“桶子”这个现象非常感兴趣。费尔德斯坦研究了华尔街大型银行是如何陷入僵化以及它们的交易流情况，在此基础上建立了自己的对冲基金，并且努力寻找办法来利用这些分类体系产生的缺陷为自己赢得利益。实际上，他以一种人类学家研究家族组织和宗教仪式的精神研究了这个金融生态系统。但是，费尔德斯坦和他的同事们并非只想单纯地探索知识，他们认为，僵化的谷仓在金融世界出现时常常会扭曲市场和价格，这就为精明的商人创造了获利机会。研究分类体系和谷仓是他们交易策略的一部分，而且常常会带来显著的回报，就像这个案例中对“鲸交易”的反向操作一样。

在某种意义上，这并不令人意外。如果你深入研究那些最成功的投资人的交易策略，你会发现他们常常都是在边界上跳跃或者打破了谷仓的限制。科学家和组织理论家约翰·希利·布朗（John Seely Brown）指出，“创新总是在边缘地带发生，我们往往能够在那里察觉到新的机遇和挑战模式的存在。”[8]对个人来说，在业务的不同边界跳跃通常会更具有创新性。同样，在金融界，交易员们在不同的市场、资产类别和机构间跳跃并且质疑现存的常规边界时，往往能够获得最大的利益。但是蓝山的故事并不特别，也不一定是这种现象中最成功的例子，它之所以有趣是因为它其中包含的教育意义。在这本书的前半部分，我向大家展示了受制于谷仓时人们可能会做出哪些愚蠢的行为。在之前的三个章节里，我提供了一些关于公司和机构如何避免陷入谷仓陷阱的想法。然而，破除谷仓并不只是一个防守动作，它也可以是一个进攻动作。如果大家学会审视自己的社会所使用的分类体系，就能够在与对手的竞争中获得相对优势。如果一家机构受困于谷仓，就可能为其他人带来机会。在索尼的案例中，索尼公司没能采取一个统一协调的策略来开发数字时代的随身听，这给了苹果公司机会，它最终用 iPod 占领了市场。类似的情况在许多业务领域都曾出现，金融界也不例外。也就是说，蓝山的故事可以视作一个反例，是谷仓损害了瑞银集团的利益和破坏了英格兰银行经济学家的预测等案例的另一面。在这个意义上说，这个案例是令人振奋的。“我们爱谷仓，”费尔德斯坦在摩根大通的“伦敦鲸”事件尘埃落定之后感叹道，“至少我们爱其他人的谷仓，我们从别人的谷仓身上赚到了钱。”

蓝山资本的故事总是和华尔街巨头们的故事联系在一起。和许多同类的对冲基金一样，它和大银行就像是一个事物的阴阳两面。2001 年，38 岁的费尔德斯坦和他哈佛法学院的同学、老朋友、36 岁的史蒂芬·赛德罗（Stephen Siderow）一起创立了蓝山资本这家小型交易公司。费尔德斯坦之前的10年都在摩根大通银行工作，他原先是开发信用衍生产品（让投资者押注贷款是否会出问题的证券）概念团队的一员，后来成为高级管理人员。我在另外一本书里提到过，[9]在20世纪90年代，J. P. 摩根公司是一家很有创造力的公司，至少对费尔德斯坦这样的年轻金融家来说是如此。大部分员工会在J. P. 摩根公司工作很长一段时间，年轻人会在不同的部门轮岗锻炼。这在J. P. 摩根公司创造了一种相比其他银行更加统一团结的文化。像彼得·汉考克（Peter Hancock）这样的公司领导人对于他们的创新性管理实验在创造协作和破除谷仓方面的作用尤为自豪。（彼得·汉考克在2014年成为保险业巨头AIG的CEO。）

但是，在21世纪初，J. P. 摩根公司的氛围发生了变化。2000年，J. P. 摩根公司和大通曼哈顿银行（Chase Manhattan）及富林明集团合并成立摩根大通，公司规模变得更大，也更加官僚化。这样的变化带来了更大的内部竞争。尽管这种模式不像它的竞争对手花旗集团和瑞银集团那么碎片化或功能失调，它还是让原来J. P. 摩根公司信用衍生品团队的很多老员工感到沮丧，特别是聚集在汉考克周围的那批人。

2001年，费尔德斯坦离开了摩根大通。他和赛德罗联手开了一家小型对冲基金。赛德罗之前一直在麦肯锡公司做管理顾问。他们在曼哈顿中城区找了间小小的、没有窗户的办公室。就像索尼早期由创始人在东京一家商场废弃的地下室里发起，或是脸书由马克·扎克伯格在帕洛阿尔托租来的一间便宜房子创办一样，蓝山最开始也是一个扁平化的、自由的、非正式的团体。大家很容易就能交换意见，集体讨论金融交易，因为大家都坐在一起。但是费尔德斯坦并不认为这种团结统一的文化会一直保持下去。在 J. P. 摩根公司数年的工作经验让他认识到，当金融机构膨胀之后，它们很可能会变得官僚化、分裂化。他认为这会让人做出不明智的行为，进行不理性的交易。或者更准确地说，大银行内部的谷仓造成了“反常激励”（perverse incentive），这会让交易员们做出一些微观上看来有意义（就单个部门的利益而言），但宏观上极为愚蠢的行为（对于整个银行来说）。

费尔德斯坦谈论这个问题的时候，通常不会使用社会科学的一些说法。他在亚利桑那州长大，作为泌尿科医生的儿子，他本科学习的是经济学。他后来去哈佛大学学习了法律，还是巴拉克·奥巴马的同学。他的学习成绩很好，因为他有一个准确、清晰的头脑和出色的定量分析能力。但同时，他也培养了自己对文化和社会制度的兴趣。他和同事们谈论市场时，不是仅仅把它联系到数学模型或者法律文件上，而是把它当作文化模式，是更广范围生态系统的组成部分。他着迷于复杂性所带来的社会问题。正因如此他后来成了圣塔菲研究所（Santa Fe Institute）的所长。这是一个研究复杂性科学的跨学科研究所，位于新墨西哥州。这家研究所最初由物理学家创立，现在却由一位人类学家来管理。费尔德斯坦尤其感兴趣的是人们如何用分类体系来组织世界，特别关注他们的分类方法中的缺陷。人类学研究的一个常见主题就是我们对世界分类的方式常常并不符合我们环境的现实。大家可以画出整齐的亲属结构图表和家庭关系树状图，但是其中往往都有模棱两可、重叠和空白的地方。有一些东西是处在夹缝之中的。总会有关于“你应当做什么”的官方说法，但是人生并不总能在这些官方说法里找到对应项。我们很多时候都忽略了这些混乱的现实。坚持我们目前所有的简洁的分类系统总是要容易得多，不断地重写它们则困难重重，不管是在亲属关系、宗教、家庭生活或者其他方面。

但是费尔德斯坦认为华丽辞藻和现实之间的缝隙具有深刻的意义。他观察自己周围的金融系统时，发现无数的银行部门或市场并不能被简单划分到哪个领域或者归类到银行僵化官僚机构的哪个部分里。大部分银行业者往往会忽视这些因素，或者睁一只眼闭一只眼。确实，金融家们通常都不会在一个特别广泛的背景下考量资金流动。瑞银集团的案例向我们展示了，大型银行员工所接受的培训和激励措施通常会让他们只专注于自己眼皮子底下的那一点儿金融流量（这才是他们能挣到薪水的地方）。但是和其他很多懂行的对冲基金交易员一样，费尔德斯坦关注的是整个金融生态系统，所以能够发现更大背景下的一些模式。用布尔迪厄的故事来类比，费尔德斯坦不仅看到了那些“跳舞的人”，也看到了那些“不跳舞的人”，也就是其他人不去讨论的地图上的空白部分。他认为这些地方往往能够诞生最大的交易机会。

蓝山把这种分析转化为策略的一个最初领域是瑞银集团这样的银行在21世纪初开始创立的债务抵押债券即CDO产品组合。正如我在第三章解释过的那样，在大型银行里，这种产品是由专门的业务部或者部门来管理的。他们运营的方式非常分裂化，还受制于各种各样的规则。有时候一家银行的业务部能够处理银行整个的贷款和衍生产品包，比如一个完整的 CDO，但是却不被允许交易这个产品包中单独的部分，比如基础衍生品、债券或者贷款。有时候业务部又只被允许管理单独的衍生品、债券和贷款，却不让负责整个 CDO。同样地，业务部可能被允许购买 3A 级资产，却不能碰其他级别的产品。这样的模式还有很多。这就像是在一家零售商店，某楼层的售货员只能销售整套西装，而其他楼层的服务员只能销售单件的夹克和裤子。

这种僵化的规则意味着对于不同类型的金融资产的需求是不平衡的。这不是一个开放、自由或是统一的市场，它扭曲了价格。除此之外，每家银行都有自己不同的评估 CDO 或者 CDO 级别的内部模型。因此，同一块信用风险在市场的不同角落，或者说在银行的不同谷仓里，可能会被赋予完全不同的价格。金融理论指出，当银行业者把不同的债券和信用衍生品组合打包在一起的时候，整个金融包的价格要能够反应各个组成部分的价格。一个 CDO 中不同级别的总和要和整个 CDO 的价值相等。但在现实中，因为各种扭曲的激励措施和谷仓的作用，整个 CDO 的价格往往和其中的分级产品背道而驰，至少在一段时间内是这样。

费尔德斯坦的团队想要分析金融体系中的不同模式及其激励措施，关注这些模式和措施是如何影响价格的。然后，就像交易员都会做的那样，他们尝试利用价格扭曲的地方牟利，方式就是低买高卖。有时候他们会用一些幼稚的简单策略，把不同的债务卖给不同的对手。当然，在其他一些案例中，方法则更为复杂。比如说，蓝山的团队会卖出几笔债务来测试市场上某种类别的贷款、债券或衍生品的价格，然后故意创造 CDO 或者其他的信贷衍生品来满足市场上的需求。之后，如果他们看到市场需求发生了改变，他们就会卖出其他级别的 CDO。不管怎样，既然他们着手利用这些价差，他们会倾向认为金融重力或者说经济逻辑最终会胜出。因为谷仓的原因，不同的信贷产品价格可能在一个时间段内被扭曲，但最终它们会恢复到平均水平，反映出信用风险的基本价值。蓝山的交易员认为，其中的技巧在于在债务价格扭曲时买入，在市场纠正自己之后再从中获得利润。这不是多了不起的技巧。其他对冲基金的交易员有时候会因为对经济、货币或者某家公司的方向大胆押注而声名显赫。比如说，乔治·索罗斯（George Soros）的对冲基金在 20 世纪 90 年代押注英国货币会贬值，最后他们的高风险交易被证明是正确的，他们从中获得了巨大的利益。比尔·阿克曼（Bill Ackman）的对冲基金潘兴广场（Pershing Square）在 2007 年信贷危机之前也进行了大胆激进的押注，他们认为像市政债券保险联合公司这样的保险公司价值被错估，这一判断最终也被证明是正确的。同样地，另外一位基金经理约翰·鲍尔森（John Paulson）在 2007 年之前创造了一种交易策略，预测到了次级抵押贷款市场的消亡。然而，蓝山资本所做的事情跟这些基金都大不一样，他们不对经济或者某家公司的方向进行大额押注，而只是对不同的信贷风险相互之间如何变动做出预测。费尔德斯坦不在乎市场是上行还是下行。他手下的交易员也不会去关注某家公司破产的概率——至少不会单独去关注。相反，他们关注不同证券之间的价值差异。这是一种技术性的、比较模糊的交易类型。“如果存在价格不匹配的情况，我们就能从中获利。”费尔德斯坦解释道。[①] 正是因为它看起来如此模糊，而且技术性很强，按照交易员的话来说，这种策略是“少人问津”的。简单地说，很少有其他基金会做蓝山所做的交易，所以费尔德斯坦和他的团队想要在这方面获得利润就更加容易。

有时候费尔德斯坦和同事们会疑惑，为什么银行自己不去针对这些价格差异做交易。银行从业者通常都很聪明，应该能够发现他们自身规则存在的奇怪之处。但是他们被困在了体系以及体系所创造的扭曲的激励措施之中。这些交易员们关心的只是自己达成的协议能不能给自己所在的个别团队或谷仓带来利益，而不是它对整个银行或体系来说有没有意义。经典金融理论和正统经济学通常不是很重视这些微观层面的激励措施或社会结构。相反，主流经济学家往往认为市场是高效的，而且数学模型能够解释几乎一切。但实际上，银行内部复杂的社会结构影响了几乎所有资产定价的方式。它们甚至塑造了银行业者应用数学模型的方式——这些数学模型原本应世界通用，不受任何文化偏见影响的。

这些社会模式的影响是惊人的。例如，在 21 世纪的头十年，爱丁堡大学社会学教授唐纳德·麦肯齐（Donald MacKenzie）对银行用来衡量其复杂工具价值的金融数学模型进行了研究。按常识来说，这些模型在不同的银行或者资产类别之间应该不存在差异——毕竟全世界范围内，1+1 都等于 2。但是麦肯齐分析之后发现，甚至在类似的资产类别里，银行业者使用模型衡量资产价值的方式

① 费尔德斯坦的策略最重要的是根据不同的 CDO 级别（或部分）在市场上的价格变动而进行交易。这与评级机构给它们的评级有关。

也会显著不同。例如，从事抵押支持 CDO 的银行业者用他们的模型得出的结果就和资产支持证券业务部所得的结果不同，而它们其实是金融界相关联的分支部门。麦肯齐发现，这“导致同样的工作或风险估值却不同，因而，(有时)我们可以把一款工具或风险卖给一个市场参与方，同时以更便宜的价格从另一方那里买入它，价格上的差异带来了无风险收益。”[10] 对蓝山来说，这就是它的最佳击球点了。

到 2009 年，蓝山资本已经迅速增长，并且换了办公地点。它放弃了创业阶段那间很小并且没有窗户的办公室，搬进了派克大道一栋壮观的摩天大楼里。恰好，或者说具有讽刺意味的是，他们的办公室离摩根大通的总部非常近，距离瑞银集团在美国的主要办公地点也很近。如果你从蓝山交易大厅的窗户往外看，你甚至可以看到街对面这家瑞士银行的鲜红色标志。

这样的景象尤其具有象征意义：蓝山的策略很大程度上就是要利用瑞银集团这样的大银行所犯下的错误，特别是在 CDO 方面，来实现自己的目标。实际上，蓝山已经在信用交易领域成长为一个强大的集团，当高盛公司接受参议院调查，被要求列出它在信用衍生品领域最大的竞争对手时，它把蓝山列为信贷危机发生前的第四大对手，排名在很多大银行之前。[11] 赛德罗接受记者采访谈论关于蓝山的交易策略时说道：“很多信用市场的参与方都在宽泛的限制条件下运作，从保险公司的评级规范，到共同基金的要求。这让他们被限制在一个特定的资产持续时间、地理、信用质量或业务部门。[12] 这意味着市场经常会根据形式和微观的情况而对同样的风险予以不同的定价，这些错误定价往往需要一段时间才能修正。”

但随着时间的推移，蓝山的策略以微妙的方式发生了改变。2003—2007 年，这个团队最著名的就是交易信用、债券和衍生品。实际上蓝山还有其他的活动，比如股本衍生工具的交易。但是，蓝山真正赢得尊重的是它处理瑞银集团这样的大公司推出的 CDO 的操作。在这方面，蓝山创造了一年 10% 左右的收益率。这和其他一些基金相比并不那么亮眼，但已经十分出色了。

但是，2007 年和 2008 年的金融危机带来了痛苦的挫折。信贷市场剧烈震荡，CDO 业务被迫突然停止，蓝山持有的部分资产遭遇重大损失。2008 年，它的旗舰基金“信贷选择”（Credit Alternatives）价值损失了 6%。有些投资人撤资。不过，第二年，蓝山又反弹了。2009 年，曾遭受重创的信贷选择基金增值 37.4%，[13] 增强了客户信心，也吸引了新的投资流。公司又开始迅速增值，到 2009 年末，它所管理的资产累计达到了约 50 亿美元。

然而，在危机之后的世界，蓝山 2007 年前使用的策略效果大不如前，至少在 CDO 分级产品方面不再奏效。瑞银集团等银行在 CDO 交易上损失了太多的资金，它们已经没什么胃口再推出新的 CDO 产品了。像“证券化”和“超高级 CDO”这样的术语几乎已经成了禁忌，交易它们的市场逐渐干涸，利用价差谋利的机会也越来越少。所以蓝山团队要寻找其他的机会。首先，他们大量揽入那些银行在金融危机之后不得不以最低价卖出的债券和衍生产品。例如，2011 年，法国农业信贷银行把 140 亿美元的资产组合卖给了蓝山。这笔交易对蓝山来说颇具吸引力，同时也对这家法国银行有利，因为它需要削减资产负债，以满足新的监管规定的要求。[14]“这是一个双赢的局面，”蓝山基金的欧洲公司 CEO 大卫 · 鲁本斯坦（David Rubenstein）说，“我们拿到了优质资产，又帮法国农业信贷银行从风险加权角度改良了资产负债表。”[15]

然后，蓝山的交易员又开始寻找信贷衍生产品方面其他的矛盾点。2011 年，费尔德斯坦和他的同事们注意到一种专业的信贷衍生产品 IG9 指数的价格情况不太对劲儿。在专业衍生品交易的世界之外，没有太多投资人了解 IG9 指数或是其他的数不清的各种欧洲和美国公司里存在的衍生品系列。但 IG9 指数之所以存在，就是因为它让投资者能够用一种简单的方式押注美国公司的健康状况，就跟我们大家会根据美国道 · 琼斯指数或者英国富时指数（FTSE）上的公司股价来决定购买哪只股票一样。投资者并不一定要用 IG9 指数来押注，他们也可以购买和单个公司发行的债务相关联的单个信贷衍生品。比如说，如果他们只想对梅西百货公司的债务价值进行押注，或者是对梅西的美国零售店整体情况押注，他们可以购买这家公司专门的信贷衍生产品。如果他们购买 IG9 指数，他们就是在对 125 家不同的公司押注，而梅西百货只是其中之一（实际上 2010 年指数中只有 121 家公司，因为 4 家公司在 IG9 指数于 2007 年发布以后破产了）。但是很多投资人觉得用指数来交易更简单，不用专门针对各家公司不同的衍生产品，指数能够提供一种一站式的押注，这样看起来更容易交易，而且当时市场上广泛认为 IG9 的价格基本上等同于指数中所有不同的信贷衍生产品价格的平均值。

但是到了2011年夏天，这种假设慢慢被瓦解。通常，一个衍生产品指数的价格应当大致与其组成部分的价格变化一致，至少金融理论是这么说的。整体的价值应当等同于各个部分的价值之和，但现实中并不总是这个逻辑。就像一个完整CDO的价格可以与其中各个级别产品的价值不同，一个衍生产品指数的价格有时候也与其下属的衍生产品价格相偏离。2011年秋，IG9产品中这样的价格差异已经大得反常了。

蓝山的交易员想要了解为什么这样的情况会出现。信贷市场中还有一小部分交易员也在做同样的工作。在一些调查之后，蓝山的交易员发现，摩根大通的首席投资办公室团队对IG9指数和其他结构性信贷工具大量押注。这体现了摩根大通内部一种微小但是重要的政策转变。传统上，首席投资办公室往往是银行中最无聊的部分之一，它负责让摩根大通所持有的资金保值以及协助金库职能。作为工作的一部分，首席投资办公室团队在2006年就开始投资结构性信贷，想要对冲摩根大通在更大范围内的信贷风险。到2008年，首席投资办公室已经在运营一个成熟的结构性信贷投资组合。最初这个组合资金量并不大，总共只有40亿美元左右。然而在2011年，因为伦敦的一个交易员团队对美国和欧洲公司的发展大规模押注，交易账目爆炸式增长到了510亿美元。但是，他们并不是购买了单个的衍生产品，相反，他们以压倒性比例购买了指数产品，比如持仓IG9。随着2011年进入尾声，他们所持仓位不断加重。实际上，到2012年第一季度，首席投资办公室所持有的信贷衍生产品规模已经达到了1570亿美元，其中有价值840亿美元仓位的美国指数产品，其余的是欧洲指数。

费尔德斯坦和其他人都不清楚摩根大通首席投资办公室团队到底为什么会这样做。有些市场观察人士认为，首席投资办公室想要用如此大的规模来挟仓市场或者极大地压制其他交易员，从而使价格朝某个方向变化，然后从中获利。例如，后来的一份参议院报告中写道，[16] 2011 年行将结束时，摩根大通首席投资办公室团队“投资了一笔 10 亿美元的信用衍生品交易，从中获利约 4 亿美元”。这种不平衡的交易模式也反映了首席投资办公室管理规则的一些古怪之处。这个部门只能参与安全的交易，所以它不能够大量投资单个公司的信贷衍生品，因为这被认为是高风险的。但是，首席投资办公室被允许投资指数产品，这又被认为是安全的。事实上，首席投资团队的成员谈论指数交易时，往往把它们作为银行风险的一个对冲，或是为避免损失的投保方式。这创造了一种需求的不平衡模式，因为首席投资办公室大量买入了指数产品，却没有购买它的各个组成部分，这反过来会加剧价格扭曲。人为的边界和规则再次创造了一个混乱的市场。

在几个月的时间里，蓝山的交易员越来越惊讶于市场中的价格分化。在摩根大通之外，几乎没有人知道伦敦首席投资办公室的一小队交易员押下了如此大的赌注。即便在摩根大通内部，也没什么人知道这件事。正式的风险报告中通常都不会提到这些交易，更不用说公司账户中了。“在（2012 年 4 月）之前，这个信贷投资组合从来没有在摩根大通的公开文件中被点名。”参议院报告中指出。[17] 摩根大通投资银行内部的一些交易员怀疑首席投资办公室进行了大规模押注，他们担心这种像“巨鲸”一样的交易会扭曲 IG9 的价格，然而他们并有没干预。首席投资办公室和投资银行部门长期以来处于高度对抗和竞争之中，首席投资办公室团队对外部的干预也没什么好态度。同时，办公室也不觉得有必要把自己做的事情告诉公司的其他部门，尽管到 2012 年开端时，巨鲸交易的规模已经大到超过内部风险的限额了。参议院的报告对此进行了谴责：“（结构性信贷投资组合团队的）违规行为按照常规被汇报给了摩根大通和首席投资办公室的管理部门以及风险官和交易员，但是，这些违规行为没有得到深入审查，公司也没有即刻采取补救措施降低风险。相反，违规在很大程度上被忽略了，或者通过提高相关风险限度的办法抹平了。”[18] 就像瑞银集团一样，大型公司摩根大通内部的一个微小的谷仓开始造成巨大的负面影响。

数周之后，价格扭曲现象变得更为极端。2011 年夏天，蓝山采取了和伦敦鲸交易对立的投资策略，他们把宝押在了经济逻辑将会最终胜出上——指数价格很快会回到和金融基础一致的水平。但到 2012 年 1 月，他们所期望的情况还没有发生。指数和单个信贷衍生品之间的价格差异持续增大，使得蓝山出现巨额账面损失。费尔德斯坦和同事们讨论公司该何去何从。他们不相信价差能无限期持续增大，但他们不太理解当下的情况，他们也担心自己的对冲基金所面对的高额风险。所以，尽管其他很多基金也开始“反鲸交易”，或者加倍下注，费尔德斯坦和同事们决定不再增加投资额。他们的仓位和他们可能承受的损失已经相当大了。他们只能紧张地待在原地，期待着交易局面最终反转。

接下来是格外紧张的几周。蓝山的账面损失继续攀升。同时，摩根大通的首席投资办公室继续加码他们的巨鲸交易。但是，那个春天，关于这项交易的消息泄露给了主流媒体。[19]突然间，这个市场上原本不起眼的角落吸引来了众多关注的目光，一群想要投机取巧的新投资人加入其中，对巨鲸交易进行反向投资。这使得价格指数迅速反弹，随着市场逐渐升温，摩根大通的账面收益变成了巨额损失。

起初，首席投资办公室团队不想让外界知道真正的损失数额。伦敦的交易员改变了他们估值仓位的方式，以此最小化他们需要报告的损失。摩根大通的高级经理们也想打消市场对于损失数额的种种猜测。[20]但最终，损失再也无法遏止。对此事的全面调查展开，与巨鲸交易相关的所有首席投资办公室交易员都被解雇。接着，摩根大通的风险经理们开始梳理他们的账本。他们很快发现，实际的损失比所有人预估的都还要大得多。实际上，最终损失超过了 60 亿美元。这也在一方面反映了，随着丑闻的持续发酵，市场价格也朝着不利于摩根大通的方向持续发展。但还有另外一个问题：审计人员发现，首席投资办公室评估其所持信贷衍生品的方式和投资银行不一样——尽管银行的不同部门账目上持有同样类型的信贷衍生品工具。就像社会学家唐纳德·麦肯齐所说，不同的银行团队或者说谷仓理应使用同样的模型，结果却用不同的方式衡量复杂的产品。[21]

戴蒙被事态的发展吓坏了，他坚持让投资银行部接管首席投资办公室的巨鲸交易，并要求他们解决掉这个问题。在这种新的危机后监管环境下，摩根大通不能让这样一个污点留在自己的资产负债表上。所以摩根大通投资银行部员工最终以高额代价请蓝山解除了他们的信贷衍生品仓位。对摩根大通的银行家们来说，这似乎是快速且安静地解决问题的一种方式：因为他们很了解费尔德斯坦这个人，他们信任他的基金，知道基金的规模足够快速把巨鲸交易从摩根大通的账目上移除。而对蓝山来说，这笔交易再好不过了。蓝山已经因为对赌巨鲸交易获得了可观利益，现在它又能再赚一笔。实际上，最后蓝山在帮摩根大通解决问题上获得的收入比它反巨鲸交易的投资收益还多。这种惊人的现象展现了华尔街力量平衡的转变，展现了灵活敏捷的对冲基金是怎样在和巨型银行的竞争中占据上风的。而一年之后，蓝山又有了成功一举：摩根大通投资银行部老大、普遍被认为可能接替戴蒙位置的杰斯·斯塔利（Jes Staley）离开摩根大通，加盟了蓝山，成为费尔德斯坦的同事。

后来，蓝山团队又进入新的领域，寻找新的机会，在市场上因为人为或者僵化的界限而导致价格扭曲的地方再次应用他们的破除策略。例如，他们对机构如何把资金划分到各个资产类别越来越感兴趣，比如股票、债券和贷款。投资人通常都理所当然地接受了这些区分，并且认为这些区分是必然，甚至是自然的。毕竟股份和债券的本质不同，因此，这些不同的产品往往会由银行和投资公司内部完全不同的交易员和分析师团队来管理。而费尔德斯坦和赛德罗想要知道，如果超越这些界限去看待这些产品，会有怎样不同的情况。如果把股份和债券作为一个整体来分析，而不是使用投资人通常会用的分裂化模式来分析金融资产，投资状况是否会发生改变？

我们能不能纵观整个“资本结构”（银行业者用来描述公司筹集资金的金融渠道的总和）?

有些银行尝试了用这种方式整合类别。早在21世纪初，美林当时的证券分析主管坎迪斯·勃朗宁（Candace Browning）就宣布她要打破研究股权市场和观察债券市场的分析师之间长期存在的分裂局面，试着让这家美国银行500名左右的股权和固定收入等专业领域的分析师互相协作。“我们之前都待在各自的谷仓里，我非常想改变这种局面，”她解释说，“我认为如果我们能够更好地沟通和分享资源，不仅能够更加高效，还能为客户带来更好的产品，员工相互之间也能够更好地联系在一起。”[22] 在可转换债券团队工作的分析师亚乌·德布拉（Yaw Debrah）就指出：“在美林存在这样的情况，在其他大型银行可能也是一样——股权分析师只负责股权，债务分析师只管债务，衍生品分析师只管衍生品，等等。我们不怎么做跨资产类型的研究，因为协作起来非常困难。”[23]

2005年，美林的研究团队发布了几份对美国汽车和电缆行业公司的分析报告。这些报告综合了股权专家和债券专家的分析，具有开创性意义。有一些团队开始在日常工作中进行协作。伦敦的一个团队出了一份所谓的“债股报告”（Dequity report），这是一份把高收益率债券、衍生品和股权相对比的开创性研究报告。这份报告在对冲基金界很受欢迎，因为它出现在欧洲市场杠杆收购业务蓬勃发展之时，导致这些公司的债券和股价反常地波动。当时年轻的乔恩·琼森是美林债股报告团队的一员，他发现了这样的现象：“因为这些杠杆收购（融资合并）的作用，公司里面销售、交易和研究部门的股权和信贷专家都开始寻求对方的专业意见。在信用违约掉期（CDS）方面，我们开始构建一些能够确定同一家公司股票和债券（或信用违约掉期）之间的错误定价的框架。企业金融理论对我们没什么帮助，我们需要重新创造一切。”

但是这些合作的努力很快失败了。不同的分析人员都太局限于自己专业的知识领域，相互交流时把自己熟悉的概念翻译成对方能够理解的说法实在是太耗费时间了。美林的股票研究营销主管迈克尔·赫齐格（Michael Herzig）指出：“很多聪明的股票分析师并不太了解固定收益投资。一直以来，他们不需要接触其他的资本结构分支也能够把自己的工作做得很好。他们知道债券评级的情况，也知道债务规模，但是他们会理解基础产品的复杂性吗？”[24]思想上的分裂与肉体上的分离同时存在。“如果那个人和你都不在一层楼上班，你很难和他进行持续的协作。”股票分析师乔纳森·阿诺德说：“我旁边坐的是零售分析师，门外是负责航空业务的人，而债务人员和我们就不在一层楼上。”[25]

但是，协作的最大障碍是薪酬结构。分析师们只有动力在自己的专业市场领域推动交易，因为他们自己的产品团队业绩好他们才会拿到奖金。银行的客户，比如养老基金，也是僵化的谷仓结构。理论上，对美林的分析人员来说，进行协作是理智的选择；但实际上，很少有人有动力长期这样去做。

不过，费尔德斯坦和赛德罗认为（或者说希望），正是因为银行内的谷仓如此僵化，他们才能从中找到机会，采取不同的方法，对赌银行的投资。蓝山创立之后，就雇用了研究债券、贷款、信用衍生品和股票衍生品的研究人员和投资组合经理。然而2010年，这家对冲基金采取了一种更加协调一致的方式来扩展股票业务。他们聘请了新的股票专家，让他们与信贷团队坐在一起交流关于交易策略和投资机会的想法。“我们把所有人都聚到一个房间里，从不同的角度进行研究，我们得到了更丰富的研究过程，也产生了更加丰富的想法。”蓝山信贷投资组合经理玛丽娜·卢托娃（Marina Lutova）说。股票投资组合经理戴维·佐拉伯（David Zorub）的工位就在卢托娃附近，他也附和道：“我们这么做是想要创造出一些投资机会，这些机会你如果只是从股票角度或者信贷角度来研究的话不一定能够发现。我们不知道我们投资的是资本结构中的哪一块，是股票、债券还是贷款。我们关注的是基本观点以及相对价格。”

为了强化这种合作，蓝山的管理者们要求大家把所有的投资想法放到同一个数据库里。他们同时还决定，交易员和分析员不仅能够从各自的投资中获得奖金，还能够从整个团队和公司的业绩中得到可观的补偿。这种协作制度与大部分银行和对冲基金里更常见的“论功行赏”模式很不一样。“我们有独特的公司文化，不一定普遍适用，”费尔德斯坦解释说，“但如果你想来我们这儿工作，你就必须知道，我们采取的是一种以团队为基础的方法。”

这种破除谷仓的协作方法很好的一个案例就是对恒适公司（HanesBrands）的投资。恒适公司总部位于北卡罗来纳州，按照其官网的说法，这是一家提供“日常服装”的公司，直白地说，就是内衣。公司产品包括Wonderbra、Playtex系列以及Champion、

Maidenform、Gear for Sports 等品牌。恒适公司官网宣称[26]：“在美国，我们是卖出最多女士内衣、男士内衣、袜子、塑身内衣和T恤的公司。”五分之四的美国家庭至少有一件恒适产品。

2011年，这家公司吸引了信贷投资组合经理卢托娃的目光。在她看来，这家公司就是交易员们有时候会说的那种“潜在债券空头”，或者说那种值得对赌的公司，因为它的债券价格看起来会下降。她认为这里存在债券做空交易机会的一个原因是，尽管恒适公司的债务水平很高，但公司债券的价格还是相对较高的。由于债券投资者通常会非常关注公司的债务（因为他们想知道自己是否会得到偿还），这种高杠杆水平敲响了警钟。更糟糕的是，近期棉花价格上涨，导致恒适公司贸易利润率下降，因为棉花在很多内衣产品中都有使用。他们的印花T恤也状况不佳，另外一家公司吉尔丹（Gildan）挤占了他们的市场份额。这两个因素会影响另外一个债券投资人通常都紧密关注的一个要素，那就是公司的现金流。

所以卢托娃着手分析这家公司，想看看它是不是好的债券空头标的。她和蓝山的资深零售业分析师阿米·多格拉一起做这个项目。但是随着她们深入挖掘恒适公司的数据，她们的看法开始发生改变。大部分分析师认为恒适公司是一家利用高杠杆来轮转的零售公司，公司债务量很大，公司的财富很可能会随着宏观经济周期而起伏。很多投资人以这样的定位把这家公司放进了一个特定的思维盒子里，这样分析师们就能够把它和同一个盒子里的其他公司进行比较，以此分析出它是不是一个好的投资标的。在投资领域，一旦一家公司被放进了这样一个思维盒子里，投资人就很难再去质疑这种判断了。我们的分类方法常常都服从于惯性的作用。

但多格拉对恒适公司进行了深入研究后，开始质疑这一定义和分类。她认为这家公司并不是一个利用高杠杆来轮转的零售商，而是一家稳定的消费产品业务商。多格拉向她的同事们指出，恒适公司统治了美国内衣市场，在很多不同的内衣和服装分类市场里都占据第一或者第二的位置。而且，顾客购买内衣的频率是相对稳定的，不会受到经济周期的太大影响。这意味着这家公司的利润和现金流也是相对稳定的。而且，更为重要的是，它比大部分利用高杠杆轮转的零售商（比如时装店）要稳定得多。此外，尽管它的现金流和利润空间受棉花价格上升的影响而削减，但它可以把棉花价格的增长转移到消费者身上。她还认为这家公司能够通过降低运营成本创造新的现金流入量。实际上，多格拉综合考量了这些因素，计算出公司很快将会拥有一年 4 亿美元的现金流。这让恒适公司成了一个很有吸引力的投资对象，尤其是他们还计划削减成本支出，并且退出表现不佳的印花 T 恤市场。多格拉指出，更好的情况是，尽管恒适公司的杠杆率很高，管理层已经决定大幅削减债务负担，把它从利息、税项、折旧及摊销前利润（EBITDA）的3.6倍降至2倍。这一点就能把公司收益提升18%。所以卢托娃和多格拉改变了主意：她们不会看空恒适公司的债权，相反，她们要对这家公司进行积极的投资，也就是做多。

这个结论仍然引发了一个关键的问题：要怎样去做？一个显而易见的选择是买进公司的债券。但卢托娃认为这个选择没有意义，因为就恒适公司债券的结构而言，投资人很难从未来的收益增长中获利。那买进股票怎么样呢？通常，像卢托娃这样的信贷投资产品经理不会考虑这个领域。但是她咨询了股票投资组合经理戴维·佐拉伯。佐拉伯已经做了跟吉尔丹（即抢占恒适公司印花 T 恤市场份额的那家公司）相关的投资。他的团队了解棉花市场的动态，这使得他们最初对投资恒适公司持怀疑态度，尤其是它的债务负担看起来如此之高，而交易利润率在持续下降。卢托娃和多格拉向佐拉伯进行了分析说明，她俩指出，如果你把这家公司作为一个稳定的消费产品集团，使用信贷而不是股票投资人通常会使用的工具来分析，你会发现不一样的局面。

这个团队来回交换观点，检验多格拉的理论。在棉花市场的动态条件下，恒适公司能够恢复它的业务利润率吗？顾客能够接受涨价吗？现金流和债务未来会如何发展？他们最终达成了一致意见，认为应该把恒适公司作为一家消费品公司而不是高杠杆流转的零售商，因为它具备稳定的现金流。这样的结论对于判断恒适公司的股票价值具有重要的影响。因为相对其利润而言，消费必需品通常比高风险周期产品具有更高的价值。蓝山分析师研究了恒适公司的利润前景和它降低负债的计划，他们预测恒适公司未来的股价会是现在的两倍。

所以他们实践了自己的想法。2012 年初，卢托娃和佐拉伯基于对自身判断的确信，开始大量买进恒适公司的股票。到 2013 年夏，恒适公司的股价确实翻倍了——正如他们所预料的那样。卢托娃说："这次投资让我们获利不少。"佐拉伯也表示，"如果不是在蓝山公司我们有这种协作的机制，我们也不会做出这样的判断，进行这样有效的投资。”

2014 年 2 月 5 日，蓝山公司在纽约外交关系协会大楼召开了一次有 100 名投资人参加的会议。开会地点高雅、奢华：外交协会总部位于曼哈顿公园大道旁一条绿树成荫的优雅街道上，会议室散发出历史感和庄重感。但是，这家对冲基金的组织者们不想使用会议室里暗木镶板和窗帘的常规布置，他们把一大堆巨大的银桶切成两半，然后把它们固定在会议室的墙壁上。在舞台聚光灯的照射下，这样的布置散发出一种幽灵般的流动感。这种装置倒是能很好地融入现代艺术博物馆的展览氛围中。

“蓝山公司所做的，就是破桶行动。”安德鲁·费尔德斯坦站在讲台前指着那堆巨大的银桶向观众说道。史蒂芬·赛德罗也在会场，还有杰斯·斯塔利，摩根大通投资银行部的前任负责人。赛德罗、斯塔利和费尔德斯坦向观众解释了他们的哲学和投资方法。他们介绍了蓝山对恒适公司的投资。蓝山的分析师描述了他们是怎样结合股票和债务分析，对 NRG 能源、瓦莱罗能源公司（Valero）、伊士曼柯达公司（Eastman Kodak）、利盟公司（Lexmark）和斯克利普斯出版和电视公司（Scripps）进行投资的。并不是所有的投资都取得了恒适公司和巨鲸交易案例那样丰厚的回报，但是这其中的方向是明确的：“我们的金融体系被分割到了各个桶子里，而这种分类是人为强加的，”费尔德斯坦宣称，“我们想要打破这样的人为界限。”

台下的观众认真聆听了他们的演讲，有些人似乎受到了启发。到 2014 年，蓝山推广的观念在其他地方也受到了欢迎。在世界的另一端，像新西兰养老基金和新加坡政府投资公司这样的主权财富基金也采用同样的理念进行了投资，在自身组织结构和外部投资方面把债券和股票分析结合了起来。加拿大养老计划投资委员会也朝着这一方向发展。随着这些大型的主权财富基金跳入这一领域，它开始引起更小群体的兴趣。

但并不是所有人都同意蓝山的做法。相反，那天坐在外交关系协会会议室里的一些投资者盯着幽灵般的银桶展示，似乎对他们所看到的情况非常警惕，甚至可以说是非常困惑。他们中的很多人都来自传统的资产管理机构，比如养老基金、小型捐赠基金或地方政府。和在大型银行一样，这些投资人也生活在一个官僚世界，这个世界里有明确的规则规定了一个人应当怎样投资。他们通常都希望，也想给交易和机构加上简明的、熟知的标签。当他们决定要投资哪家对冲基金时，他们通常会把这些基金放在一个同类基金的大盒子里，和其他基金进行对比。如果世界上没有明确的界限，或者没有他们所熟悉的类别，他们就不知道要怎么判断了。蓝山推广的这类破桶行动让他们茫然失措。

“这些听起来都是聪明的做法，但是很难知道它们在实践中效果怎么样。”与会的一名养老基金经理说。费尔德斯坦也承认，“大家不知道应该怎么看待我们，因为我们不符合他们习惯的模式。他们问我们是不是一家固定收益基金、一家股票基金，或者其他什么组织。我们尝试给他们解释，但是有些人还是会感到很困惑。”

在某种意义上，这给蓝山提出了一个问题。正因为“破桶”这个概念太过奇异了，这家对冲基金有时候吸引不到他们想要的新客户。在一个满是盒子的世界里，如果你能够归属于某一个盒子，那你就能更容易地向客户推销你的产品。理论上，潜在的客户可能会赞赏最后的成果，但是实际中，有些人不愿意冒这个险。但是从另外一个意义上讲，蓝山的特立独行也正是它取得成功的秘诀。金融体系里其他机构的谷仓越根深蒂固，就为愿意挑战人为边界的机构创造了越多的机会。市场上一次又一次出现价格扭曲现象，就是因为不同的金融团队有不同的激励模式，或者根本没有相互交谈或交换信息。组织的边界是刚性的，但金钱不是。

这就为所有像蓝山这样足够聪明、能把整个系统视为一个整体的投资者不停地创造着赚钱机会。或者更准确地说，所有不只从统计学和电子数据表出发，而能够通过社会模式或谷仓视角来看待金融的从业者，都能够从中获益。

结语
融会贯通

发现的旅程重点不在于寻找新的风景，而在于开拓新的视野。

——马塞尔·普鲁斯特（Marcel Proust）[1]

2014年末，我再次见到了迈克·弗劳尔斯，就是那个从律师转行做电脑高手，在迈克尔·布隆伯格的纽约市政府引领了大数据实验的人。那时他的生活又有了新变化。那年年初，布隆伯格的市长任期结束，白思豪（Bill de Blasio）接替了他的位置。纽约市政府高级官员也因此大换血，弗劳尔斯就此离职。所以，当我和弗劳尔斯坐在曼哈顿中心区一家平价意大利咖啡馆里时，他告诉我他已经在纽约大学任职了，正在向新一代的孩子们教授数据科学和治理。他愿意把这次转变当作另一种破除谷仓的实践，以此架设起公共领域和学术界之间的桥梁。他同时还参与了一家名为“Enigma”的开放数据创业公司的工作，为其他想要建立“臭鼬团队”破除谷仓的政府提供建议。我们吃过饭不久，他就前往巴黎去和法国官员合作去了。

那时候，弗劳尔斯已经有很多关于破除谷仓的生动案例可以跟他的学生、法国人或者其他人分享了。他可以讲一讲纽约市政府是怎样降低餐饮店的黄油脂倾倒率的，也可以聊聊他们为发现致命的火灾陷阱而奋斗的传奇故事。但弗劳尔斯最喜欢的故事之一与救护车有关。弗劳尔斯加入纽约市政府不久，卫生部门注意到，救护车团队对“911”应急报警电话的反应时长差异很大。弗劳尔斯让他的“臭鼬团队”研究这个问题，而他们无意中发现了奇怪的事情：和美国大部分地区一样，在纽约，处理“911”紧急呼叫电话的相关官僚体系不少于 6 个，但没有人尝试过把这些机构背后的数据汇总起来，这样就无法有效地了解工作流程的整体情况，想要监督这个制度也就几乎不可能了。“臭鼬团队”一个叫劳伦·托尔伯特的小姑娘想要把这些数据整合起来。经过漫长而痛苦的工作，她建立起了一套中央监督流程，促使市政府官员改变了电话接线员接“911”电话时的应答稿，使得救护车反应时间缩短了好几秒钟[2]。

弗劳尔斯和我吃饭的时候解释道：“这些事让我的工作变得很有价值。我们并不需要什么大的改变，只是把数据整合起来，然后加以思考。”

他的解释让我意识到这就是这本书的本质所在。我们中的很多人都因为世界被谷仓所破坏而感到不安。我们不一定会用“谷仓”这个词去描述问题，但是这样的问题却总会被遇到：在官僚机构中，一个部门和另外一个部门之间没有交流；在公司里，不同的团队之间互相竞争，囤积信息而不分享；在社会上，穷人和富人或者不同的种族或政治团体生活在各自独立的社交和知识社区里。技术应当把这些障碍都打破。理论上，互联网把所有人都互通互联起来。但是，社交媒体并不会自动地或者轻松地就做到这一点。虚拟空间里也有谷仓。我们生活在一个“超连接”的世界里，却常常都不知道自己身边正在发生什么。

这就提出了一个问题：我们能够做什么？我们不可能完全废弃谷仓，就像在现代社会里我们无法废弃电力一样。在 21 世纪的世界里，面对着极端的复杂性和不断膨胀的数据，我们需要各个领域的专业人士来创造秩序。如果所有人永远都只想着写同样的代码，脸书没法作为一个公司运营下去。一定的自主权和问责制是必要的。同样地，如果所有人都去医治同一种病人，克利夫兰医学中心也无法作为医院有效运转。如果机构内部没有人了解经济模型，中央银行也无法推出货币政策。就其狭义的“专业团队”定义而言，谷仓是必要的。

但正如本书中的故事向大家展示的那样，当我们的分类体系过于僵化，谷仓变得根深蒂固时，可能会导致我们对于风险和机遇视而不见。第二章中索尼的案例就展示了这种风险的后果。瑞银集团以及 2007 年之前经济学专业的故事也说明了这点。这些故事并非特例：谷仓在无数其他的机构引发过问题，比如微软、通用汽车、白宫、英国国民医疗保健制度、英国广播公司，英国石油公司等等。

所以，我们有办法减轻这种伤害吗？我认为是有的。在本书的第二部分，我给大家展示了一些普通人是怎样管理他们的谷仓，而不被谷仓所操控的。这些故事并不是已经完结的、简单的成功案例。管理谷仓不是一个一劳永逸的任务，它需要持之以恒的努力。但是我希望，本书第二部分的案例能够为大家提供一些启发，帮助我们想出办法来改善“谷仓综合征”。

经验之一是：在大型组织里，让团队之间保持灵活的、可流动的边界，能够获得很好的效果。像脸书的“黑客月”项目那样，让员工在不同部门之间轮岗就能起到作用。创造一些场合和项目，让不同团队的员工能够碰撞和交流，也是不错的主意，不管是黑客马拉松、短期出差学习或者其他类型的社交接触都可以。我们还可以设计一些物理空间，把员工带到同一个区域，迫使他们进行不断的、计划外的互动。克利夫兰医学中心的长廊就是一个实例，脸书的广场也是。不管用什么方法，都应该促进员工的混合和流转，不要让他们变得内向和保守。

经验之二是：机构要好好思考自己的薪酬和激励机制。如果评价员工的标准只是他所在团队的业绩表现，或者内部的各个团队之间互相竞争，那他们就不太可能进行协作——不管机构组织多少次学习活动或者建多少开放式办公室都没用。我在第三章中说过，瑞银集团如此分裂的重要原因就是它的“论功行赏”激励机制。大部分大型金融集团都受同样问题的影响。它还影响了医疗界，医院

“论医行赏”、谁治疗谁拿钱的激励机制也导致了美国医疗费用的上升。克利夫兰医学中心和蓝山资本那种协作式的薪酬制度就有其优势了——至少在部分情况下如此，比如不同团队之间需要协作的时候。

经验之三是：信息的流动很重要。瑞银集团和索尼的故事说明，如果部门自己囤积信息，不向外分享，可能会累积巨大的风险。这个问题的一种解决方案是让所有人都分享更多的数据，当代的计算机技术也让这一点变得更加容易。但是，需要强调的是，不能仅仅靠打开数据的水龙头、让信息泄露出去来打败谷仓，同样重要的是要创造一种文化，让每个人都能解读信息，并且不同的解读者都能够发出自己的声音。这一点并不容易，因为专家团队常常会使用只有他们自己听得懂的复杂术语，有时候他们也会拒绝听取别人的意见。英格兰银行的保罗·塔克曾说，大型机构真正需要的是“文化译员”，这些译员要能在不同的专业谷仓之间活动，向一个部门内部的人解释其他地方正在发生的事情。塔克说：“不需要人人都是文化译员，也许员工里面有10%能够做文化译员就够了。大部分人都是继续做专家，我们需要各个方面的专家。但是任何大型机构都需要某个或者某些拥有多个专业领域的知识、能够起到这个翻译作用的人。”对于不同“语言”的相互尊重也很重要，不管是经济学术语、交易员行话或是其他。“这是一种认识论，是关于什么可以被认为是知识的问题。如果有人用和你不同的语言在说话，你也不应该忽视它。”

经验之四是：我们需要定期重新审视自己所使用的分类方法，

以此来重组世界，或者进行新的尝试。大部分时候，我们中的大部分人只是接受了既有的分类方法，但我们没有主动去思考，这样的分类方法常常是不适用的：它可能会过时，可能只适用于很狭窄的利益团体。索尼公司的案例里，工程师们从不质疑他们的谷仓，最终错失了重要的创新机会。2008 年之前的经济学专业也遭遇了同样的问题，经济学家们也因此没能发现体系里正在累积的大规模杠杆。而在克利夫兰医学中心，医生们翻转了自己的思维地图，采用了一种新的医学分类法，围绕着病人的体验而不是医生所接受的训练来看待世界。同样的办法可以应用在很多其他的领域。例如，媒体公司通常是根据记者传统上的分类架构（政治记者或者金融记者，副主编或者撰稿人）来安排公司的部门，而没有考虑消费者体验新闻的方式。银行也是从银行业者自身的角色分类出发来划分各个部门、提供各种产品，而不是从投资人或者储户角度出发。工业公司根据 50 年或者 100 年前产品的生产方式或者工程师的不同技能来组织架构，而没有围绕当代消费者想要解决的问题来设立机构。如果这些模式都已僵化，它们就有变得过时或者笨拙的风险，可能会导致在其中工作的人做出蠢事。改变这些能够激发创新，至少能够开拓更广阔的视野。

经验之五是：我们可以利用技术来破解谷仓问题。计算机不会自动把谷仓从我们的生活里移除。我们的系统中现存的大量数字化信息迫使我们不断创造新的系统来组织数据，这又必然迫使我们，或者更准确地说，促使计算机把信息放在专门的桶子中。但是计算机的妙处在于，它们并不携带不可磨灭的思维偏见。我们可以用程序命令它们以不同的方式重组信息，并测试不同的整理数据的方法。实际上，重组计算机字节比重新调整人的思维要快速和容易得多，尤其是现代计算机处理数据的能力已经非常强了（并且，数据不像人，它们不会反抗或者阻碍命令）。纽约市政府“臭鼬团队”的工作说明，数据重组有时能够在推动细微但是重要的政策转变方面发挥重要的作用。布雷特·戈德斯坦降低芝加哥谋杀率的故事同样如此。但是这些故事也给了我们一个警告：数据不会自我重组，也不会自主打破谷仓，需要有人来给电脑设定程序。最终我们需要的是大量的人类想象力，就像迈克·弗劳尔斯所展现的那样。

所以我们怎样才能获得那种重要的想象力，让自己不管在虚拟世界还是现实生活中都能够挑战分类体系？一个可能的工具是借鉴人类学的原则。这并不是说要去研究遥远的异域文化、可怕的仪式或者满是尘土的尸骨。我在第一章就解释过，现在人类学不仅研究西方文化，也喜欢在复杂的工业化环境中工作。而且，这门学科也不是由人类学家们的研究对象（不管是柏柏尔的游牧民族、瑞士的银行家或者其他）来定义的。相反，人类学更是一种思考方式，或者一种看待世界的方式。它有几个决定性的特征。第一，人类学家倾向于由下至上看待生命。他们通常都会走出自己的办公室，去体验基层的生活，通过微观的模式来理解宏观的图景。第二，他们以开放的心态倾听和观察，试图了解社会群体或系统的各个部分是如何相互关联的。他们就像是墙壁上的苍蝇。第三，因为人类学家想要研究他们所见所闻的全体，他们最终会调查到大家平时不愿意去谈论的生活部分，这些部分通常被认为是禁忌、无趣或无聊的。他们对社交沉默很感兴趣。第四，他们会仔细倾听人们是怎样谈论自己的生活，然后把人的“言”和实际的“行”相对比。人类学家热衷于研究华丽辞藻和现实之间的差距。第五，人类学家常常比较不同的社会、文化和体系。他们这样做的一个关键原因是，比较能够帮助阐明不同社会群体的根本模式。这在研究另一种文化的时候很有用，对于我们理解自身的社会也具有非凡的价值。当我们把自己沉浸在另外一个世界的时候，我们不仅能够理解“他者”，还能回过头来用全新的眼光和清晰的视角看待自己的生活。这样我们就成了局内人 / 局外人。

第六，也是最重要的一点是，这门学科推崇的理念是人类有不止一种有效的生存方式。这听起来理所当然，但任何社会中的人常常都会认为自己的文化是自然的。我们自己的社会规则和分类体系是如此正常，甚至是必然的，所以我们很少花工夫去思考它们。但是人类学家知道，我们用来组织世界和思维的分类体系并不是必然的，它们通常是后天培育而不是先天生成的。如果我们愿意，我们完全能够改变自己的文化模式，改变自己组织世界的正式和非正式的规则。如果我们停下来思考的话，我们能够做到。

人类学的这六大原则为我们提供了思考谷仓的一个良好视角。我在这本书中反复提到，在现代世界，我们不能够离开谷仓而生存，但是我们可以避免它们造成的问题。像人类学家一样，用一种游走在局内人和局外人之间的视角看待我们组织世界的方式，是我们战胜风险的一种方法。游走在局内人和局外人之间让我们能把分类体系放在其背景中考量。它还能帮助我们看到那些互相交错、两边不靠、掉在我们的分类方法缝隙之中的问题或者让我们的边界变得僵化、过时而危险重重的方式。局内人 / 局外人视角让我们看到僵化边界的风险。它还能调动我们的想象力，让我们混合界限，想象不同的世界，寻求我们的分类体系和组织边缘的创新，就像科学家约翰·希利·布朗所指出的那样。[3]

并不是只有人类学家才能有这种局内人 / 局外人的视角。人类学的训练当然会有帮助（我认为很多机构可以聘用一名人类学家来检查它们的运营情况，应该会获益良多）。但是，有些人会拥有这种重要的局内人 / 局外人视角是因为他们被扔到过边界的两边，或者去过不同的世界。有时候这是意料之外的：迈克·弗劳尔斯从没想过他会在巴格达学到混合数据的方法。有时候这却是刻意为之：第五章中，布雷特·戈德斯坦跳入警界，就是他自己主动跳出了原来的舒适区，进入了一个没那么熟悉的领域。这种方法也让他后来能够以创新的方式打破谷仓。但是改变的发生并不一定需要职业生涯的剧烈转向。改变我们获取的信息和新闻；搬家；和不同的人交谈，想象他们眼中的世界会是怎样；都能够帮我们暂时跳入另外一个世界。纽约前副市长鲍勃·斯蒂尔（Bob Steel）建议说："我觉得我们有时候需要做一下思维锻炼，想象自己是在眼镜店，戴着那种老式的镜框，能够塞进各种不同的镜片。我有时候会想象给自己戴上了一副不同的镜片，然后问自己这样会看到些什么，在别人的眼中，这个世界是什么样子的。"我们还可以去旅行，与不同的人和思想碰撞。克利夫兰医学中心的托比·科斯格罗夫说，他一直让医生们出去参会，去其他医院和非医疗场所："互联网为我们联通了整个想法和信息的世界，但是互联网不能替代这种'创新之旅'。我们需要到陌生的地方去，'去野外'接触新的想法。每个领域有雄心壮志的人都应该关闭自己的笔记本电脑，离开椅子，出去旅行，探索新的地方，接触和你不同的人。"最重要的是，我们要让自己保持开放的状态，愿意去碰撞我们既有的谷仓之外的人和想法。如果我们能在自己的生活中留下空间去迎接未知，我们常常都能改变自己的文化视角。

当然，要实现这个目标，至少有一个大障碍：留出足够的空间去碰撞未知，去世界其他地方旅行，然后获得局内人/局外人视角，需要时间和精力。待在谷仓里，或者只是接受我们既有的边界，看起来要容易得多。毕竟，我们所生活的世界期望我们能简化职业生涯，成为某一方面的专家。我们的中学和大学很早就把学生放进了一个个盒子里，学术部门也都是各自为战。正如美国记者法里德·扎卡利亚指出的那样，现在美国教育政策的主要目的是支持专业的技术课程，而不是像文科学位那样的通才课程，让学生在不同的主题之间跳来跳去。[4]我们倾向于认为，在职业或工作之间跳跃会带来不好的后果。机构的管理者也面临着通过减少浪费来提高效率的压力。专业化和专注是现代社会所需要的特质。这就很难给那些耗费时间但是不能即刻取得成效的行为正名，比如和其他部门的人交谈，让员工在不同部门之间轮岗，或者让员工去参加创新旅行。脸书的迈克尔·斯科洛普夫说："运作黑客月这样的项目需要大量的时间，公司的系统中要有一些松弛的空间，要不然它就起不到作用。所以某种意义上来说，它确实是消耗性的。”让人们以一种不受控制的方式“漫游”似乎是一种自我放纵的奢侈。创造文化译员，进行社会分析，或者说句不中听的话，通过人类学家的视角来看待生命也都是如此。人们总是以高效率、问责制和有效性的名义把自己组织到各种谷仓里。

但是，这本书想要说明的一个道理是，如果我们的世界总是追求僵化的简化流程，它最终将不能有效地运转。在专业化的谷仓里生活短期看来确实非常高效。但是一个被过度分割、陷入分裂化专业模式的世界会错失掉太多机会，忽略掉太多风险。如果我们盲从于习惯（或者说人类学家皮埃尔·布尔迪厄常说的“惯习”），我们的生命会越发贫瘠。

换个说法，在当今复杂的21世纪，我们都面临着一个微妙的挑战：我们要么被自己的思想和结构谷仓所控制，要么主动去掌控它们。选择权在我们自己手上。掌控谷仓的第一步也是最基本的一步是：每天都反思我们是怎样不假思索地就给自己的世界分了类，然后去想象可能的转变。

致谢

这本书的想法来源于我自己生活中各种各样的破除谷仓的经历。从 18 岁开始，我在几个大洲生活过，从人类学的学术世界跳到了记者领域，我也写过许许多多主题的报道，从金融到政治，到文化，到战争。这一路上我所积攒的知识都如同丝线一样被我编织进了这份手稿里。对于那些专门或者无意间为我提供了这些想法的人，我无比感激。他们有的和我进行过深入的讨论，而更多的都是在即兴的评论、偶然的会议或者未经计划的相遇中带给了我灵感。

我还要特别感谢剑桥大学人类学系，该系老师厄内斯特·盖尔纳（我的博士生导师）、卡洛琳·汉弗里斯和基思·哈特都给了我很多很棒的启发。此外，包括道格拉斯·霍尔姆斯、玛莎·潘恩、吉蒂·乔丹和克雷格·卡尔霍恩在内的人类学家们也提供了有价值的观点。纽约 ReD 咨询公司所做的工作也是如此。我的另外一个灵感来源是我在《金融时报》的同事们。《金融时报》总编莱昂内尔·巴伯和副主编约翰·桑希尔一直给予我充分的支持。《金融时报》的很多同事也阅读了这本书中不同章节的草稿，并且给了我很多有益的建议。在《金融时报》工作让人开心的一点是，我的同事们不仅很聪明，而且具有学院派的风格。我还要特别感谢安德鲁·埃齐里夫·约翰森、理查德·沃特斯、汉纳·库赫勒、汤姆·布雷思韦特、格雷格·迈耶和加的夫·加西亚。在过去两年,《金融时报》之外还有很多人都为我提供了灵感、和我讨论过这本书或者读过这本书的不同部分。在这方面我要感谢威廉·詹韦、威廉·哈兹尔廷、拉纳·福罗尔、休·范·斯蒂米斯、卡洛斯·德·拉·克鲁兹、理查德·布鲁姆、约翰·西利·布朗、汉斯–赫尔穆特·科茨、安迪·霍尔丹、桑迪·彭特兰、罗尔夫·伦德尔、康纳德·马伦、马克·艾因、本·哈迪、斯科特·马尔金、安德鲁·麦卡菲、丹尼尔·戈罗夫、乔恩·列德基、托马斯·斯尼奇、加里·根斯勒、彼得·汉考克、亚当·格利克和劳拉·诺伦。乔恩·列德基提供了很多支持和很棒的想法。加里·根斯勒在知识上为我提供了很多意见，如果没有他勤勉和耐心的帮助，这本书肯定没有现在这么好。阿曼达·尤班是我在国际创新管理公司的经纪人，一直是我不懈的拥护者和朋友。西蒙·舒斯特出版公司的本·洛恩是我这本书的编辑，他非常好地主持了这个项目，一直推动着我改进想法，为我的文章提出意见，帮我整理书稿。小布朗出版公司的蒂姆·怀廷也提供了很多帮助。埃米丽·卢斯是我在西蒙·舒斯特的第一位编辑，我也是先和她讨论的这本书，非常感谢她能够信任我。乔伊·克兰作为这本书的研究员做了非常棒的工作，她也是我们灵感和欢乐的源泉。

我还深深地感激每一个为了这本书接受采访的人。很多人都抽出时间，提供了想法；有时候我的问题可能比较激烈或者不便回答，他们也都接受了。如果我误解了他们想要表达的意思，我为此负全责。

我感谢我的父亲和兄弟，彼得·邰蒂和理查德·邰蒂，感谢他们这么多年对我的支持和帮助。我还要特别感谢乔舒亚·布洛克纳，感谢他为我带来的快乐、趣味和秩序，感谢他让我超越了自身的思想谷仓，能够看得更全面更远。但是，我最想要感谢的是我的两个女儿，安娜莉丝和海伦。她们是我生命的中心，每天都提醒着我注重生活的整体性，在各个方面探索和欣赏世界。

注释

在撰写本书的过程中，我和文中提到的人物进行了多次采访和交流，有些采访是专门为了写作本书而进行的，还有一些是为《金融时报》所做的采访。除特别指出的部分外，本书中的引言都来自这些采访。如有对发言的误解，我对此负全责。

前言

1 Daniel Kahneman, *Thinking, Fast and Slow* (New York: Farrar, Straus & Giroux, 2013).

2 Gillian Tett, *Fool's Gold: The Inside Story of J.P. Morgan and How Wall Street Greed Corrupted Its Bold Dream and Created a Financial Catastrophe* (New York: Free Press, 2010).

3 Gillian Tett, "Ambiguous Alliances; Marriage and Identity in a Muslim Village in Soviet Tajikistan" (PhD diss., Cambridge University, 1996). See also Gillian Tett, "Guardians of the Faith, Gender and Religion in an (Ex) Soviet Tajik Village," *Muslim*

Women's Choices; Religious Belief and Social Reality, C. F. El-Solh and J Mabro, eds. (Providence, RI), pp. 128–51.

引 言 布隆伯格的"臭鼬工程"

1 Daniel Kahneman, *Thinking, Fast and Slow* (New York: Farrar, Straus & Giroux, 2013).

2 New York Senate Files, Jeffrey D. Klein, "A Survey of Bank Owned Properties in New York City," July 2011.

3 "Bronx House Fire Kills Boy, 12, and His Parents," *New York Times*, April 25, 2011.

4 "3 Killed in Monday Morning Bronx Fire," *CBS New York*, April 25, 2011.

5 Klein, "A Survey of Bank Owned Properties in New York City."

6 Barry Paddock, John Lauinger and Corky Siemaszko, "Drug Dealers in First Floor of Illegal Bronx Apt. Building Barred City Inspectors," New York *Daily News*, April 27, 2011.

7 "Out of Control, Out of Sight," Citizens Housing Planning Council Report, May 2, 2011.

8 Klein, "A Survey of Bank Owned Properties in New York City."

9 Barry Paddock, John Lauinger, and Corky Siemanzko, "No Way Out for Tragic Family," New York *Daily News*, April 27, 2011.

10 Fire Department Citywide Statistics, Performance Indicators.

11 City of New York press release, "Bloomberg and Fire Commissioner Cassano Announce 2012 Sets All-Time Record for Fewest Fire Fatalities in New York City History," January 2, 2013.

12 Benjamin Lesser and Brian Kates, "Hidden Deathtraps: After Flushing Fire and 200k Complaints, Divided Apartments Still Run Rampant," New York *Daily News*, November 14, 2009.

13 数据来源于市政厅和迈克·弗劳尔斯的演示报告。

14 "Top 25 Employers in New York City in 2013," *Crain's New York Business*, March 21, 2014.

15 Paul Davidson, "Compatible Radio Systems Would Cost Billions," *USA Today*, December 28, 2005.

16 "Big Data in the Big Apple," *Slate*, March 6, 2013.

17 参见布隆伯格在推特网站上发布的文稿及迈克尔·布隆伯格 2010 年在约翰·霍普金斯大学毕业典礼上的演讲。

18 Michael M. Grynbaum, "The Reporters of City Hall Return to Their Old Perch," *New York Times*, May 24, 2012.

19 Code for America Summit 2012, Mike Flowers, Day 1, October 4, 2012.

20 Thor Olavsrud, "How Big Data Saves Lives in New York City," *CIO*, October 25, 2012.

21 To see the Primary Land Use Tax Lot Output File (PLUTO), see http://www.nyc.gov/html/dcp/html/bytes/applbyte.shtml.

22 Kenneth Cukier and Viktor Mayer-Schoenberger, "The Rise of Big

Data," *Foreign Affairs*, May 1, 2013. See also Cukier and Mayer-Schoenberger, *Big Data: A Revolution at Will Transform How We Live, Work, and Think* (Eamon Dolan: Mariner, 2014).

23 Interview with Mike Flowers, http://radar.oreilly.com/2012/06/predictive-data-analytics-big-data-nyc.html.

24 Alex Howard, "Predictive Data Analytics in Saving Lives and Taxpayer Dollars in New York City," *Radar Online*, June 26, 2012; "Mayor Moves Against Drugs," *Wall Street Journal*, December 13, 2011.

25 Ian Goldin and Mike Mariathasan, *The Buttery Defect: How Globalization Creates Systemic Risks and What to Do About It* (Princeton: Princeton University Press, 2014).

26 https://www.imf.org/external/np/speeches/2014/020314.htm.

27 *Oxford English Dictionary.*

28 Ibid.

29 Adam Smith, *An Inquiry into the Nature and Causes of the Wealth of Nations*, Part 1 (Indianapolis: Liberty Fund, 1982) (from 1776 manuscript).

30 See the official report on the BP oil spill: National Commission on the BP Deepwater Horizon Oil Spill and Offshore Drilling, "Deep Water; The Gulf Oil Disaster and the Future of Offshore Drilling. Report to the President," January 2011, http://www.gpo.gov. Also: Peter Elkind and David Whitford with Doris Burke, "BP:

An Accident Waiting to Happen," *Fortune*, January 24, 2011, and Ed Crooks, "US report spells out BP failures in Gulf," *Financial Times*, September 15, 2011.

31 See the damning report by Anton Valukas on the GM scandal: "General Motors Company: Regarding Ignition Switch Recalls," May 29 2014, by Anton R. Valukas, Jenner & Block LLC, http://s3.documentcloud.org/documents/1183508/g-m-internal-investigation-report.pdf.

32 See the Mary Barra town hall on June 5, 2014, http://media.gm.com / media/us/en/gm/news.detail.html/content/Pages/news/us/en/2014/Jun/060514-ignition-report.html.

33 9/11 Commission Report Executive Summary, "Management" subsection, http://www.gpo.gov/fdsys/pkg/GPO-911REPORT/pdf/GPO-911REPORT.pdf.

34 Denis Campbell, "NHS Told to Abandon Delayed IT Project," *The Guardian*, September 21, 2011.

35 Stephen Hugh-Jones, "The Symbolic and the Real," Cambridge University Lectures, Lent term 2005, http://www.alanmacfarlane.com/hugh_jones/abstract.htm.

第一章 不跳舞的人：人类学如何解释谷仓效应

1 Pierre Bourdieu, *Outline of a Theory of Practice* (Cambridge:

Cambridge University Press, 1977).

2 Pierre Bourdieu, *The Bachelor's Ball: The Crisis of Peasant Society in Bâearn* (Chicago: University of Chicago Press, 2008). Translated from *Le bal des celibataires* (Bourdieu: Edition de Sevil, 2002).

3 Taken from Bourdieu' s essay "La dimension de la domination economique," *Etudes Rurales* 113–114 (January–June 1989) pp.15–36. Reproduced in Bourdieu, *The Batchelor's Ball*, pp. v1–v11.

4 Pierre Bourdieu, *Sketch for Self-Analysis* (Boston: Polity, 2008), p. 63.

5 Ibid.

6 George A. Miller, "The Magical Number Seven, Plus or Minus Two: Some Limits on Our Capacity for Processing Information" *Psychological Review* 63 (2) (1956), pp. 81–97.

7 Ibid.

8 Daniel Kahneman, *Thinking, Fast and Slow* (New York: Farrar, Straus & Giroux, 2013).

9 Luc de Brabandere and Alan Iny, *Thinking in New Boxes: A New Paradigm for Business Creativity* (New York: Random House, 2013).

10 René Descartes, *Discourse on Method and Meditations on First Philosophy*, Donald A. Cress, trans. (Indianapolis: Hackett, 1999).

11 Brent Berlin and Paul Kay, *Basic Color Terms: Their Universality and Evolution* (University of California Press, 1969).

12 Caroline M. Eastman and Robin M. Carter, "Anthropological Perspectives on Classification Systems," 1994. Eastman, C. (1994). 5th ASIS SIG/CR Classification Research Workshop, 69–78, doi:10.7152/acro.v5i1.13777.

13 Jared Diamond, *The World Until Yesterday: What Can We Learn from Traditional Societies?* (New York: Penguin, 2013).

14 Bourdieu, *Sketch for Self-Analysis*, p. 5.

15 Ibid., p. 97.

16 Ibid., p. 91.

17 Ibid., p. 38.

18 Ibid

19 Ibid., p. 40.

20 Robert Layton, *An Introduction to Theory in Anthropology* (Cambridge: Cambridge University Press, 1999), p. 1.

21 David Hume, *Treatise on Human Nature* (1738; U.S.: CreateSpace Independent Publishing, 2013).

22 Ernest Gellner, *The Concept of Kinship* (London: Blackwell, 1973), p. vii.

23 Ibid., pp. vii, viii.

24 Bronislaw Malinowksi, *Argonauts of the Western Pacific* (Long Grove, IL: Waveland Press, 1984; rpt. of 1922 edition).

25 Claude Lévi-Strauss, *Myth and Meaning* (Germany: Schocken, 1995; rpt. of 1978 edition).

26 Claude Lévi-Strauss, *The Elementary Structures of Kinship* (Boston: Beacon, 1971); Claude Lévi-Strauss, *Tristes Tropiques* (New York: Penguin, 2012; rpt.; Claude Lévi-Strauss, *The Savage Mind* (Chicago: University of Chicago Press, 1966).

27 Bourdieu, *Sketch for Self-Analysis*, p. 40.

28 关于布尔迪厄这一阶段的经历，可参见他的学生 Craig Calhoun 整理的照片记录：Pierre Bourdieu and Craig Calhoun, ed., *Picturing Algeria* (New York: Columbia University Press, 2012).

29 Bourdieu, *Sketch for Self-Analysis*, p. 48.

30 Ibid., p. 53.

31 Ibid., p. 47.

32 Ibid., p. 61. See also Bourdieu, *The Batchelor's Ball*, p. 3.

33 Ibid., p. 67.

34 Bourdieu, *Outline of a Theory of Practice*, p. 170.

35 Kate Fox, *Watching the English* (London: Hodder & Stoughton, 2005), p. 6.

36 Ibid., p. 13.

37 Karen Ho, *Liquidated: An Ethnography of Wall Street* (Durham, NC: Duke University Press, 2009).

38 Caitin Zaloom, *Out of the Pits: Traders and Technology from Chicago to London* (Chicago: University of Chicago Press, 2006).

39 Alexandra Ouroussoff, *Wall Street at War: e Secret Struggle for the Global Economy* (Boston: Polity, 2010).

40 Douglas Holmes, *Economy of Words: Communicative Imperatives in Central Banks* (Chicago: University of Chicago Press, 2013).

41 Annelise Riles, *Collateral Knowledge: Legal Reasoning in the Global Financial Markets* (Chicago: University of Chicago Press, 2011).

42 Danah Boyd, *It's Complicated: The Social Life of Networked Teens* (New Haven: Yale University Press, 2014).

43 Margaret Mead (1950, p. xxvi) cited in: Tom Boellstorff, *Coming of Age in Second Life: An Anthropologist Explores the Virtually Human* (Princeton, NJ: Princeton University Press, 2010), p. 71.

第二章 章鱼罐：谷仓如何损害创新

1 Lou Gerstner, *Who Says Elephants Can't Dance? Inside IBM's Historic Turnaround*. (Waterville, ME: Thorndike Press, 2002).

2 Sony video by Comdex, http://groupx.com/ourwork/launch/sony .html.

3 Paul Thurott, "Fall Comdex 1999 Reviewed," http://winsupersite.com/product-review/fall-comdex-1999-reviewed.

4 Martyn Williams, "George Lucas, Playstation 2 Highlight Sony Keynote at Comdex," CNN, November 16, 1999.

5 http://www.zdnet.com/news/star-wars-creator-gives-sony-thumbs-up/104118; http://www.ign.com/articles/1999/11/17/comdex-1999-sony-aims-high-with-playstation-2.

6 Martyn Williams, "George Lucas, Playstation 2 Highlight Sony Keynote at Comdex," CNN, November 16 1999.

7 "Sony Global—Sony History," November 2006, http://web.archive.org/web/20061128064313/http://www.sony.net/Fun/SH/1-1/h2.html.

8 "Masaru Ibuka," PBS Online 1999, ScienCentral, and the American Institute of Physics. "Akio Morita," PBS Online 1999, ScienCentral, and the American Institute of Physics.

9 "Akio Morita: Gadget Guru," *Entrepreneur*, October 10, 2008.

10 Akio Morita, *Made in Japan: Akio Morita and Sony* (New York: E. P. Dutton, 1986), p. 56.

11 Ibid., p. 65.

12 Ibid., pp. 79–81.

13 Meaghan Haire, "A Brief History of the Walkman," *Time*, July 1, 2009.

14 Morita, *Made in Japan*, p. 82.

15 Steve Lohr, "Norio Ohga, Who Led Sony Beyond Electronics, Dies at 81," *New York Times*, April 24, 2011.

16 Sea-Jin Chang, *Sony vs. Samsung: The Inside Story of the Electronics Giants' Battle for Global Supremacy* (Hoboken, NJ: Wiley, 2008).

17 John Nathan, *Sony: Private Life* (Boston: Mariner, 2001), p. 315.

18 Sony Corporate Information, Chapter 24: Diversication, www.sony .net.

19 Karl Taro Greenfeld, "Saving Sony: CEO Howard Stringer Plans to Focus on 3-D TV," *Wired*. March 22, 2010.

20 Walter Isaacson, *Steve Jobs* (New York: Simon & Schuster, 2011), p. 408.

21 Ibid., p. 362.

22 Sony 2005 Financial Year Fiscal Report, www.sony.net.

23 Andrew Ross Sorkin and Saul Hansel, "Shakeup at Sony Puts Westerner in Leader's Role," *New York Times*, March 7, 2005.

24 Mark Gunther, "The Welshman, the Walkman and the Salarymen," *Fortune*, June 1, 2006.

25 For an account of this see: Lou Gerstner, "Who Says Elephants Can't Dance?" *Harper Business*, 2002; Lisa DiCarlo, "How Lou Gerstner Got IBM to Dance," *Forbes*, November 11, 2002; "IBM Corp Turnaround," Harvard Business School Case Study, March 14, 2000; Lynda Applegate and Elizabeth Collins, "IBM's Decade of Transformation; Turnaround to Growth," Harvard Business School Case Study, April 2005.

26 "A Word from Howard: Breaking Down Silos," Sony United newsletter, January 2, 2006.

27 Martin Fackler, "Sony Plans 10,000 Job Cuts," *New York Times*, September 23, 2005.

28 Daisuke Takato, "Sony to Cut 10,000 Jobs, Product Models to End Losses," Bloomberg News, September 22, 2005.

29 David Macdonald, "Sony Tries to Get Its Mojo Back," *Asia Times*, February 7, 2006.

30 Martin Fackler, "Cutting Sony, a Corporate Octopus, Back to a Rational Size," *New York Times*, May 29, 2006.

31 Sony corporate announcement, September 2005, www.sony.net.

32 Ibid.

33 Ginny Parker Woods, "Sony's Picture Is Looking Brighter," *Wall Street Journal*, February 3, 2006.

34 Mark Gunter, "The Welshman, the Walkman and the Salarymen," *Fortune*, June 1 2006.

35 *Who Says Elephants Can't Dance?* Harper Business, 2002; see also "How Louis Gerstner Got IBM to Dance," by Lisa DiCarlo, *Forbes*, November 11, 2002.

36 Mark Gunther, "The Welshman, the Walkman and The Salarymen," *Fortune*, June 1, 2006.

37 Tim Ferguson, "Samsung v Sony—The Growing '2000' Divide," *Forbes*, April 30, 2012.

38 Andrew Ross Sorkin and Michael De La Merced, "American Investor Targets Sony for a Breakup," *New York Times*, May 14, 2013.

39 Mike Fleming, "George Clooney to Hedge Fund Honcho Daniel Loeb: Stop Spreading Fear at Sony," *Deadline Hollywood*, August 2, 2013.

40 For an account of the challenges at Microsoft and the company's response see: Monica Langley, "Reboot at Microsoft: Impatient Board Sped Ballmer's Exit," *Wall Street Journal*, 2013; "Microsoft Tears Down Walls to Open Up Future," *St Augustine Record*, July 13, 2013; Rom Forbes, "Microsoft Blows up Its Silos," *Marketing Daily*, July 12, 2013; "Microsoft Transforms But Will It Leave Its Past Behind?" Voice of America, October 25, 2013.

第三章 当地精失明时：谷仓如何隐瞒了风险

1 Upton Sinclair, *I, Candidate for Governor: And How I Got Licked* (Berkeley: University of California Press, 1994), p. 109.

2 FINMA (Swiss Financial Market Supervisory Authority), "Financial Market Crisis and Financial Market Supervision," September 14, 2009, p. 22.(Hereinafter FINMA report.)

3 Tobias Straumann, "The UBS Crisis in Historical Perspective," University of Zurich Empirical Research in Economics, September 2010, p. 5.

4 FINMA report, p. 21.

5 Ibid.

6 Ibid., p. 22.

7 Ibid.

8 Shareholder Report on UBS's Write-Down, April 18, 2008, p. 6,

http://maths-fi.com/ubs-shareholder-report.pdf.

9 Ibid., p. 6.

10 Stephanie Baker-Said and Elena Logutenkova, "The Mess at UBS," *Bloomberg Markets*, July 2008.

11 Mark Landler, "UBS Sells Stake After Write-Down," *New York Times*, December 10, 2007.

12 Ibid.

13 UBS Shareholder Report, 2008, p. 6; Statement to Shareholders, December 2008.

14 UBS Shareholder Report, 2008, p. 7.

15 Baker-Said and Logutenkova, "The Mess at UBS."

16 "Switzerland Unveils UBS Bail-out," BBC World News, October 16, 2008.

17 UBS Shareholder Report, 2008, p. 6.

18 Nick Mathiason, "UBS and US Government Reach Deal over Tax Evasion Dispute," *The Guardian*, July 31, 2009.

19 Straumann, "The UBS Crisis in Historical Perspective," p. 3.

20 Ibid.

21 Ibid., p. 6.

22 Ibid.

23 John Tagliabue, "2 of the Big 3 Swiss Banks to Join to Seek Global Heft," *New York Times*, December 9, 1997.

24 Adrian Cox, "Costas Sees UBS Eclipsing Goldman, Citigroup as

Top Fee Earner," *Bloomberg Businessweek*, March 1, 2004.

25 "Swiss Bank to Acquire Chase Investment Unit," Associated Press, reprinted in *New York Times*, February 22, 1991.

26 "Has UBS Found Its Way Out of the Woods?," *Bloomberg Businessweek*, March 29, 1999.

27 FINMA report, p. 25, footnote.

28 John Tagliabue, "Swiss Banks Calling Wall St. Home," *New York Times*, August 31, 2000.

29 Riva D. Atlas, "How Banks Chased a Mirage," *New York Times*, May 26, 2002.

30 Michael Corkery, "Health Scare: Calculating UBS's Loss of Banker Benjamin Lorello," *Wall Street Journal*, June 26, 2009.

31 "Top UBS Banker Founds Private Equity Firm," *Financial News*, June 29, 2007.

32 "Jefferies Nabs One-time Critic from UBS," *Dow Jones Financial News*, June 25, 2009.

33 Cox, "Costas Sees UBS Eclipsing Goldman, Citigroup as Top Fee Earner."

34 Uta Harnischfeger, "UBS Faults Blinds Ambition for Subprime Miscues," *New York Times*, April 22, 2008.

35 根据《金融时报》词典，证券化的一般定义是使银行业者能够创建和发行"债券等可交易的证券，并由资产、贷款、公共工程项目或其他收入来源所产生的收入支持"。http://lexicon.ft.com/

Term?term =securitisation。根据投资百科（Investopedia），“证券化是通过金融工程将非流动性资产或资产组合转化为证券的过程。证券化的一个典型例子是抵押贷款支持证券（MBS），它是一种由抵押贷款担保的资产支持证券。”这一过程有几个阶段，“首先，获得授权的正规金融机构产生大量抵押贷款，这些抵押贷款以抵押贷款人购买的各种房产为担保。然后，所有的个人抵押贷款都被打包成一个抵押贷款池，作为抵押贷款支持证券的抵押品。抵押贷款支持证券可以由大型投资银行等第三方金融公司发行，或者由最初发放抵押贷款的同一家银行发行。抵押贷款支持证券也可由房利美或房地美等整合公司发行。无论哪种方式，结果都是一样的：一个新的证券诞生，以抵押人的资产为担保。这一证券可以卖给二级抵押贷款市场的参与者”。https://www.investopedia.com/ask/answers/07/securitization.asp。

36 Stephanie Baker-Said and Elena Logutenkova, “UBS $100 Billion Wager Prompted $24 Billion Loss in Nine Months,” Bloomberg News, May 18, 2008.

37 Straumann, “The UBS Crisis in Historical Perspective,” p. 17.

38 UBS Shareholder Report, 2008, p. 18.

39 Nelzon Schwartz, “The Mortgage Bust Goes Global,” *New York Times*, April 6, 2008.

40 Baker-Said and Logutenkova, “UBS $100 Billion Wager Prompted $24 Billion Loss in Nine Months.”

41 Karen Ho, *Liquidated: An Ethnography of Wall Street* (Durham,

NC: Duke University Press, 2009).

42 FINMA report, p. 25.

43 Greg Ip, Susan Pullam, Scott Thurm, and Ruth Simon, "How the Internet Bubble Broke Records, Rules, and Bank Accounts," *Wall Street Journal*, July 14, 2000.

44 UBS Transparency Report to Shareholders, 2010, p. 18.

45 Ibid., p. 27.

46 UBS Shareholder Report, 2008, p. 9.

47 Ibid., p. 15.

48 Ibid., p. 16.

49 Chris Hughes, Haig Simonian, and Peter Thal Larsen, "Corroded to the Core: How a Staid Swiss Bank Let Ambitions Lead It into Folly," *Financial Times*, April 21, 2008.

50 UBS Shareholder Report, 2008, p. 4

51 "Brady W. Dougan," Official Bio Credit Suisse Group AG website, https://www.credit-suisse.com/governance/en/pop_s_cv_dougan.jsp.

52 Haig Simonian and Peter Thal Larsen, "UBS Reveals Top Level Shake-up," *Financial Times*, July 1, 2005.

53 FINMA report, p. 28.

54 UBS Transparency Report, 2010, p. 21.

55 Sinclair, p. 109.

56 FINMA report, p. 27.

57 Ibid., p. 22.

58 Ibid.

59 UBS Transparency Report, 2010, p. 35.

60 Ibid., p. 5。8 月 8 日主席办公室和集团执行董事会被告知了问题的严重程度。

61 Straumann, "The UBS Crisis in Historical Perspective," p. 9.

62 Hughes, Simonian, and Larsen, "Corroded to the Core How a Staid Swiss Bank Let Ambitions Lead it into Folly."

63 Gillian Tett, "Silos and Silences," *Banque de France Financial Stability Review*, July 2010, p. 126.

64 FINMA report, p. 26.

65 "Executive Prole: Joseph Scoby," http:.//www.bloomberg.com/research/stocks.

66 UBS Shareholder Report, 2008, p. 6.

67 Megan Murphy and Haig Simonian, "Banking: Lightning Strikes Twice," *Financial Times*, October 3, 2011.

68 Straumann, "The UBS Crisis in Historical Perspective," p. 8.

69 Ibid., pp. 4–5.

70 Haig Simonian, "UBS Board Makes Formal Appointment," *Financial Times*, December 8, 2009.

71 UBS Transparency Report, 2010, p. 7.

72 洛夫茨于 2008 年被任命为首席风险官，他后来离任，但 2011 年又再次获任。

73 "Christian Wiesendanger Executive Prole," Bloomberg, www.bloomberg.net.

74 Megan Murphy, Kate Burgess, Sam Jones, and Haig Simonian, "UBS Trader Adoboli Held over $2bn Loss," *Financial Times*, September 15, 2011.

75 Tony Shearer, "The Banks Are Simply Too Big to Be Managed," letter to the head of business, *Daily Telegraph*, September 19, 2011.

第四章 俄罗斯套娃：谷仓如何造成狭隘视野

1 This account is based on an interview with Luis Garicano. See also Andrew Pierce, "The Queen Asks Why No One Saw the Credit Crunch Coming," *Daily Telegraph*, November 5, 2008; Chris Giles, "The Economic Forecasters' Failing Vision," *Financial Times*, November 25, 2008.

2 Etymological origins of "Economy" : *The American Heritage Dictionary of the English Language*, 4th ed. (New York: Houghton Mifflin, 2009).

3 Chris Hann and Keith Hart, *Economic Anthropology* (Boston: Polity, 2011), p. 34.

4 "News release: Paul Tucker to Leave the Bank of England," Bank of England website, June 14, 2013, www.bankofengland.co.uk.

5 Bill Janeway, *Doing Capitalism In the Innovation Economy: Markets, Speculation and the State* (Cambridge: Cambridge University Press, 2012), p. 163.

6 Axel Leijonhufvud, "Life Among the Econ," *Western Economic Journal*, 11:3 (September 1973), p. 327.

7 Ibid., p. 328.

8 "Alan Greenspan," *Biography*, A&E, 2014.

9 Gillian Tett. "An Interview with Alan Greenspan," *Financial Times*, October 25, 2013.

10 "1997: Brown Sets Bank of England Free," *On This Day in History*, www.bbc.co.uk.

11 Chris Giles, "The Court of King Mervyn," *Financial Times Magazine*, May 5, 2012.

12 For a discussion of how silos impacted the media and the public debate about the financial risks before the financial crisis, see: Gillian Tett, "Silos and Silences: Why So Few People Spotted the Problems in Complex Credit and What at Implies for the Future," *Banque de France Financial Stability Review* no. 14, July 2010. See also Gillian Tett, "Silos and Silences: the Problem of Fractured Thought in Finance," Speech to the American Anthropological Association, New Orleans, 2010.

13 Tyler Cowen, "Bailout of Long-Term Capital: A Bad Precedent?," *New York Times*, December 26, 2008.

14 "Speech: Macro, Asset Price and Financial System Uncertainties," Roy Bridge Memorial Lecture given by Paul Tucker, Executive Director for Markets and Monetary Policy Committee Member, Bank of England, December 11, 2006, www.bankofengland.co.uk.

15 Ibid., p. 123.

16 Ibid., p. 127.

17 Ibid., p. 128.

18 Ibid.

19 Ibid., p.

20 "A perspective on Recent Monetary and Financial System Developments," by Paul Tucker, Executive Director for Markets and Monetary Policy Committee Member, delivered April 26, 2007, www.bankofengland.co.uk.

21 Ibid., p. 6.

22 Ibid.

23 For a discussion of this, see Tett, "Silos and Silences."

24 "About the Jackson Hole Economic Policy Symposium," Publications Page, http://www.kc.frb.org/.

25 "Housing, Housing Finance, and Monetary Policy," speech by Chairman Ben S. Bernanke delivered August 31, 2007, at the Federal Reserve Bank of Kansas City's Economic Symposium, Jackson Hole, Wyoming, www.federalreserve.gov, 2007 speeches.

26 "The Shadow Banking System and Hyman Minsky's Economic

Journey," *PIMCO Global Central Bank Focus*, newsletter, May 2009.

27 "PIMCO Expert Bios: Paul A. McCulley," PIMCO website.

28 Krishna Guha, "Credit Turmoil Has Hallmarks of Bank Run," *Financial Times*, September 2, 2007. See also Kansas Federal Federal Reserve minutes at http://www.kc.frb.org/Publicat/Sympos/2007/PDF/General Discussion6 0415.pdf.

29 Taken from the minutes of the Jackson Hole symposium, August 2007, http://www.kc.frb.org/Publicat/Sympos/2007/PDF/General Discussion 60415.pdf.

30 See Robert J Shiller, "Bubble Trouble," Project Syndicate. September 17, 2007. www.project-syndicate.org.commentary/bubble-trouble.

31 结构性投资工具 SIV 和"管道"投资工具 conduits 等实体的问题在于所谓的"期限错配"（maturity mismatch）。这些工具通过在资产商业票据市场出售极短期票据（或债券）获得资金，再用这笔资金购买抵押债券等长期资产。短期债券需要持续展期，但当市场冻结时，长期资产不容易卖出。所以当投资者恐慌并停止向"管道"和 SIV 提供资金时，它们将面临流动性紧缩。由于银行已经为其中一些工具提供了额外担保，当这些"管道"和 SIV 开始崩溃，银行的资产负债表也会受到重创，这将引发普遍的恐慌情绪。

32 Jason Douglas and Geoffrey T. Smith, "FSB's Carney Seeks Help

to End Too-Big-to-Fail," *Wall Street Journal*, April 11, 2014.

33 Heather Stewart, "This Is How We Let the Credit Crunch Happen Ma'am," *The Observer*, July 29, 2009

34 Gillian Tett. "An Interview with Alan Greenspan by Gillian Tett," *Financial Times*, October 25, 2013.

35 "Memorandum of Understanding Between the Financial Conduct Authority and the Bank of England, including the Prudential Regulation Authority," Bank of England website. www.bankofengland.com.

36 "One Mission. One Bank. Promoting the Good of the People of the United Kingdom," speech given by Mark Carney, Governor of the Bank of England, March 18, 2014, Mais Lecture at Cass Business School, City University, London.

37 Emma Charlton, "Bank of England Creates New Unit to Crunch Economic Data," Bloomberg news, July 1, 2014.

38 "Financial Stability Oversight Council Created Under the DoddFrank Wall Street Reform and Consumer Protection Act," October 2010, Treasury.gov.

39 Ian Katz, "Richard Berner to Help Treasure Build Financial Research Office," Bloomberg News, April 25, 2011.

40 Jennifer Ryan and Simon Kennedy, "Carney Gets Chance to Reshape BOE as Tucker Plans Departure," Bloomberg News, June 14, 2013.

第五章 带枪极客：个人如何打破生活中的谷仓

1 Speech by Steve Jobs to Stanford University students, 2005, http://news.stanford.edu/news/2005/june15/jobs-061505.html.

2 For press reports on highly educated professional volunteering for the police, see "First NYPD Recruits since 9/11," *Police: The Law Enforcement Magazine*, July 9, 2002.

3 http://news.yahoo.com/chicago-murder-capital-of-america-fbi-142122290.html; http://www.foxnews.com/us/2013/09/19/fbi-chicago-officially-america-murder-capital/;http://www.huffingtonpost.com/2012/06/16/chicago-homicide-rate-wor_n_1602692.html.

4 For background on the culture of the Chicago police, see: Star # 14931, *Chicago Cop: Tales From the Street* (CreateSpace Independent Publishing Platform, 2011); Martin Preib, *Crooked City* (CreateSpace Independent Publishing Platform, 2014); Daniel P Smith. *On the Job: Behind the Stars of the Chicago Police Department* (Chicago: Lake Claremont Press, 2008); Jim Padar and Jay Padar, *On Being a Cop: Father and Son Tales from the Streets of Chicago* (Self Published, 2013).

5 Kari Lydersen, "In Chicago, Choice to Head Police Dept. a Controversial One," *Washington Post*, December 2, 2007; Gary Washburn and Todd Lighty. "New Top Cop Seeks to Fix Broken

Trust: FBI Agent Aims to Soothe Police, Gain Confidence of Detractors," *Chicago Tribune*, November 30, 2007; Fran Spielman, "$310,000 for Top Cop? Yes, It's Worth It': Daley; Weis Will Earn $93,000 More Than Mayor," *Chicago Sun-Times*, December 5, 2007.

6 Locke Bowman, "Will Mayor Rahm Emanuel Commit to Reforming the Chicago Police?," *Huffington Post*, March 7, 2011. www.huffington post.com.

7 For an account of the way that stove-piping has hampered the operations of intelligence and security forces in the last decade, see U.S. commission's report on 9/11: http://www.fas.org/irp/offdocs/911comm-sec13.pdf. See also the state department's report on the events in Benghazi, Libya, which echo a similar theme. http://www.state.gov/documents /organization/202446.pdf.

8 http://web.archive.org/web/20131203194757/http://www.suntimes.com/news/metro/23189930-418/grateful-for-cops-commitment .html.

9 See Chicago Police Memorial Foundation Website, Officer Of The Month—Brett Goldstein. May 2014 www.cpdmemorial.org/officer-of-the-month-brett-goldstein/.

10 Adam Lisberg, "Chicago Buried in Murders; 2nd City Passes New York in Killing," New York *Daily News*, November 2, 2008; Angela Rozas, "Chicago Murder Rate Is Up 9 Percent So Far is Year," *Chicago Tribune*, May 17, 2008.

11 David Heinzmann, "After Scandal, a New Cop Unit: This Special Outfit Won't Be Called SOS," *Chicago Tribune*, October 7, 2008.

12 "Crime Is Down, but It's Still a Huge Problem," Editorial, *Chicago Sun-Times*, August 5, 2010.

13 "Two Lawmakers Propose National Guard Should Deal with Gun Violence and Murder in Chicago," *NBC Nightly News*, April 26, 2010; Hal Dardick and Monique Garcia, "Daley: Guard Isn't the Answer; Mayor, Governor, Police Union Not Fans of Proposal to Deploy Troops," *Chicago Tribune*, April 27, 2010.

14 Lauren Etter and Douglas Belkin, "Rash of Shootings in Chicago Leaves 8 Dead, 16 Wounded," *Wall Street Journal*, April 17, 2010.

15 Terry Wilson, "Top Cop Pushes Accountability as He Makes Changes in the Ranks," *Chicago Tribune*, February 2, 2000.

16 See The Gang Book by the Chicago Crime Commission 2012 for estimates of the size and scope of the Chicago gangs: http://www.chicagocrimecommission.com. See also Peter Slevin, "Jennifer Hudson's Nephew Found Dead," *Washington Post*, October 28, 2008; Fran Spielman, "A Different Beat for Weis," *Chicago Sun-Times*, October 25, 2008.

17 Gary Slutkin and Tio Hardiman, "The Homicide That Didn't Happen," *Chicago Tribune*, February 9, 2011.

18 For statistics on Chicago murders, see portal.chicagopolice.org. For press reports on this decline, see William Lee, "Decreases in

Major Crime Categories, Chicago Police Say," *Chicago Tribune*, September 8, 2010.

19 Frank Spielman and Frank Main, "Police Supt. Weis Bails Out," *Chicago Sun-Times*, March 2, 2011.

20 "Weis Critical of Decision Allowing Burge To Keep Pension" CBS Chicago, January 28, 2011.

21 http://harris.uchicago.edu/directory/faculty/brett_goldstein.

第六章 改写社会规则：如何保持谷仓的流动性

1 Julia Bort, "Facebook Engineer Jocelyn Goldfein to Women: Stop Being Scared of Computer Science," *Business Insider*, October 2, 2012.

2 Nicholas Carlson, "At Last—The Full Story of How Facebook Was Founded," *Business Insider*, March 5, 2010.

3 Jessica Gurnn, "The Grunts Are Geeks at Facebook Bootcamp," *Los Angeles Times*, August 1, 2010.

4 Brier Dudley, "Facebook Message: Girls, Too, Can Do Computers," *Seattle Times*, March 11, 2012.

5 "Audio Podcast: Deep Inside Facebook with Director of Engineering Jocelyn Goldfein," Taken from the Entrepreneurial ought Leaders Lecture Series, Ecorner: organized by Stanford University's Entrepeneurship Corner, May 22, 2013.

6 Dudley, "Facebook Message: Girls, Too, Can Do Computers."
7 "Audio Podcast: Deep Inside Facebook with Director of Engineering Jocelyn Goldfein."
8 Nick Bilton, "Facebook Graffiti Artist Could Be Worth $500 Million," *New York Times*, "Bits" blog, February 7, 2012.
9 Sarah Phillips, "A Brief History of Facebook," *The Guardian*, July 24, 2007.
10 Ibid.
11 "Timeline: Key Dates in Facebook's Ten Year History," Associated Press, February 4, 2014.
12 Tomio Geron, "The Untold Story of Two Early Facebook Investors," *Forbes*, February 2, 2012.
13 Ashlee Vance, "Facebook: The Making of 1 Billion Users," *Bloomberg Businessweek*, October 4, 2012.
14 Robin Dunbar, *Grooming, Gossip and the Evolution of Human Language* (Cambridge: Harvard University Press, 1998). See also Robin Dunbar, *How Many Friends Does One Person Need?* (Cambridge: Harvard University Press, 2010); "Neocortex Size as a Constraint on Group Size in Primates," *Journal of Human Evolution* 22, no. 6 (June 1992).
15 Drake Bennett, "The Dunbar Number, from the Guru of Social Networks," *Bloomberg Businessweek*, Technology. January 10, 2013.

16 R. I. M. Dunbar, "Coevolution of Neocortical Size, Group Size and Language in Humans," *Behavioral and Brain Sciences* 16, no. 4 (1993): 681–735.

17 Jessica Guynn, "e Grunts Are Geeks at Facebook Bootcamp," *Los Angeles Times*, August 1, 2010.

18 See the post by Andrew Bosworth on Facebook on November 19, 2009, entitled "Facebook Engineering Bootcamp." https://www.facebook.com/notes/facebook ... bootcamp/177577963919.

19 Mike Swift, "A Look Inside Facebook's 'Bootcamp' for New Employees," *San Jose Mercury News*, April 18, 2012.

20 Samantha Murphy Kelly, "The Evolution of Facebook News Feed," *Mashable*, March 12, 2013.

21 Diberendu Ganguly, "How Facebook's Jocelyn Goldfein Brought Magic to the Most Popular Product 'Newsfeed,' " *The Economic Times*, January 25, 2013.

22 Ibid.

23 Ibid.

24 Ibid.

25 Ibid.

26 Ibid.

27 Ibid.

28 Sam Laird, "Facebook Completes Move into New Menlo Park Headquarters," Mashable.com, December 19, 2011.

29 Emil Protalinski, "Facebook Wants Two Menlo Park Campuses for 9,400 Employees," ZDnew. www.zdnet.com/.../facebook-wants-two-menlo-park-campuses August 24, 2011.

30 Megan Rose Dickey, "Some of Facebook's Best Features Were Once Hackathon Projects," *Business Insider*, January 9, 2013.

31 Jocelyn Goldfein, Facebook post, March 10, 2011, and March 17, 2011, www.facebook.com.

32 Ibid., September 15, 2011.

33 Ibid., April 23, 2012.

34 Ibid., January 24, 2012.

35 Ibid., June 24, 2012.

36 Ibid., April 25, 2012.

37 Mark Zuckerberg, Facebook post, June 28, 2013, www.facebook.com.

38 Ibid., August 19, 2012.

39 Mike Schoepfer, Facebook post, August, 14 2012. www.facebook .com.

40 Ryan Patterson, Facebook post, May 20, 2013, www.facebook.com.

41 Devindra Hardawar, "Facebook Home Isn't Dead Yet and More Surprises from Engineering Director Jocelyn Goldfein," *Venturebeat*, February 17, 2014, http://venturebeat.com/2014/02/17/facebook-home-isnt-dead-yet-more-surprises-from-mobile-engineering-director-jocelyn-goldfein.

42 Evelyn Rusli, "Facebook Buys Instagram for $1 Billion," *New York*

Times, "DealBook," April 9, 2012.

43 "Facebook Reports Fourth Quarter and Full Year 2014 Results," January 28, 2015. www.investor.fb.com.

第七章 翻转镜头：医生如何避免经济学家的错误

1 Financial Aid Cost Summary, Harvard Business School website.

2 Toby Cosgrove, MD, *The Cleveland Clinic Way: Lessons in Excellence from One of the World's Leading Healthcare Organizations* (New York: McGraw-Hill, 2014).

3 Diane Solov, "From C's and D's to Clinic's Helm: At the Age of 63, Delos 'Toby' Cosgrove, Surgeon, Inventor, Go-to Guy (and Dyslexic), Finds the Job and Opportunity He's Been Looking For," Cleveland *Plain Dealer*, June 9, 2004.

4 Cosgrove, *The Cleveland Clinic Way*, p. xi.

5 *To Act as a Unit: The Story of Cleveland Clinic*, Cleveland Clinic Foundation, 2011, p. 129.

6 Cosgrove, *The Cleveland Clinic Way*, p. 109.

7 Ibid.

8 Alison Van Dusen, "America's Top Hospitals Go Global," Forbes.com, August 25, 2008.

9 Cosgrove, *The Cleveland Clinic Way*, p. 110.

10 "King Abdullah to Open Jeddah's International Medical Center

Tomorrow," news release, Saudi Embassy archives, October 28, 2006.

11 "Cleveland Clinic: A Short History," Cleveland Clinic official website, www.clevelandclinic.org, p. 1.

12 "Bill of Sale: From Estate of Dr. Frank J. Weed to Dr. Frank E. Bunts and Dr. George Crile," Cleveland Ohio, April 10, 1891, reprinted in John D. Clough, Peter G. Studer, and Steve Szilagyi, eds., *To Act as a Unit: The Story of Cleveland Clinic*. 5th ed., (Cleveland: Cleveland Clinic, 2011), p. 15.

13 Clough et al, *To Act as a Unit*, p. 16.

14 Ibid., p. 12.

15 Ibid.

16 "Cleveland Clinic: A Short History," p. 2.

17 Kate Roberts, "Mayo Clinic: History," Minnesota Historical Society website, 2007.

18 *The Cleveland Clinic Way*, p. 7.

19 Thomas Bausch et al., *Economic and Demographic Analysis for Cleveland, Ohio* (Cleveland: Cleveland Urban Observatory, 1974).

20 "Cleveland Clinic: A Short History," p. 5.

21 Ibid., p. 6.

22 Ibid., p. 7.

23 Ibid., p. 8.

24 Ibid., p. 7.

25 *To Act as a Unit*, pp. 168–69.

26 Ibid., p. 129.

27 "Cleveland Clinic: A Short History," p. 8.

28 Clough et al, *To Act as a Unit*, p. 129.

29 Ibid., p. 119.

30 Cosgrove, *The Cleveland Clinic Way*, p. 33.

31 Jerry Adler, "What Health Reform Can Learn from Cleveland Clinic," *Newsweek*, November 26, 2009.

32 Clough et al, *To Act as a Unit*, p. 109.

33 Ibid., p. 110.

34 Ibid.

35 Solov, "From C's and D's to Clinic's Helm: At the Age of 63, Delos 'Toby' Cosgrove, Surgeon, Inventor, Go-to Guy (and Dyslexic), Finds the Job and Opportunity He's Been Looking For."

36 Ibid.

37 Bob Rich, *The Fishing Club: Brothers and Sisters of the Angle* (Guilford, CT: Lyons Press, 2006), pp. 220–21.

38 Ibid., pp. 222–23.

39 Ibid., pp. 225.

40 Ibid., pp. 228–29.

41 Ibid., p. 231.

42 Solov, "From C's and D's to Clinic's Helm: At the Age of 63, Delos 'Toby' Cosgrove, Surgeon, Inventor, Go-to Guy (and

Dyslexic), Finds the Job and Opportunity He's Been Looking For."

43 Cosgrove, *The Cleveland Clinic Way*, p. 90.

44 Ibid., p. 91.

45 Ibid., p. xi.

46 Ibid., p. 91.

47 Ibid.

48 Ibid.

49 Cosgrove, *The Cleveland Clinic* Way, p. 119.

50 Ursus Wehrli, "Tidying Up Art," Talk Video, 2006. www.ted.com. See also Penelope Green, "The Art of Unjumbling," *New York Times*, March 27, 2013, or Ursus Wehrli, *The Art of Clean Up; Life Made Neat and Tidy* (San Francisco: Chronicle Books, 2013).

51 Clough et al, *To Act as a Unit*, p. 132.

52 Cosgrove, *The Cleveland Clinic Way*, p. 22.

53 Accenture, "Clinical Transformation: New Business Models for a New Era in Healthcare," September 27, 2012.

54 Cosgrove, *The Cleveland Clinic Way*, p. 4.

55 Clough et al, *To Act as a Unit*, p. 155.

56 Ibid., p. 133.

57 Ibid., p. 134.

58 Ibid.

59 "Abby Abelson, MD, Named Chair of Department of Rheumatology at Cleveland Clinic," Cleveland Clinic News

Service, April 6, 2011.

60 Clough et al, *To Act as a Unit*, p. 136.

61 "A Common Purpose: Kate Medoff Barnett and Amy Belkin," *Harvard Business School Alumni Magazine*, June 5, 2013.

62 "Seth Podolsky, MD," Official Biography, Cleveland Clinic website.

63 "James Merlino, MD," Official Biography, Cleveland Clinic website.

64 Cosgrove, *The Cleveland Clinic Way*, p. 119.

65 Ibid., p. 126.

66 Ibid., p. 114.

67 Ibid., p. 124.

68 Ibid., p. 114.

69 Ibid., p. 33.

70 For data on patient satisfaction see the *US News & World Report* surveys on hospitals. 2012–2015, http://health.usnews.com/best-hospitals/rankings. See also the HCAHPS (Hospital Consumer Assessment of Healthcare Providers and Systems) survey at www.cms.gov.

71 For some comparative data on healthcare costs see 2014 Hospital Costs Reports from the American Hospital Directory at www.ahd.com.

72 Clough et al, *To Act as a Unit*, p. 127.

73 Ibid.

74 Ibid., p. 159.

第八章 破桶行动：如何利用谷仓获利

1 See “JPMorgan Chase Whale Trades: A Case History of Derivatives Risks and Abuses,” Majority and Minority StaffReport, Permanent Subcommittee on Investigations, United State Senate, March 15, 2013, www.hsgag.senate.gov. This provides a comprehensive account of this saga.

2 The estimates of losses are drawn from the Senate 2013 report, www.hsgag.senate.gov.

3 Anthony Effinger and Mary Childs, “From BlueMountain’s Feldstein, a Win-Win with JPMorgan; After Betting Against, and Beating, the London Whale, Feldstein Did More than Just Make Money,” Bloomberg, January 20, 2013.

4 Farah Khalique, “The Whale,” *Financial News*, December 7, 2012; Farah Khalique, “Unwinding the Whale Trade,” *Financial News*, December 12, 2012.

5 See “JPMorgan Chase Whale Trades: A Case History of Derivatives Risks and Abuses,” Majority and Minority Staff Report, Permanent Subcommittee on Investigations, United State Senate, March 15, 2013, www.hsgag.senate.gov.

6 Gillian Tett, *Fool's Gold* (New York: Simon & Schuster, 2009).

7 Ibid. See also Dan McCrum and Tom Braithwaite, "Restraint Pays Off for BlueMountain Chief," *Financial Times*, March 14, 2013.

8 John Seely Brown, "New Learning Environments for the 21st Century," www.johnseelybrown.com/newlearning.

9 我在我的另一本书《疯狂的金钱》中详细解释了这个故事。

10 Donald MacKenzie, "The Credit Crisis as a Problem in the Sociology of Knowledge," *American Journal of Sociology*, May 2011.

11 Ibid.

12 Jonathan Shapiro, "Exploiting Inefficiencies," *The Australian Financial Review*, June 6, 2013.

13 Effinger and Childs, "From BlueMountain's Feldstein, a Win-Win with JPMorgan; After Betting Against, and Beating, the London Whale, Feldstein Did More than Just Make Money." See also Tett, *Fool's Gold*.

14 "The Whale," *Financial News*, December 7, 2012.

15 David Rubenstein, BMCM, interview, *Global Investor*, September 1, 2013.

16 "JPMorgan Chase Whale Trades: A Case History of Derivatives Risks and Abuses," Majority and Minority Staff Report, Permanent Subcommittee on Investigations, United State Senate, March 15, 2013, p. 3.

17 Ibid., p. 260.

18 Ibid., p. 7; "JP Morgan Chase Whale Trade: A Case History of Derivatives Risks and Abuses," Senate committee investigation, p. 260, www.hsgag.senate.gov.

19 Stephanie Ruhle, Bradley Keoun, and Mary Childs, "JPMorgan Trader's Positions Said to Distort Credit Index," Bloomberg, April 6, 2012. See also Shannon D. Harrington, Bradley Keoun, and Christine Harper, "JPMorgan Trader Iksil Fuels Prop-Trading Debate with Bets," Bloomberg, April 9, 2012; Gregory Zuckerman and Katy Burne, "London Whale Rattles Debt Markets," *Wall Street Journal*, April 6, 2012.

20 "JPMorgan Chase Whale Trades: A Case History of Derivatives Risks and Abuses," Majority and Minority Staff Report, Permanent Subcommittee on Investigations, United State Senate, March 15, 2013. See pages 3–19 for a complete account of this.

21 MacKenzie, "The Credit Crisis as a Problem in the Sociology of Knowledge."

22 "Innovation and Collaboration at Merrill Lynch," Harvard Business School case study, March 26, 2007, p. 4.

23 Ibid., p. 7.

24 "Innovation and Collaboration at Merrill Lynch," p. 16.

25 Ibid., p. 19.

26 http://www.hanes.com/corporate.